湖北省教育科学"十一五"规划

专项资助重点课题成果

湖北高职规划教材编审委员会

湖北高职"十一五"规划教材

HUBEI GAOZHI "SHIYIWU" GUIHUA JIAOCAI

总策划 李友玉 策划 屠莲芳

旅游法规实务

主　编　李远慧　郑宇飞
副主编　沈永胜　袁永华　黄美忠

教材研制人员：（以姓氏笔画为序）
向光华　杨宏明　张丽利
陈发新　徐海军　戚龙琦
薛　红

WUHAN UNIVERSITY PRESS

武汉大学出版社

湖北高职"十一五"规划教材·旅游系列

总策划　李友玉
策　划　屠莲芳

内 容 简 介

　　《旅游法规实务》是湖北省高职高专"十一五"规划教材，是作者在多年的教学实践基础上编写而成的。主要内容包括合同法、旅行社法规、导游人员法规、饭店法规、消费者权益保护法、旅游安全法规、旅游保险法规、出入境管理法规、旅游交通法规、食品卫生法规、娱乐场所管理法规、旅游资源管理法规、旅游纠纷及处理法规等。

　　《旅游法规实务》采用"学习目标—案例导入—基本内容—本章小节—复习思考题—实务训练—案例分析"的结构，每章都以篇首案例导入教学内容，从分析问题入手，让学生掌握旅游法规知识。每章课后设置复习思考题和实务训练、案例分析题，让学生能够学以致用，运用旅游法规进行事前防范、依法经营、合法维权。让学生学会用理论知识解决实际问题，提高学生分析问题和解决问题的能力，从而把学生培养成为合格的旅游从业人员。

　　本书既可作为高职高专旅游管理专业教材，也可作为旅游企业从业人员的培训教材，还可以作为其他相关业务人员、科研人员和有关企业经营管理者的参考用书。

凝聚集体智慧 研制优质教材

教材是教师教学的脚本,是学生学习的课本,是学校实现人才培养目标的载体。优秀教师研制优质教材,优质教材造就优秀教师,培育优秀学生。教材建设是学校教学最基本的建设,是提高教育教学质量最基础性的工作。

高职教育是中国特色的创举。我国创办高职教育时间不长,高职教材存在严重的"先天不足",目前使用的教材多为中专延伸版、专科移植版、本科压缩版等,这在很大程度上制约着高职教育教学质量的提高。因此,根据高职教育培养"高素质技能型专门人才"的目标和教育教学实际需求,研制优质教材,势在必须。

2005 年以来,湖北省高教学会高职高专教育管理专业委员会(简称"高职专委会")高瞻远瞩,审时度势,深刻领会国家关于"大力发展职业教育"和"提高高等教育质量"之精神,准确把握高职教育发展之趋势,积极呼应全省高职院校发展之共同追求;大倡研究之风,大鼓合作之气;组织全省高职院校开展"教师队伍建设、专业建设、课程建设、教材建设"(简称"四个建设")的合作研究与交流,旨在推进全省高职院校进一步全面贯彻党的教育方针,创新教育思想,以服务为宗旨,以就业为导向,工学结合、校企合作,走产学结合发展道路;推进高职院校培育特色专业、打造精品课程、研制优质教材、培养高素质的教师队伍,提升学校整体办学实力与核心竞争力;促进全省高职院校走内涵发展的道路,全面提高教育教学质量。

湖北省教育厅将高职专委会"四个建设"系列课题列为"湖北省教育科学'十一五'规划专项资助重点课题"。全省高职院校纷起响应,几千名骨干教师和一批生产、建设、服务、管理一线的专家,一起参加课题协同攻关。在科学研究过程中,坚持平等合作,相互交流；坚持研训结合，相互促进；坚持课题合作研究与教材合作研制有机结合，用新思想、新理念指导教材研制，塑造教材"新、特、活、实、精"的优良品质；坚持以学生为本，精心酿造学生成长的精神食粮。全省高职院校重学习研究、重合作创新蔚然成风。

这种以学会为平台，以学术研究为基础开展的"四个建设"，符合教育部关于提高教育教学质量的精神，符合高职院校发展的需求，符合高职教师发展的需求。

在湖北省教育厅和湖北省高教学会领导的大力支持下，在湖北省高教学会秘书处的指导下，经过两年多艰苦不懈的努力和深入细致的工作，"四个建设"合作研究初见成效。高职专委会与长江出版传媒集团、武汉大学出版社、复旦大学出版社等知名出版单位携手，正陆续推出课题研究成果："湖北高职'十一五'规划教材"，这是全省高职集体智慧的结晶。

交流出水平，研究出智慧，合作出成果，锤炼出精品。凝聚集体智慧，共创湖北高职教育品牌——这是全省高职教育工作者的共同心声！

湖北省高教学会高职专委会主任

黄木生

2008 年 5 月

序

本教材是湖北高职"十一五"规划教材，是在湖北省教育厅立项的湖北省教育科学"十一五"规划专项资助重点课题《高职旅游专业学生综合素质培养研究》（湖北高职"四个建设"系列规划课题）的成果基础上合作研制而成的。

据世界旅游组织预测，2020年，我国将成为世界第一大旅游目的国和第四大客源输出国。"入世"后我国旅游业面临新的机遇和挑战，为了提高旅游业的核心竞争力，必须造就高素质的人才队伍，而加快旅游教材建设是旅游人才培养中关键的一环。目前几种版本的法规教材存在许多不完善的地方，主要是现行教材对旅游专业高职学生而言缺乏针对性，如法律条文多，侧重于理论阐述，特别是缺少具体案例分析，实际操作性不强等。而高职旅游专业旅游法规教学特别强调其实用性，高职学生学习旅游法规是为了用它来规范旅游从业人员在旅游从业活动中的行为的。因此，旅游法规教学的目的应当是培养学生有较强的实际应用能力。

本教材根据旅游从业人员的现实需要而编写，是旅游专业学生的必修课。以旅游活动主体为出发点和根本点，坚持以能力为本位，以就业为导向，以培养职业能力为目的，强化职业素养。它涉及旅游活动的"行、游、住、食、购、娱"等各环节。根据"理论够用、注重能力"的总体原则，结合职业技术教育的特点，注重案例分析和能力训练，实用性与可操作性强，旨在提高学生分析和解决问题的能力，培养具有较高职业素质的旅游服务与管理人才。

全书总计十三章，其中具体编写分工是：

第一章，戚龙琦（湖北三峡职业技术学院）；

第二章，郑宇飞（三峡大学）；

第三章，向光华（湖北三峡职业技术学院）；

第四章，陈发新（宜昌国际大酒店董事长）、李远慧（湖北三峡职业技术学院）；

第五章，薛红（武汉商业服务学院）；

第六章，张丽利（宜昌教育学院）；

第七章，李远慧（湖北三峡职业技术学院）、徐海军（襄樊职业技术学院）；

第八章，杨宏明（湖北三峡职业技术学院）；

第九章，袁永华（湖北三峡职业技术学院）；

第十章，沈永胜（恩施职业技术学院）；

第十一章，郑宇飞（三峡大学）；

第十二章，黄美忠（武汉商业服务学院）；

第十三章，沈永胜（恩施职业技术学院）。

全书由李远慧进行总纂定稿。书稿参考的资料已在标注和参考文献中列出，在此向有关作者表示谢意。

由于编者的水平有限，书中的疏漏与错误在所难免。我们希望专家、学者、同仁不吝赐教。真诚希望使用本书的师生在使用过程中给予批评指正。

邮箱地址 lyh@ tgc. edu. cn。

目 录

第一章　合同法实务

【学习目标】

了解订立合同当事人的资格，合同的形式及其内容；合同生效、无效的含义，以及合同无效和被撤销的法律后果。

理解合同履行的概念、规则；合同变更、转让和解除的含义；违约责任的概念和特征。

掌握合同订立的程序；违约责任的承担方式、免除以及赔偿损失的规则。

【章首案例】

遭遇车祸后的"合同风波"

2007 年 7 月，张女士全家和朋友们一行 14 人组团到丽江旅游。不料，他们在途中遇上了车祸，14 人全部受伤。看着导游手忙脚乱地抢救伤者，惊慌失措的张女士这才想起："天啊，我们的旅游合同、保险合同都没有签！"原来，张女士和朋友们出游前曾到本市一家知名旅行社询价，结果因价格偏贵且只能随大团而放弃计划。后来在浦东旅行社的朋友刘先生帮忙下，张女士联系上了远在云南、素未谋面的丽江旅行社。一番讨价还价后，双方很快口头磋商成功，价钱也大大降了下来。

车祸发生后，张女士有苦难言：这次出行前没有签订任何合同，连个保险也没办理，今后，伤者的高额治疗费用谁来承担？回上海后，张女士急忙打电话给刘先生，要求帮忙开具浦东旅行社的发票和补办保险合同，但遭到了刘先生的明确拒绝。情绪激动的张女士等人很快再次找上了浦东旅行社。他们团团围住正在办公的总经理，拿出预先写好的"收条"要求其签字盖章。随后，张女士拿着强迫他人签章完毕的"收条"，将浦东旅行社和丽江旅行社一并告上了法庭。

——摘自中国游友网

◎问题：

1. 在本案例中，张女士的投诉是否合理？浦东旅行社和丽江旅行社是否应承担违约责任？

2. 事故发生后，张女士与旅行社签订的合同是否具有法律效力？

3. 在车祸中，依据相关法律，旅行社是否应承担赔偿责任？

第一节 旅游合同概述

一、合同、旅游合同的概念

(一) 合同的概念

合同也称为契约，是由国家制定的，并由国家强制力保证实施的，调整合同关系的法律规范的总称。我国合同法第二条规定："合同是平等主体的自然人、法人、其他经济组织之间设立、变更、终止民事权利义务关系的协议。"

(二) 旅游合同的概念

旅游合同是旅游者与旅游业经营者之间设立、变更、终止民事权利义务关系的协议，也就是作为旅游者的自然人、法人或其他经济组织与旅行社、饭店之间设立、变更、终止旅游民事权利义务关系的协议。旅游合同属于民事合同的范畴。

二、旅游合同的法律特征

第一，旅游合同与其他种类的合同相比，具有义务、有偿、诺成、不要式合同等特征。

在旅游合同中，合同的双方当事人都负有合同的义务。旅游行业应依合同的约定提供旅游服务行为，旅游者也应依约支付报酬作为对价。旅游合同是诺成性合同，合同一经双方当事人意思表示一致即告成立。旅游合同是不要式合同，当事人可以采用书面形式，也可以采用口头形式。值得注意的是，即便在旅游活动中采用书面形式签订有相关的旅游文件，此文件的交付也只具有证明旅游合同成立的作用，而不能作为旅游合同成立的要件。

第二，旅游合同中行为的绝对定期性。在绝对的定期行为中，如不按期履行，则发生给付不能。在旅游合同中要求双方当事人必须严格遵守合同关于预定期限的约定，旅行业者若违反时间约定而致使旅游合同目的不能达到的，视为违反合同，旅客可要求其承担违约责任；旅客若未按照约定时间参加旅游的，则视为受领迟延，由旅游者自己承担相应的损失。

第三，旅游合同法律关系的复杂化。旅游业是一个综合性很强的经济行业，要为旅客提供交通、餐饮、住宿、游览、购物、娱乐等综合性、整体性的服务。整个给付的过程具有整体、连续的特征。此外，由于旅游合同强调旅行业者"包办"行程，使给付在时间上也具有一体性，因而即便是个别给付具有瑕疵也会影响到旅游服务整体的质量。旅游合同往往是跨地区或跨国度的，地域流动性很大，因此，其法律关系也比较复杂。

第四，旅游行为的不确定性。从旅游者的角度看，他们很容易按自己的意愿随时变更其行为，而且，什么样的旅游行为才能使其获得精神上和物质上的满足，实现其旅游目的，这很难用固定的标准进行衡量；从旅游业者的角度来看，旅游业者往往对其提供的旅游产品和服务进行过多的宣传，使得现实旅游与旅游者所期待的合同中规定的旅游之间出现误差，造成了旅游行为的极大不确定性。

第五，旅游合同具有格式化的倾向。在现实生活中，绝大多数旅游合同是旅行业者早已制订好的格式化合同，旅游者一般只有同意或不同意的自由。格式化合同中常出现一些对于旅游者不公平的条款，因此在我国，要严格按照合同法中关于格式条款的规定对旅游合同进行规制。

第二节　合同的订立

一、合同订立的程序

（一）合同订立的概念和要件

合同的订立，是指订约当事人就合同的主要条款达成合意。合同的成立意味着各方当事人的意思表示一致。合同的成立必须具备如下条件：

第一，存在双方或多方当事人。订约当事人既可以是自然人，也可以是法人或其他组织。

第二，合同当事人对主要条款达成合意。合同成立的根本标志在于，合同当事人就合同的主要条款达成合意。

（二）合同的成立应具备要约和承诺阶段

合同的成立应经过要约、承诺阶段，因为要约和承诺就是订立合同时提出建议和接受建议，有着明确的订立合同的目的。

1. 要约

要约是一方当事人以缔结合同为目的，向对方当事人所作的意思表示。发出要约的人称为要约人，接受要约的人称为受要约人或承诺人。

2. 承诺

承诺是指受要约人同意要约的意思表示。由于承诺一旦生效，将导致合同的成立，因此承诺必须符合一定的条件。

二、订立合同当事人的资格

(一) 当事人的民事权利能力

所谓民事权利能力,是指民事主体依法享有民事权利和承担民事义务的资格。民事权利能力是由法律赋予民事主体的,它包括行为能力、意思能力、责任能力。

1. 公民的民事权利能力

公民的民事权利能力始于出生,公民的民事权利因死亡而终止。

2. 法人的民事权利能力

法人的民事权利能力始于其成立,法人的民事权利能力因法人的终止而消灭。在法人存续期间,法人享有民事权利能力。法人一旦终止,其民事权利能力亦即归于消灭。

3. 其他组织的民事权利能力

所谓其他组织,是相对于法人组织而言的,即非法人组织,主要有:个人合伙企业;企业、事业单位之间联营;经一定主管机关认可,处于筹备阶段的企业、单位等。

非法人组织的民事权利能力与法人相同,也是从该组织成立开始到该组织终止结束。

(二) 当事人的民事行为能力

所谓民事行为能力,是指民事主体以自己的行为取得民事权利和设定民事义务的资格。与当事人的民事权利能力一样,当事人的民事行为能力也因民事主体的不同而不同。

1. 公民的民事行为能力

公民的民事行为能力与民事权利能力并不一致,有民事权利能力的,并不一定就具有民事行为能力。根据公民的年龄和智力状况的不同,公民的民事行为能力分为三种:

(1) 完全民事行为能力。所谓完全民事行为能力,是指达到法定年龄,能够通过自己的独立行为进行民事活动并独立承担民事责任。《民法通则》第十一条规定:"十八周岁以上的公民是成年人,具有完全民事行为能力,可以独立进行民事活动,是完全民事行为能力人。""十六周岁以上但不满十八周岁的公民,以自己的劳动收入为主要生活来源的,称为完全民事行为能力人。"

(2) 限制民事行为能力。所谓限制民事行为能力,是指只具有部分民事行为能力,即可以进行某些民事活动但能超出一定范围独立地进行全部民事活动。《民法通则》第十二条规定:"十周岁以上的未成年人是限制行为能力人。"《民法通则》第十三条规定："不能完全辨认出自己行为的精神病人是限制民事行为能力人。"

（3）无民事行为能力。所谓无民事行为能力，是指完全不具有以自己的行为取得权利和设定的资格。《民法通则》第十二条规定："不满十周岁的未成年人是无民事行为能力人。"《民法通则》第十三条规定："不能辨认自己行为的精神病人是无民事行为能力人。"

2. 法人的民事行为能力

法人的民事行为能力具有以下两个主要特点：

（1）法人的民事行为能力与其民事权利能力相一致。《民法通则》第三十六条规定："法人的民事权利能力和民事行为能力，从法人成立时产生，到法人终止时消灭。"同时，按照《民法通则》第四十二条关于"企业法人应当在核准登记的经营范围内从事经营"的规定，法人的民事行为能力的范围也与其民事权利相一致，即法人只能在其民事权利能力范围内，以自己的行为取得权利和设定义务，不得超出其民事权利能力范围去取得权利和设定义务。

（2）法人的民事行为能力是通过法人的内部机构来实现的。也就是说，法人的民事行为能力是通过其法定代表或者工作人员来实现的。

3. 其他组织的民事行为能力

其他组织的民事行为能力，也与法人的民事行为能力相同，即民事行为能力与民事权利相一致，也是由其内部组织机构来实现的。

（三）代订合同

当事人依法可以委托代理人订立合同。所谓委托代理人订立合同，是指当事人委托他人以自己的名义与第三人签订合同，并承担由此产生的法律后果的行为。代理人必须在委托授权的范围内进行代订合同的活动。依照我国法律规定，当事人委托代理人订立合同的，应当签署授权委托书，写明代理的有关事项，明确权利义务关系。

2006 年 9 月初，南昌游客刘某等 39 人报名参加当地某旅行社组织的北京八日游，每人交付旅游费用 1200 元。双方签订了合同，约定：（1）旅途往返乘坐特快列车，抵京后专车送至住宿地；（2）在京游览安排 4 天专用车；（3）在京游览 19 个景点。9 月 29 日，该旅游团抵达北京后，该旅行社未安排车来北京站接，游客们不得不自乘地铁并步行至住宿地。10 月 1 日至 3 日游览中，因该旅行社未作周密合理的安排，致使该旅游团候车达 4 小时之久，未能按原约定游览中山公园和军事博物馆。为此，该旅游团十分不满，遂与导游凌某交涉后达成退款协议约定：由旅行社退给该旅游团每人 400 元。返回南昌后，该旅游团向旅行社索要退款时，该旅行社法定代表人周某对退款协议不予认可，声明退款协议无效。因此，该旅游团投诉至旅游质量监督管理所（以下简称"质监所"）。

——改编自中国法律网

◎问题：

1. 本案中该旅行社是否违约？为什么？

2. 本案中该旅行社法定代表人周某声明退款协议无效，能否成立？为什么？

3. 质监所应当如何处理本案纠纷？

代理人订立的合同由被代理人承担。即由被代理人享有合同中约定的权利，承担合同中约定的义务。

2005年5月，某化工公司（以下简称公司）与甲旅行社陈某（以下简称甲社）联系，意欲在同年7月，安排公司员工去青岛游览度假。5月23日，公司与甲社签订了一项旅游合同。按照合同约定，甲社安排公司35名员工去青岛三日游，并具体明确了旅行交通工具、住宿标准、餐饮标准、游览景点；公司交纳57 000元人民币作为旅行费用。公司交纳上述旅行费用，由甲社陈某出具了其签名的收款收条。此后，甲社即请李某（原乙旅行社职工，以下简称乙社）与青岛丙旅行社（以下简称丙社）联系，落实该旅游团在青岛游览、食宿等具体事宜。李某遂以乙社名义与青岛丙社联系，委托丙社接待此旅游团。7月23日，该旅游团在甲社导游莫某的陪同下，如期出发前往青岛。次日该旅游团抵达青岛，丙社派车至车站迎接。此时，丙社询问甲社导游莫某有无将此旅游团费用带来，莫某称其只负责带团，不知晓团费结算。丙社急电乙社催款。乙社复电称李某已于同年2月调离本社，此旅游团与本社无关。丙社遂又急电甲社。甲社复电称负责此团的陈某已于近日调离本社，一切事宜应与陈某联系，本社概不负责。在此情形下，丙社当即决定停止接待，等团费汇到后再行安排。由此，该旅游团大哗，几经联系，由公司电汇57 000元到丙社，丙社始行接待。该旅游团回公司后，遂向旅游行政部门投诉，要求赔偿经济损失。经查，以上情况属实，但甲社陈某、原乙社职工李某均不知去向。

——摘自中国法律网

◎问题：

1. 该旅游团的经济损失应由甲社还是乙社承担？为什么？

2. 甲社的陈某和原乙社的李某是否应当承担责任？为什么？

三、合同的形式

（一）口头形式

口头形式是指当事人只用口头语言为意思表示订立合同，而不用文字表达协议内容的合同形式。凡当事人无约定、法律未规定必须采用特定形式的合同，均可采用口头形式。但发生争议时，当事人必须举证证明合同存在及合同关系的内容。口头形式的缺点是发生合同纠纷时难以取证，不易分清责任。所以，对于不能及时清结的合同和标的数额较大的合同，不宜采用这种形式。

2000 年 8 月，张先生及朋友共 4 人参加了武汉某旅行社组织的北京六日游。行前，张先生等交纳了旅游费用每人 1 480 元，但未与旅行社签订旅游合同。双方只是口头约定，在北京游览故宫、天坛、颐和园、长城、定陵、碧云寺、亚运村等景点。旅行社提供特快列车卧铺、宾馆住宿、团队餐饮、旅游汽车等服务。然而，实际旅游过程并不是张某等人想象的那样顺利和完美。团队在北京下榻的酒店，各项服务设备设施陈旧老化，客房卫生条件差，热水供应仅限于每晚 7—10 点钟。旅行社提供的旅游车没有行李箱和空调，加之座位狭窄，挤在车内十分闷热难受。导游人员服务态度差，沿途很少讲解北京的名胜古迹、自然景观和风土人情；游览中擅自更改旅游线路，压缩游览时间；安排游客参观购物，致使圆明园及海底世界两处景点未按计划游览。张先生等认为旅行社提供的各项服务均未达到约定的标准，要求旅行社赔偿其住宿费、车费、导游服务费、景点门票费等共计 800 元。

——改编自导游资格考试网

◎**问题：**

此案中，游客索赔是否能得到法律支持？为什么？

（二）书面形式

书面形式指以合同书、信件以及数据电文（包括电报、电传、传真、电子数据交换和电子邮件）等可以有形地表现所载内容的形式。

书面形式的最大优点是合同有据可查，发生纠纷时容易举证，便于分清责任。因此，对于关系复杂的、重要的合同，最好采用书面形式。

（三）其他形式

其他形式是指口头形式、书面形式以外的合同形式，即行为推定形式。当事人未用语言、文字表达其意思表示，仅用行为向对方发出要约，做出一定或指定的行为作为承诺，合同成立。行为推定这种合同形式只适用于交易习惯许可时或要约表明时，而不能普遍适用。

四、合同的内容

（1）当事人的名称或者姓名和住所。合同当事人包括自然人、法人、其他组织。合同当事人是自然人时，应写明当事人的姓名、住所，是法人和其他组织时，应写明其名称和住所。

（2）标的。标的是合同权利义务指向的对象。没有标的或标的不明确，权利义务就没有依托，所以标的是合同必备的内容。

（3）数量和质量。数量和质量是标的的具体化，它直接确定了当事人权利义务的范围和程度。

（4）价款或者报酬。价款、报酬又称为价金，是一方取得标的所支付的代价，价款一般是针对标的物而言的，而报酬针对的标的是劳务、服务或完成一定的工作量。

（5）履行的期限、地点和方式。合同履行的期限、地点和方式是享有权利的一方要求对方履行义务的法律依据，也是确定双方当事人没有完全履行合同的情况下承担法律责任的依据。

（6）违约责任。违约责任是当事人不履行或者不适当履行适当合同规定的义务所应承担的法律责任。

（7）解决争议的方法。当事人在合同订立、履行中发生争议如何解决，最好能在合同中明确，以便利于合同争议的管辖和尽快解决。

第三节　合同的效力

一、合同生效

（一）概念

合同的效力，又称合同的法律效力，是指法律赋予依法成立的合同具有约束当事人各方乃至第三人的强制力。

合同生效是指已经成立的合同在当事人之间产生了一定的法律约束力，也就是通常所说的法律效力，当事人应当按照约定履行自己的义务，不得擅自变更或者解除合同。

（二）合同生效的条件

1. 行为人具有相应的行为能力

就自然人而言，完全民事行为能力人可以以自己的行为订立合同，取得民事权利、履行民事义务。企业法人从事经营活动的民事行为能力，受到目的范围的限制。因此，对于企业法人超越经营范围所订立的合同，在法人办理经营范围变更登记之前，不能生效。

2. 当事人的意思表示真实

当事人的意思表示真实是指表意人的内在意思和外在表现一致。

3. 不违反法律或社会的公共利益

合同不违反法律是指合同不可以违反法律的强制性规定。所谓强制性规定，是指当事人必须遵守这些规定，不可通过协议变更。合同不仅应符合法律规定，而且在内容上不得违反社会公共利益。

一般情况下，合同具备一般有效条件，即产生法律效力。但在特殊情况下，还必须具备特别有效条件，才能产生法律效力。如法律、行政法规规定，合同应当办理批准、登记等手续才能生效的，应按照其规定。这里的批准、登记等手续即是合同的特别生效条件。

二、无效合同的概念和种类

（一）无效合同的概念

无效合同是指已经成立，但严重欠缺合同的有效条件，自始、绝对、确定、当然不按照行为人的意思表示发生法律效力的合同。

（二）无效合同的种类

1. 行为人不具有相应行为能力所实施的合同

当事人必须有缔约能力是合同生效的条件之一，所以无行为能力人、限制行为能力人无资格签订的合同以及法人、其他组织超越经营范围所签订的合同无效。

2. 一方以欺诈、胁迫的手段订立合同，并损害了国家利益

意思表示真实是合同生效的条件。一方以欺诈、威迫为手段使对方在违背意思的情况下订立合同，违反了合同生效的条件，亦违反了平等、自愿、公平的合同原则。如果行为损害了国家利益，合同当然无效。

3. 违反法律或社会公共利益的合同

（1）恶意串通，损害国家、集体或者第三者利益的合同。恶意串通是指双方当事人非法串通，共同订立某种合同，造成国家、集体或第三者利益的损害。该类合同具有明显的违法性，不具有法律效力。

（2）以合同形式掩盖非法目的的合同。与当事人订立合同的目的是为了实现某种利益或权力，法律只保护合法的目的，不允许采取以合法形式掩盖非法目的的手段来规避法律，对形式上合法而目的上不合法不予保护。

（3）损害社会公共利益的合同。社会公共利益涉及社会的每一个成员，对社会公共利益的侵害也就是对社会成员的良好生存环境的破坏。所以，凡是

损害社会公共利益和社会精神文明的合同都无效。

(4)违反法律或者行政法规的强制性规定的合同。尽管法律赋予当事人一定的权利,但并不是说这种权利完全不受限制,出于对国家整体利益的考虑,法律会作出一些强制性的规定,订立合同时不得违反,否则合同无效。

4. 无效代理

行为人没有代理权、超越代理权或者代理权终止后以被代理人名义订立的合同,未经代理人追认,对被代理人不发生效力。或者自己代理、双方代理的合同无效。

某日,甲乙双方口头约定购销合同,甲方向乙方购买20万瓶劣质酒,货款为24万元,交款提货,并约定乙方须加贴名牌商标,以便甲方冒充名酒出售。在合同履行时,甲方借口手头紧,只付了15万元即提走了全部货物。乙方一再催讨无果,遂向人民法院起诉,要求甲方如数支付拖欠的货款。

——摘自中国经济网

◎问题:

1. 该购销合同是否有效?理由何在?

2. 人民法院在审理该案时,应如何处理双方的经济责任?

三、可撤销的合同

可撤销的合同,又称相对无效的合同,是指合同虽已成立,但因欠缺合同的生效条件,可以因行为人撤销权的行使,使合同自始归于无效的合同。可撤销的合同有如下种类:

(一)基于重大误解所实施的合同

基于重大误解所实施的合同是指法律行为的当事人在作出意思表示时,对涉及法律行为、法律效果的重要事项存在认识上的显著缺陷。重大误解的构成,从主观方面看,行为人的认识应与客观事实存在根本性的背离;从客观方面看,发生这种背离,应给行为人造成了较大损失,例如,行为人对行为的性质、标的物的品种、规格、数量和质量发生错误认识,使行为的后果与自己的初衷相背离,造成较大损失,构成重大误解的,行为人可提出撤销该合同。

(二)订立时显失公平的合同

显失公平是指合同双方当事人的权利义务明显不对等,对一方过分有利,而对另一方过分不利。

(三)用欺诈、胁迫等手段订立的合同

一方以欺诈、胁迫的手段或者乘人之危,使对方当事人在违背真实意思的情况下订立的合同，并因此给对方当事人造成损害的。

2007年9月11日，张某等5名游客与北京市某国际旅行社签订了旅游合同。并交纳了旅游费用，参加该社组织的新马泰港澳15日游活动。9月15日，旅行社提出因港澳地区酒店房价上调，每人需补交250元。如果旅游者不补交加收的费用，只能按照退团处理，旅行社将退还旅游者交纳的旅游费用，但要扣除每人300元的签证费用。

旅行社给客人两条选择：（1）游客损失300元签证费用，并且取消出行计划；（2）每人补交250元涨价费用后，继续出行。

考虑到已经请好假，无法变更计划，只好补交了费用。张某等旅游回来后要求旅行社退还加收的费用。

——摘自旅游投诉案例

◎问题：
旅行社是否应该退还加收的费用？为什么？

四、合同无效和被撤销的法律后果

无效的合同或者被撤销的合同自始无效。合同部分无效，不影响部分效力的，其他部分仍然有效。例如合同法第五十三条规定，如果合同中造成对方人身伤害及因故意或重大过失造成对方财产损失的免责条款无效。但是不影响其他条款的有效性。另外，合同中有关解决争议方法的条款具有独立性，合同无效、被撤销或者终止，不影响该条款的有效性。

合同无效的处理有两种方法：一是返还财产或折价补偿。返还财产是合同无效或被撤销后，因该合同取得的财产，应当予以返还；不能返还或没有返还必要的应折价补偿。二是赔偿损失。合同无效或者不被撤销，有过错的一方应当赔偿对方因此受到的损失，双方都有过错的，应当各自承担相应的责任。

第四节　合同的履行

一、合同履行的概念

合同的履行是指债务人全面地、适当地完成其合同义务，债务人的合同债权得到完全实现。从合同效力方面看，合同的履行是依法成立的合同所必然发生的法律效果，并且是构成合同法律效力的主要内容。

二、合同履行的规则

（一）履行的主体

合同履行的主体，首先是合同义务人，其次可以是义务人的代理人或当事人约定的第三人。除法律规定、当事人约定或性质上必须由债务人履行的债务以外，合同的履行可以由债务人的代理人进行。

（二）标的质量

当事人对于标的质量没有约定或约定不明确的，可以协议补充；不能达成补充协议的，按照合同有关规定或者交易习惯确定；仍不能确定的，按照国家标准、行业标准履行；没有国家标准、行业标准的，按照通常标准或者符合合同目的的特定标准履行。

（三）价款或酬金

当事人对于价款或酬金没有约定或者约定不明确的，可以协议补充；不能达成补充协议的，按照合同有关规定或者交易习惯确定；仍不能确定的，按照订立合同时履行地的生产价格履行；依法应当执行政府定价或者政府指导价的，按照规定履行。

（四）履行地点

履行地点是指义务人应当履行义务的地点。当事人对于履行地点没有约定或者约定不明确的，可以协议补充；不能达成补充协议的，按照合同有关条款或者交易习惯确定；仍不能确定的，给付货币的，在接受货币一方所在地履行；其他标的（不动产除外）在履行义务一方所在地履行。

（五）履行期限

当事人对于履行期限没有约定或者约定不明确的，可以协议补充；不能达成补充协议的，按照合同有关规定或者交易习惯确定；仍不能确定的，义务人可以随时履行，对方也可以随时要求履行，但应当给对方必要的准备时间。

（六）履行方式

履行方式是指履行合同义务的方式。当事人对于履行方式没有约定或者约定不明确的，可以协议补充；不能达成补充协议的，按照合同有关条款或者交易习惯确定；仍不能确定的，按照有利于实现合同目的的方式履行。

（七）履行费用

履行费用的负担依当事人约定，没有约定或者约定不明确的，可以协议补充；不能达成补充协议的，按照合同有关条款或者交易习惯确定；仍不能确定的，由履行义务的一方负担。

2006 年 11 月 6 日，房某乘周某驾驶的中巴车从外地回家。途中，中巴车与一辆货车相撞，造成房某受伤。交警部门经过勘查，认定周某与货车司机负同等责任，房某等乘客无事故责任。房某受伤后花费医疗费等费用 2.6 万余元。因双方未达成赔偿协议，房某将周某及其所在的客运公司告上法庭。

——改编自中国法律网

◎ 问题：

1. 房某与周某是否具有合同关系？
2. 被告应承担损害赔偿责任吗？为什么？

第五节　合同的变更、转让和解除

一、合同的变更

合同的变更包括广义的变更和狭义的变更。广义的合同变更包括合同内容的变更和合同主体的变更，而狭义的合同变更只包括合同内容的变更。我国合同法中的变更是指狭义的合同变更，是指合同成立后，在完全履行以前，合同当事人依法协商同意就合同的内容进行修改或补充的行为。合同变更的法律效力为：

（1）合同变更的部分，效力依变更后的合同；

（2）合同的变更只对合同未履行的部分有效，即对已履行的部分不发生效力；

（3）合同的变更不影响当事人请求损害赔偿的权利，即合同的变更并不能免除合同变更前当事人的损害赔偿责任；

（4）当事人对合同变更的内容约定不明确的，推定为未变更。

2005 年 9 月 30 日，某单位一行 30 人按照与某旅行社的合同约定，准时到达某省会城市集合，准备乘坐当日晚 8 点的火车赴张家界旅游。8 点 20 分，旅行社工作人员匆匆赶来称，由于车票紧张，他们经过多方努力也没能拿到当日车票，10 月 1 日的车票能够保证。

该单位负责人考虑到既然专门抽出时间让大家出去旅游，于是就按照旅行社提出的建议重新签订了合同，并顺利完成了旅游活动。返程后，该单位负责人要求旅行社承担出发前的食宿等费用时，旅行社以双方已重新签订合同为由拒绝承担，于是游客向旅游质监部门进行投诉。

——改编自中国法律网

◎ 问题：

旅行社应该承担赔偿责任吗？理由何在？

二、合同的转让

合同的转让是指合同当事人一方依法将其合同的权利和义务全部或部分转让给第三人的法律行为。其特征包括：合同转让不改变原合同的内容；合同转让的结果是合同主体发生了变更；合同转让含两个法律关系，即原合同当事人之间的法律关系和转让人与受让人之间的法律关系。合同转让分为合同权利的转让、合同义务的转让以及合同权利义务的转让。

（一）合同权利的转让

1. 合同权利转让的含义及构成要件

合同权利的转让，又称债权转让，是指合同的债仅人通过协议将债权转移给第三人的行为。债仅人可以转让全部债仅，也可以转让部分债权。债权转让的要件包括：（1）有有效的合同存在；（2）债权人与受让人达成转让协议；（3）债权人转让权利，应通知债务人，否则不生效。而且除受让人同意外，债权人转让权利的通知不得撤销。

2. 不得转让的合同权利

（1）根据合同性质不得转让的，主要是指与当事人的人身关系相关的合同债权。

（2）当事人约定权利不得转让，则债权人不得转让债权。

（3）法律规定不得转让的。

3. 合同权利转让的特别规定

（1）受让人取得从权利。债权人转让权利的，受让人取得与债权有关的从权利，但该从权利专属于债权人自身的除外。合同的从权利是指与合同的主债权相联系的，且依附于主债权而不能独立存在的权利。

（2）债务人转移抗辩权。债务人接到债权转让通知时，债务人对让与人的抗辩，可以向受让人主张，即债务人在合同权利转让时就已经享有的对抗原债仅人的抗辩权，在合同权利转让之后仍然可以对抗新债权人。

（3）转让债权的抵消。债务人接到债权转让通知时，债务人对让与人享有债权，并且债务人先于转让的债权到期或者同时到期的，债务人可以向受让人主张抵消。债权抵消有三个条件：一是双方当事人互负债务，互享债权；二是互负的债务是同种类的且均为到期债务；三是没有法律的禁止规定。

（二）合同义务的转移

1. 合同义务转移的含义及构成要件

合同义务的转移又称债务承担，是指债务人将其在合同中的义务转移给第三人，由第三人取代债务人的地位，负责对债权人履行债务。债务可以全部转移，也可以部分转移。债务承担的构成要件包括：①有有效的债务存在；②债务可以转移；③债务转移应取得债权人同意。如果法律、行政法规规定债务转移应当办理批准、登记等手续，需依法办理。债权转让亦如此。

2. 合同义务转移的特别规定

（1）抗辩转移。债务人转移义务的，新债务人可以主张原债务人对债权人的抗辩。在债务转移中，由于新债务人承担了原债务人的义务，原债务人不再向债权人履行相应的义务，所以原债务人所享有的对债权人的抗辩权应一并转移才符合公平原则。

（2）从债务转移。债务人转移债务的，新债务人应当承担与主债务有关的从债务。因为从债务与权利一样不能独立存在，是一种依附的义务，为保证债权人的权利能够顺利实现，与主债务有关的从债务也就由新债务人承担，但该从债务属于原债务人自身的除外。

（三）合同的权利义务一并转让

当事人一方经对方同意，可以将自己在合同中的权利和义务一并转让给第三人。一般是由合同的一方当事人与第三人签订转让协议，约定由第三人享有合同转让人的一切权利并承担转让人在合同中的所有义务。由于合同权利义务的一并转让既有权利的转让，也有义务的转移，所以法律规定，该转让必须经对方当事人同意，否则转让协议无效。另外，合同权利义务一并转让还需符合合同权利转让和合同义务转移的有关法律规定。

（四）合同转让的特殊形式

合同转让的特殊形式是指当事人合并、分立引起的债权债务的转移，它不是当事人之间通过协商的结果，而是由法律规定来确定的。

我国合同法第九十条规定："当事人订立合同后合并的，由合并后的法人或者其他组织行使合同权利，履行合同义务。当事人订立合同后分立的，除债权人和债务人另有约定的以外，由分立的法人或者其他组织对合同的权利和义务享有连带债权，承担连带债务。"

某旅行社和王先生签订了去内蒙古旅游的合同，王先生交纳了全额团费。合同对住宿的约定是：住蒙古包一晚，住三星级酒店三晚。合同签订后的第四天，由于旅行社未能招徕到足够的游客，旅行社取消了团队行程。旅行社通知王先生，请他随另一家旅行社去内蒙古旅游，并且住宿已经变更为蒙古包二晚，三星级酒店二晚。王先生拒绝了组团社的要求，并向旅游管理部门投诉。

游客张先生和某国际旅行社签订了出境游旅游合同。由于有重要客户需要接待，张先生无法按约前往旅游。根据合同约定，假如张先生就此放弃旅游，损失会很大。张先生向旅行社提出，由张先生的朋友李先生顶替该名额。由于时间紧迫，无法及时办理护照、签证等相关手续，旅行社拒绝了张先生的要求。在协商未果的情况下，张先生向旅游管理部门投诉。

——改编自中国法律网

◎问题：

合同当事人双方应行使怎样的权利和义务？

三、合同的解除

合同解除是指提前消灭合同设立的权利和义务，是一种非自然的合同终止。

（一）合同解除的方式

1. 协议解除

协议解除即双方当事人通过协商一致的方式终止原有的债权债务关系，包括事先约定合同解除条件和事后协商解除合同。前者是指当事人在订立合同时就在合同中约定了当事人可以解除合同的条件，一旦解除合同的条件成立，解除权人可以解除合同；后者是指合同执行过程中双方当事人协商一致，合意解除合同。

2. 法定解除

法定解除又称单方面解除合同，是指合同一方基于法律规定的情形，可以依法单方面解除合同。当事人可以行使法定解除权的情形有：一是因不可抗力致使不能实现合同目的；二是在合同履行期届满之前，当事人一方明确表示或者以自己的行为表明不履行主要债务；三是当事人一方迟延履行主要债务，经催告后在合理期限内仍未履行；四是当事人一方迟延履行债务或有其他违约行为致使不能实现合同目的；五是法律规定的其他情形。

（二）合同解除权的行使和消灭

合同当事人一方依法主张解除合同的应当通知对方，合同自通知到达对方时解除。对方有异议的，可以请求人民法院或仲裁机构确认解除合同效力。法律、行政法规规定解除合同应当办理批准、登记等手续的，依照其规定。

合同当事人约定或者法律规定有解除权行使期限的，期限届满当事人不行使的，其解除权消灭；如果当事人没有约定，又无法律规定解除权行使期限的，当事人也应在合理期限内行使该项权利，否则，其解除权消灭。无期限约定或规定的解除权消灭有两个要件：①经过对方当事人的催告程序；②在催告后合理期限内不行使解除权。

（三）合同解除的效果

合同解除的效果在于提前消灭债权债务关系，消除合同效力的影响，因此，其在效力上具有溯及力，即恢复到合同订立时的状态。

1. 合同解除后，尚未履行的，终止履行。

2. 合同解除后，已经履行的根据履行情况和合同性质，当事人可以要求恢复原状，采取其他补救措施，并有权要求赔偿损失。

殷先生等 26 名员工委托一家旅行社安排"周末郊区风光二日游"，根据行程设计，每位旅游费用 400 元。26 名旅游者与该旅行社签订了旅游合同。按照合同约定，该旅游团往返全程乘坐豪华空调旅游大巴，住宿标准约定为"双人标准间，独立卫生间"，餐饮标准为"八菜一汤"，不含酒水，游览 5 个景点。

旅游团按时顺利出发了，在前往郊外景区的路上，旅行社导游热心地向旅游团的团员介绍沿途风光、风土人情、历史典故，并告诉大家旅游团晚上将要下榻的酒店是一个二星级饭店，希望大家游览尽兴，充分享受。

当旅游团抵达下榻饭店后，导游给旅游者安排房间入住。但殷先生认为所在的饭店"房间中无中央空调、无热水供应、地毯陈旧……"，并不符合二星级标准，拒绝入住，为此与导游发生了争执，并自行决定解除与该旅行社之间的旅游合同，当夜自行返回。

回来后，殷先生等 26 位旅游者向旅游质量监督管理部门投诉，要求旅行社退还全部旅游费用，并支付违约金。

——改编自中国台湾网

◎问题：

旅游者能否单方解除合同？为什么？

第六节　违约责任

一、违约责任的概念和特征

违约责任，也称违反合同的民事责任，是指合同一方或双方当事人因违反合同义务所应承担的民事责任。它是保障合同当事人履行合同义务的重要措施。

（一）违约责任的产生以合同的有效存在为前提

合同生效后，将在当事人之间产生法律约束力，当事人应当按照合同约定，全面、严格地履行合同义务，任何一方当事人违反有效合同所规定的义务时均应承担违约责任;所以违约责任是违反有效合同所规定的义务的后果。

（二）违约责任是合同当事人不履行债务所应承担的责任

债务是一个广义的概念,既包括合同约定的义务,也包括法律规定的义务。因为合同当事人除了应当全面履行合同约定的义务外,还应当遵循诚实信用的原则,根据合同的性质、目的和交易习惯,履行法定义务,不履行这些法定义务,同样构成违约,从而应当承担违约责任。如果按照合同约定和法律规定,不存在违约行为,则自然不存在违约责任的承担。

（三）违约责任只能在合同当事人之间产生

违约责任具有相对性和稳定性,债务人只向债权人承担违约责任,而不能向合同关系以外的任何其他人承担违约责任。

（四）违约责任可以由合同当事人自行约定

当事人可以在法律规定的范围内对违约责任预先作出安排。例如,可以约定损害赔偿的计算方法或者违约金的数额,设定免责条款或者限制责任条款,等等。

二、违约的形式

（一）预期违约

预期违约是指当事人一方在合同履行期限届满之前明确表示或者以自己的行为表示不履行合同义务的违约。对于预期违约,对方可以在履行期限届满之前请求违约方承担违约责任,同时亦不影响受害方单方面解除合同及请求违约方承担其他的民事责任。

（二）金钱债务履行违约

金钱债务履行违约是指合同当事人不履行金钱债务或履行金钱债务不符合合同约定。负有履行金钱债务的一方当事人必须遵守实际履行原则,所以当一方当事人未支付价款或者报酬时,对方可以要求其支付价款或报酬,即不能支付其他标的物。

（三）非金钱债务履行违约

非金钱债务是指不以金钱为给付标的的债务。合同有效成立后,如果当事人一方不履行合同约定的非金钱债务或者履行不符合约定,即构成非金钱债务履行违约。对方可以请求其按合同标的实际履行。但有下列情形之一者除外,不过仍可以要求其他补救措施和请求其他方式承担责任。

（1）法律上或事实上不能履行,如实际履行会损害公共利益或者合同的特定标的物丧失等,使得实际履行成为不可能。

（2）债务的标的不适于强制履行或者履行费用过高。强制履行一般是指当事人请求人民法院强制债务人履行债务。不适于强制履行的标的主要涉及人身关系、商业秘密、高科技等。履行费用过高一般是指实际履行所发生的费用相当于或者高于债务价值本身。所以从这种实际履行社会价值观的角度来理解，其不具备有益性。

（3）债权人在合理期限内未要求履行。履行期限届满，债务人没有履行债务或履行不符合约定的，如果债权人在合理期限内未提出要求履行，债务人有权假设债权人不再要求实际履行。合同期限可以理解为合同期限届满之日起一段合理期间，应视合同性质、交易习惯等因素而定。

（四）质量违约

质量违约是指当事人一方未按约定的质量履行合同。如果合同中约定了承担质量违约责任的，债务人应按约定承担违约责任。如果当事人在合同中没有约定承担质量违约责任和约定不明确的，可以由当事人协商补充，按补充协议的约定承担违约责任。如果当事人在合同中既未约定承担质量违约或约定不明确，又不能就此事达成补充协议，则按照合同有关条款或者交易习惯确定的方式承担违约责任。如果上述三种方式都未采纳，债权人可以选择合理补救措施，也就是根据标的性质以及损失的大小，可以合理选择要求修理、更换、重做、退货，减少价款或报酬等违约责任。

即使承担了违约的责任，也不能排除债权人要求赔偿其他损失的权利。

（五）双方违约

双方违约是指合同当事人双方都未能按照合同全面、实际地履行约定义务，双方违约的，应各自承担相应的责任，即按照各自责任的大小、主次、轻重向对方承担违约责任。

（六）因第三人造成违约

因第三人造成违约是指合同当事人违约并非主观上的过错造成，而是由第三人的原因造成的。当事人一方因第三人的原因造成违约应向对方承担违约责任，即因第三人的原因造成当事人一方违约，并不构成当事人免责的理由，该当事人仍须依照与对方签订的合同约定或法律规定，向对方承担违约责任，而承担违约责任的当事人与第三人之间的纠纷可以按约定或依法请求第三人赔偿损失。

团队取消，谁的责任？

2000年9月22日，黄先生一家四人与某旅行社签订了一份赴桂林五日旅游的合同。根据合同约定，于9月30日下午乘火车赴桂林游览七星岩、漓江、冠岩等景点，每人旅游费用1 150元，共计4 600元。黄先生当日就交纳了此次旅游的全部费用。9月29日，黄先生早已做好旅游准备，却突然接到该旅行社业务经理电话，通知其原定桂林旅游团队，因无法落实桂林至武汉的返程火车票而被迫取消。由于旅行社取消旅游活动距"十一"黄金周仅一天时间，而其他旅行社基本组团完毕，造成黄先生及家人的国庆旅游计划随之落空。黄先生以旅行社单方面终止旅游合同为由，要求旅行社退还全部旅游费用，赔偿其相关经济损失并给予精神补偿。由于旅行社仅承诺退还全部团款，并只赔偿150元，双方协商未果，黄先生遂向旅游质监所投诉。

——改编自湖北旅游网

◎问题：

该旅行社是否应承担违约责任？为什么？

三、违约责任的承担方式

（一）继续履行

当事人一方违反合同，对方要求继续履行的，应继续履行。因为当事人订立合同的目的，是为了通过双方全面履行合同义务而满足自己的需要，所以当一方违约，不仅要承担其违约责任，还应继续履行合同。

（二）支付违约金

违约金指合同当事人依法规定或者约定，一方违约时向对方支付的一定数额的货币。违约金具有以下特点：

第一，违约金主要是由当事人协商确定的，即当事人按照意思自治的原则约定违约金。违约金的数额是预先确定的。有两种确定方法：一是事先确定违约金的具体数额；二是确定违约金的计算方法。

第二，违约金具有惩罚和补偿双重性质。违约金的惩罚性体现在违约金的支付是以当事人有不履行合同的行为或履行合同不符合约定的违约行为为前提，而不必证明因一方的违约行为给对方造成了实际的损害。违约金的补偿性体现在如果约定的违约金低于造成的损失的，当事人可以请求人民法院或仲裁机构予以增加：如果约定的违约金过分高于造成的损失的，当事人可以请求人民法院或仲裁机构予以适当减少。

第三，违约金是违约后生效的补救措施。违约金在订立时并不生效，只有在一方违约时才产生效力。

2002年3月21日，吴某通过S出境游组团社在莆田的M代办旅行社与S旅行社签订出境旅游合同，双方约定出行时间为3月23日至27日，吴某的外公、外婆等3人参加该社组团的港澳游。吴某当即支付全部团费5 640元及押金6 000元，并购买了3月22日厦门至深圳的机票3张。22日上午，M代办旅行社通知吴某，由于同团的南平18名游客的港澳通行证无法出证，推迟到

3 月 29 日成行。经与吴某协商后，吴某同意延期出行，将厦门至深圳的机票改签为 3 月 28 日。3 月 25 日，M 代办旅行社接到 S 旅行社的通知，称由于南平客人 3 月 29 日参加单位会议，无法按期出行，要改期 4 月 2 日发团。吴某对此十分不满，要求退团，3 月 26 日退掉机票。S 旅行社答应吴某的要求，通过 M 代办旅行社退还吴某的全部团款并赔偿机票退票费 520 元。

事后，吴某向省旅游质监所投诉，认为 S 旅行社两次违反合同约定推迟出游时间，原定 3 月 23 日成行，3 月 22 日告知客人不能成行，根据出境旅游合同中"乙方（旅行社）在约定出发时间 3 日内（含第 3 日）告知甲方（旅游者）不能成行的，应赔偿甲方旅游费用总额的 80% 违约金"规定，S 旅行社应赔偿客人团款 5 640 元 80% 的违约金即 4 520 元。S 旅行社辩称，由于潜在不可抗力原因而非该社直接原因导致游客无法顺利成行，客观上给客人造成不便；对此该社已向客人表示歉意，并退还吴某的全部团款并赔偿机票退票费 520 元。

——改编自福建省旅游网

◎**问题：**

S 旅行社应如何承担违约责任？承担多少违约金？

（三）赔偿损失

赔偿损失是指当事人过错违约给对方造成损失，在没有约定违约金或违约金不足以弥补损失时，应向对方支付的一定的补偿费用。赔偿损失的构成要件：一是一方当事人有违约行为；二是行为人有过错；三是违约行为给对方造成了损害；四是违约行为与损害后果之间有直接的因果联系。

如果当事人约定了损失赔偿额计算方法，即按其约定的方法计算；如果当事人没有约定损失赔偿额的计算方法，则依合同法第一百一十三条的规定，应赔偿因违约所造成的直接损失和间接损失。直接损失即当事人的实际损失，表现为因违约所造成的当事人财产的减少或债务的增加；间接损失是指合同得到适当履行时，可能获得的利益。但这种利益是有限的，即不得超过违反合同一方订立合同时预见到的因违反合同可能造成的损失。

（四）承担侵权责任

因当事人一方的违约行为，侵害对方人身、财产权益的，受害方有权依法要求其承担违约责任或承担侵权责任。实践中，经常会出现同一行为既表现为违约行为，又表现为侵权行为的情形，因而会产生责任竞合的问题。当事人既可以请求对方承担违约责任，也可以请求对方承担侵权责任，选择何种形式由受害方决定。

（五）受定金制裁

定金是合同当事人一方履行债务前向对方支付的一定数额的金钱，当债务人按约履行债务后，定金可以抵作价款或收回。给付定金的一方违约的，无权要求返还定金，收受定金一方违约时，应当双倍返还定金。

（六）受价格制裁

价格制裁的问题参阅本章第四节合同履行部分。

（七）采取补救措施

当事人一方违反合同，给对方实现合同的目的造成障碍时，违约方应采取措施进行补救，以保证合同得以继续履行。补救措施主要有修理、更换、重做、退货、减少价款或报酬等。

四、赔偿损失的规则

（一）实际履行

实际履行是指一方违反合同时，另一方有权要求其依据合同的规定继续履行。合同法第一百零七条规定，当事人一方不履行合同义务或者履行合同义务不符合约定的，应当承担继续履行等违约责任。要适用实际履行的责任，应当符合下列条件：

（1）有违约行为存在；

（2）必须由非违约方在合同期限内提出继续履行的请求；

（3）必须是依据法律和合同的性质能够履行的；

（4）实际履行在事实上是可能的和在经济上是合理的。

（二）损害赔偿

损害赔偿，又称违约损害赔偿，是指违约方因不履行或不完全履行合同义务而给对方造成损失，依法或依据合同的规定应承担损害赔偿的责任。合同法第一百零七条规定，当事人一方不履行合同义务或者履行合同义务不符合约定，应当承担赔偿损失等违约责任。但损害赔偿不得超过违反合同一方订立合同时预见到或者应当预见到的，因违反合同可能造成的损失。当事人一方违约后，对方应当采取适当措施防止损失的扩大，没有采取适当措施，致使损失扩大的，不得就扩大的损失要求赔偿。损害赔偿具有如下特点：

（1）损害赔偿是因一方不履行合同义务所产生的责任；

（2）损害赔偿原则上仅具有补偿性而不具有惩罚性；

（3）损害赔偿具有一定程度的任意性（即法律允许当事人约定损害赔偿）；

（4）损害赔偿以赔偿当事人实际遭受的全部损害为原则。

（三）违约金

违约金是指由当事人通过协商预先确定的，在违约生效后作出的独立于履行行为以外的给付。违约金具有如下法律特征：

（1）违约金是由当事人协商确定的；

（2）违约金条款具有从合同的性质。它以主合同的存在为必要条件，当主合同不成立、无效或被撤销时，约定的违约金条款也不能发生效力；

（3）违约金的数额是预先确定的；

（4）违约金是一种违约后的责任方式。违约金条款在合同订立时并不生效，只是在一方发生违约后才能产生法律效力。

违约金的约定虽然属于当事人所享有的合同自由的范围，但这种自由不是绝对的，而是受一定限制的。根据合同法第一百一十四条的规定："约定的违约金低于造成的损失的，当事人可以请求人民法院或者仲裁机构予以增加；约定的违约金过分高于造成的损失的，当事人可以请求人民法院或者仲裁机构予以适当减少。"

（四）定金

定金是指合同当事人为了确保合同的履行，依据法律和合同的规定由一方按合同标的额的一定比例，预先给付对方的金钱或其他代替物。合同法第一百一十五条规定："当事人可以依照《中华人民共和国担保法》约定一方向对方给付定金作为债权的担保。债务人履行债务后，定金应当抵作价款或者收回，给付定金的一方不履行约定的债务的，无权要求返还定金；收受定金的一方不履行约定的债务的，应当双倍返还定金。"定金责任具有如下特征：

（1）合同法所规定的定金在性质上属于违约定金，适用于债务不履行的行为；

（2）定金责任是一种独立于其他责任形式的制裁措施；

（3）从性质上看，约定的定金具有从合同的性质，它以主合同的存在为必要条件；

（4）法律对定金的数额有一定的限制。定金的数额不得超过合同标的额的20%。对平均数额过低或过高的，法院或仲裁机关根据当事人的请求有权予以适当增减。

五、违约责任的免除

（一）不可抗力的法律效力

所谓不可抗力，是指不能预见、不能避免、不能克服的客观情况。这种客观情况既包括自然现象，如地震、水灾、火灾、雷击、海啸等；也包括社会现象，如战争、罢工等。

不可抗力可以导致合同责任免除，免除的责任包括实际履行、支付违约金、赔偿损失。具体免责范围有以下几个方面：

（1）全部免除合同不履行的责任。指不可抗力导致当事人无法履行合同的，免除全部责任。

（2）部分免除合同不履行的责任。指不可抗力只是部分地影响了当事人履行合同的能力，而另一部分履行归责于当事人的过错，则只免除不可抗力因素所影响的部分责任，其余部分的责任仍需承担。

（3）免除合同当事人迟延履行的责任。由于不可抗力的原因致使合同当事人无法在合同约定的履行期限内履行合同的，免除其迟延履行的责任。但是，如果不可抗力因素是发生履行期限届满之后，即发生在当事人迟延履行期间的，不能免除责任。

（二）因不可抗力不履行合同一方的义务

合同的当事人一方因不可抗力不能履行合同时，虽然可以免除履行的责任，但仍有义务减少损失，通知对方，提供证明。

1. 通知义务

不可抗力事由发生后，不能履行合同的一方当事人应及时通知对方，使对方能及时处理合同得不到履行可能带来的问题，以减少损失。

2. 减少损失的义务

遭遇不可抗力一方当事人应尽可能克服困难，努力清除事故的影响，把给对方造成的损失降到最低限度。

3. 证明义务

当事人一方因不可抗力不能履行合同的，应当在合理期限内提供证明，即该当事人对其所主张的不可抗力的发生和存在的事实负有举证责任。

六、合同的管理和纠纷处理

（一）合同的管理

合同的管理，是指具有合同管理职能的国家机关，依据法律和法规，监督合同制度执行的一系列活动的总称。主要是县级以上各级人民政府工商行政管理部门和其他有关主管部门。

（二）合同纠纷处理

合同纠纷处理是指当事人双方对合同履行的情况和对不履行或者不完全履行合同的后果产生的争议。

处理制度："或裁或审"制度。

处理方式：（1）协商解决；（2）调解解决；（3）仲裁解决（具有仲裁是终局的特点）；（4）诉讼解决（二审判决为终审判决）。

2007 年某日，参加北京某旅行社组织的青岛、烟台、大连单飞（回程）六日游的 14 名游客，与旅行社签订了旅游合同，并交纳了旅游费用。该旅游团发团后，由于机场方面原因，当日该航班被取消，旅行社得到消息后，便为游客改订其他航班。又由于正值旺季，当日返京航班均已满员。为保证游客按时返京，地接旅行社为该团购买了火车硬卧票，要求游客乘火车返京，并于当晚强行将游客送到火车站，全体游客因拒绝登车滞留当地。当晚，由旅行社安排酒店住宿，旅行社在机票款中扣除火车退票费后，将余款退还给游客。第六天，旅游者自费乘坐民航班机返京。游客要求旅行社赔偿火车票退票费及延误一天返京的误工费用。

——改编自河南旅游信息网

◎问题：

1. 游客的投诉是否合理？

2. 旅行社是否应该赔偿？为什么？

【本章小结】

1. 合同的概念及旅游合同的法律特征。

2. 合同订立的程序；订立合同当事人的资格；合同的形式；合同的内容。

3. 合同生效的条件、无效合同及可撤销合同的种类、合同无效和被撤销的法律后果。

4. 合同履行的概念、合同履行的规则。

5. 合同变更的法律特征、条件、法律效力；合同转让各形式的构成要件；合同解除的方式、其权利的行使和消灭、效果。

6. 违约责任的概念、特征及承担方式；赔偿损失的规则；违约责任的免除。

【复习思考题】

1. 什么是合同？旅游合同有哪些法律特征？

2. 合同的订立需要哪些程序？

3. 合同主要有哪些形式？

4. 合同变更的条件有哪些？

5. 什么是合同转让？

6. 什么是违约金与定金？

7. 违约的形式有哪些？承担违约责任的方式主要有哪些？

8. 违约责任在哪些情况下可以免除？

【实务训练】

某企业为了开好促销会，特策划组织一次联谊活动，于是派人与一家旅行社商量了"杭州、千岛湖三日豪华游"的旅游活动事宜。

请起草一份旅游合同。

【案例分析】
机票价格调整及合同争议

2005 年 1 月 20 日，李某报名参加某旅行社组织的云南八日游，并在旅行社提供的《旅行协议书》上签字，按合同规定缴纳 34 900 元旅游费，旅游协议规定 3 月 20 日组团出游。2005 年 1 月底，国家计委和民航总局联合发文，规定各航空公司国内票价不得以任何形式和名义折扣销售，团体优惠票价不得低于90%。旅行社原订折扣票已无法购到。鉴于飞机票涨价，该旅行社和李某联系协商解决：一是按计划继续出游补齐机票款 420 元；二是取消此次旅游，退还全部旅游费。李某考虑已近春节，再安排其他线路可能来不及，就勉强同意补交机票款，按原计划赴云南旅游。

旅途至第三日在中缅边境办理出境手续时，旅行社让李某交付"边境通行证"和"出境书药费"（缅方入境须知和免疫药品）共计 112 元。李某认为，按合同规定只应支付"出境书药费"12 元，100 元应由旅行社支付。但为了能完成这次旅游，不得不暂时作了妥协。游程结束后返回上海，李某找旅行社交涉，以旅行社违反合同为由，提出退赔额外加收的机票款和出境及书药费共 532 元。

——摘自永州旅游网

◎ 问题：

1. 游客李某的投诉理由是否合理？旅行社是否违反合同？
2. 在本案中，机票涨价部分是否应由游客李某承担？依据相关法律进行解释。
3. "边境通行证"费用是否应由游客李某承担？理由是什么？
4. 本案例旅游经济纠纷依法的仲裁结果是什么？

第二章　旅行社法规实务

【学习目标】

　　掌握旅行社的种类、业务范围及旅行社的设立条件。

　　理解旅行社的经营规则及旅行社的主要权利和义务。

　　了解旅行社质量保证金制度、旅行社责任保险制度及中国公民出国旅游管理制度。

【章首案例】

给××旅行社的感谢信

××旅行社负责同志：

　　你好！我们是 2005 年 6 月 4 日由贵社组织的旅游团成员，这次参加"华东五市＋水乡周庄八日游"，可以说非常满意，用 16 个字概括：经济实惠，玩得开心，住得舒心，吃得放心。这与贵社的诚信经营和导游人员的辛勤工作是分不开的，在此表示感谢。

　　5 月 28 日早，由送机导游送上飞机，当日上午 9 点多钟准时到达常州，一出机场就看见一个小伙子跑着来到我们眼前并自我介绍是我们的导游姓周，他把我们 43 人带到大巴车上，就把这 8 天的行程安排及南方的风土人情介绍给大家。旅程中每到一个有纪念意义的地方或景点，都在车上用流利的普通话提前做介绍。一路上游览华东地区的大好河山，大家的心情都非常舒畅。由于我们这个团老少中青都有，又来自全省各市县，所以大家的需求都不一样，难免出现矛盾，但小周都会很巧妙地化解，比如：有的人年岁大，还有的人晕车，出现了在客车上抢座吵架的现象，小周主动给晕车的人找药吃，而且主动承担责任，促使前面的年轻人主动把座位让给老年人和晕车人，这些被照顾的人都站起来向大家表示感谢。本来很紧张的气氛，由于导游小周的主动揽过，很巧妙地将矛盾化解。还有的人，由于自己一时心气不顺，将怨气直接发泄在小周身上或旅行社方面，就连我们这些游客都感到太过分了，但小周都能用很幽默的语言将一触即发的紧张局面扭转。小周还说，大叔大姨我能理解，你们放心吧！我就是干这工作的，什么样的人我都会遇上，什么话我都会听到，如果听不了这些话，我这个导游就不要做了。他能有这么高的素质修养，实在很难得。小周用实际行动感动了全团 40 多名游客。

事实证明，选择一个正规的有信誉的旅行社和高素质的导游员，参加这样的旅游才能让我们开心、舒心、放心。小周给我们的第一印象是亲切、诚实、可信，没有那么多的商业气息，这也证明贵社领导教育培养员工有方，实践证明我们参加贵社是选择对了。尤其是贵社能进行电话回访游客，这也是难能可贵的，是其他旅行社很难做到的。今后我们会介绍我们的亲朋好友首选贵社的旅游服务。我相信贵社今后一定会更加兴旺发达。希望贵社领导能够培养出更多像小周这样高素质的导游人员，永远保持全国第一的光荣称号。

——×××

——改编自导游栖息地网站

我国为了更好地规范旅行社的经营，促进旅游业的繁荣，颁布了一系列法律规范，对旅行社的设立、旅行社的经营及行业管理方面作了规定。早在 1985 年 5 月 11 日，我国国务院就颁布了《旅行社管理暂行条例》。这是我国第一个关于旅行社管理方面的行政法规。1996 年 10 月 15 日，国务院又发布并施行了《旅行社管理条例》，同时废除了《旅行社管理暂行条例》。根据 2001 年 12 月 11 日《国务院关于修改〈旅行社管理条例〉的决定》，又对 1996 年发布施行的《旅行社管理条例》进行了修改，新的《旅行社管理条例》于 2002 年 1 月 1 日起施行。《旅行社管理条例》的发布、修改和完善，标志着我国对旅行社的管理及其立法工作发展到了一个新的阶段。

此外，国家旅游局制定发布的《旅行社质量保证金暂行规定》、《旅行社质量保证金赔偿暂行办法》、《旅行社投保旅行社责任保险规定》、《旅行社经理资格认证管理规定》、《关于外国旅行社在中国设立旅游常驻机构的审批管理办法》等规章，与《旅行社管理条例实施细则》共同作为《旅行社管理条例》的实施细则施行。2007 年 11 月 27 日，国务院法制办发布了关于《旅行社条例（征求意见稿）》上网征求意见的通知，意味着新的旅行社法规即将出台。

第一节　旅行社概述

一、旅行社的概念及法律特征

旅行社是指以营利为目的，从事旅游业务的企业。旅游业务，是指为旅游者代办出境、入境和签证手续，招徕、接待旅游者，为旅游者安排食宿等有偿服务的经营活动。

旅行社包括依法设立的从事旅游业务的旅游公司、旅行服务公司、旅游咨询公司和其他同类性质的企业。其法律特征主要有：

（一）旅行社是以营利为目的的企业

以营利为目的是社会主义市场经济的必然要求，是增加旅行社内部活力的客观需要。旅行社作为社会服务的行业，属于第三产业的范畴。其主要业务应是有偿服务，并在业务活动中实现经营利润。

（二）旅行社应以招徕、接待旅游者，组织旅游活动为其业务经营范围

所谓招徕，是指旅行社在法律规定和核准登记的经营范围内在国内外开展宣传促销、招揽顾客的活动。所谓接待是指旅行社根据事先的约定，为旅游者提供或安排食宿、交通、购物、娱乐等旅游活动。同时，为了实现招徕和接待旅游者的业务，还为旅游者代办出境、入境和签证手续。

（三）旅行社是依法设立，许可经营的企业

旅行社的设立必须依照相关法规，报有权审批的旅游行政部门批准，领取《旅行社业务经营许可证》，并依法办理工商登记注册手续。未经旅游行政部门批准，不得从事旅游业务。

某高校学生旅游协会通过组织协会成员的各类旅游活动，积累了大量行业经验。他们发现组织旅游活动不仅丰富了学生的课余生活，而且可以赢利。于是，2004 年 5 月 1 日黄金周期间，他们通过网络、电话等各种方式，直接和某旅游汽车公司司机、某住宿机构取得联系，在校内招徕组织了 30 余人的学生团队，前往三峡旅游，由于正处旅游旺季，船票紧张，该协会在船票价格上未能和游船公司取得一致，导致该团队滞留宜昌两天，团队无法继续行程，学生叫苦不迭。后经当地旅游局安排协调，得以返回学校。返校后，参团学生纷纷要求赔偿，而该协会却无力赔偿学生的损失。于是，有学生将该校旅游协会投诉到了市旅游局。市旅游局通过和学校沟通，对该校旅游协会进行了处罚，学校也对协会主要负责人进行了处分。

◎问题：

该高校旅游协会存在哪些违法行为？是否应该受到处罚？

二、旅行社分类及其经营范围

我国根据国情实行政府主导的旅游发展模式，将旅行社分为国际旅行社和国内旅行社。

（一）国际旅行社的经营范围

国际旅行社的经营范围包括入境旅游业务、出境旅游业务和国内旅游业

务。具体经营以下旅游业务：

（1）招徕外国旅游者来中国，华侨与香港、澳门、台湾地区同胞归国及回内地旅游，为其代理交通、游览、住宿、饮食、购物、娱乐事务及提供导游、行李等相关服务，并接受旅游者委托，为旅游者代办入境手续；

（2）招徕我国旅游者在国内旅游，为其代理交通、游览、住宿、饮食、购物、娱乐事务及提供导游、行李等相关服务；

（3）经国家旅游局批准，组织中华人民共和国境内居民到外国和中国香港、澳门、台湾地区旅游，为其安排领队、委托接待及行李等相关服务，并接受旅游者委托，为旅游者代办出境及签证手续；

（4）经国家旅游局批准，组织中华人民共和国境内居民到规定的与我国接壤国家的边境地区旅游，为其安排领队、委托接待及行李等相关服务，并接受旅游者委托，为旅游者代办出境及签证手续；

（5）其他经国家旅游局规定的旅游业务。国家旅游局会根据旅游发展的需要，通过其他的规范性文件，为国际旅行社设定或增加业务范围，未经国家旅游局批准，任何旅行社不得经营中华人民共和国境内居民出国旅游业务、港澳台旅游业务和边境旅游业务。

（二）国内旅行社的经营范围

（1）招徕我国旅游者在国内旅游，为其代理交通、游览、住宿、饮食、购物、娱乐事务及提供导游等相关服务；

（2）为我国旅游者代购、代订国内交通客票，提供行李服务；

（3）其他经国家旅游局规定的与国内旅游有关的业务，即国家旅游局认为有必要为国内旅行社的经营业务作出的其他规定。例如，在少数边远地区，因没有条件成立国际旅行社，而海外旅游者希望到该地区旅游时，该地区国内旅行社可向当地旅游行政部门提出申请，报国家旅游局审批。经国家旅游局审批同意后，该地区的某些国内旅行社就可接待前往该地区的海外旅游者。

此外，还有"外国旅行社在中华人民共和国境内设立的常驻机构"，即经国家旅游局审批、外国旅行社在中华人民共和国境内设立的常驻旅游办事机构。该办事机构只能从事旅游咨询、联络、宣传等非经营性活动，不得经营招徕、接待等旅游业务，包括不得从事订房、订餐和订交通客票等经营性业务。

第二节　旅行社的设立

一、旅行社的设立条件

我国《旅行社管理条例》规定，设立旅行社应具备下列基本条件：有固定的营业场所；有必要的营业设施；有经培训并持有省、自治区、直辖市以上人民政府旅游行政部门颁发的资格证书的经营人员；有符合《旅行社管理条例》规定的注册资本和质量保证金。

（一）设立国际旅行社的条件

（1）有固定的营业场所和必要的经营设施。具体包括足够的营业用房；传真机、直线电话、电子计算机等办公设备；具备与旅游行政部门联网的条件；业务用车等。

（2）有取得资格证书的经营人员。持有国家旅游局颁发的《旅行社经理资格证书》的总经理1名；持有国家旅游局颁发的《旅行社经理资格证书》的部门经理至少3名；取得会计师以上职称的专职财会人员。

（3）有法定的注册资本。不得少于150万元人民币。

（4）交纳法定的质量保证金。经营入境旅游业务的，应向旅游行政部门交纳质量保证金60万元人民币；经营出境旅游业务的，应向旅游行政部门交纳质量保证金100万元人民币。

（二）设立国内旅行社的条件

（1）有固定的营业场所和必要的经营设施。具体包括足够的营业用房；传真机、直线电话、电子计算机等办公设备；具备与旅游行政部门联网的条件等。

（2）有取得资格证书的经营人员。持有国家旅游局颁发的《旅行社经理资格证书》的总经理1名；持有国家旅游局颁发的《旅行社经理资格证书》的部门经理至少2名；取得助理会计师以上职称的专职财会人员。

（3）有法定的注册资本。不得少于30万元人民币。

（4）交纳法定的质量保证金。应向旅游行政部门交纳质量保证金10万元人民币。

某高校学生在2005年"十一黄金周"期间为一旅行社从事临时导游工作，该旅行社没有和学校签订相关实习协议，也没有对学生进行任何培训，让学生直接上岗。该旅行社并不是按照常规方式组团接团，而是在高速公路路口设立旅游代办点，直接招徕自驾车的散客，由学生上车带客人前往某著名景区游览，而所谓的参观游览，也只是远眺、俯瞰，旅行社为了牟利，欺骗自驾车游客，收取客人高额费用，却没有带客人进入该景区。学生无法应对客人的诘难，进退两难。有客人直接投诉至旅游局，经旅游局调查发现，该旅行社并未登记注册，未缴纳质量保证金，也没有旅行社业务经营许可证。旅游局质监所无法对客人进行赔偿，建议游客用其他方式来维权。旅游局执法大队对该企业设立的旅游代办点进行了查处。从事临时导游工作的学生也未能获得正当的报酬，深受其害。

◎问题：

1. 该旅行社是否依法设立？

2. 非法设立的旅行社存在哪些危害？

二、旅行社的申报审批

(一) 设立旅行社应当提交的文件

(1) 设立申请书。其内容包括申请设立旅行社的类别、中英文名称及缩写和设立地；企业形式、投资者、投资额和出资方式；申请人、受理申请部门的全称、申请报告名称和呈报申请的时间。其中，旅行社申报和登记的企业名称，应当符合企业名称登记管理的有关规定，并须含有"旅行社"字样。

(2) 设立旅行社可行性研究报告。其内容包括设立旅行社的市场条件；设立旅行社的资金条件；设立旅行社的人员条件。此外，申请单位还须提供受理申请的旅游行政部门认为需要补充说明的其他问题。

(3) 旅行社章程。旅行社章程应符合有关法律和法规的规定，其内容一般包括：旅行社的名称、经济性质、宗旨和目的、业务经营范围、注册资金额及来源、组织机构、财务管理制度、对旅游者承担的责任及其他应说明的问题。

(4) 旅行社经理、副经理履历表和经省、自治区、直辖市以上旅游行政部门颁发的资格证书。

(5) 开户银行出具的资金信用证明、注册会计师及其会计师事务所或审计师事务所出具的验资报告。

(6) 经营场所证明。经营场所可以是企业拥有，也可以是企业租用。租用的经营用房，应当向旅游行政部门出具至少有一年租期的租房协议；企业拥有的经营用房，应出具产权证明和使用证明。

(7) 经营设备情况证明。

(二) 旅行社的申报批准程序

(1) 申请设立国际旅行社，应当向所在地的省、自治区、直辖市旅游行政部门提出申请。省、自治区、直辖市旅游行政部门受理申请并签署审查意见后，报国家旅游局审批。

(2) 申请设立国内旅行社，应当向所在地的省、自治区、直辖市旅游行政部门或其授权的地、市级旅游行政部门提出申请。省、自治区、直辖市旅游行政部门授权地、市级旅游行政部门审批国内旅行社的，应当报国家旅游局备案。

（三）旅行社的审批原则

旅游行政部门收到申请后，根据是否符合本地区旅游业发展规划、是否具备法规规定的旅行社设立条件等原则进行审批。凡经依法审核批准的旅行社，旅游行政部门应向其颁发《旅行社业务经营许可证》。

（四）旅行社的审批期限

审批期限是旅游行政部门审核批准旅行社是否成立的时间限定。按照《旅行社管理条例》及《旅行社管理条例实施细则》，对审批期限规定如下：

（1）受理申请设立国际旅行社的旅游行政部门应当自收到申请书之日起的30个工作日内签署审查意见，报国家旅游局；国家旅游局应当自收到申请书之日起的30个工作日内作出批准与否的决定，向申请者正式发出批准文件或不予批准的文件，并通知受理申请的省、自治区、直辖市旅游行政部门。

（2）受理申请设立国内旅行社的旅游行政部门，应当自收到申请书之日起的30个工作日内作出批准与否的决定，并向申请者正式发出批准文件或不予批准的文件。

（五）旅行社的工商登记

申请人在收到旅行社经营许可证的60个工作日内，持批准设立文件和《旅行社业务经营许可证》到工商行政管理部门登记注册，领取营业执照。工商行政管理部门在受理申请30日内作出核准登记与否的决定。旅行社工商营业执照签发的时间为该旅行社成立日期。

（六）旅行社的税务登记

旅行社在领取营业执照30日内，向当地税务部门办理开业税务登记，并在办妥银行账号后，申请税务执照。申请人办理时应向当地税务部门领取统一的税务登记表，如实填写各项内容，经税务机关审核后，发给税务登记证。税务登记结束后，旅行社便可以申领发票，开张营业。

三、旅行社分支机构的设立

旅行社根据业务经营和发展的需要，可以设立非法人分社（以下简称分社）和门市部（包括营业部）等分支机构。旅行社不得设立办事处、代表处和联络处等办事机构。

（一）旅行社分社的设立条件及核准

1. 旅行社的分社

旅行社的分社是指旅行社设立的不具备独立法人资格、以设立社名义开展旅游业务经营活动的分支机构。旅行社分社的经营范围不得超出其设立社的经营范围。

2. 旅行社分社的设立条件

旅行社设立分社应符合下列条件：年接待旅游者达到 10 万人次以上；进入全国旅行社百强排名；分社经理必须取得《旅行社经理资格证书》；符合《旅行社管理条例》中规定的注册资金和质量保证金的要求：国际旅行社每设立一个分社，应当增加注册资本 75 万元人民币，增交质量保证金 30 万元人民币；国内旅行社每设立一个分社，应当增加注册资本 15 万元人民币，增交质量保证金 5 万元人民币。

3. 旅行社分社的核准登记

旅行社设立分社，应当向原审批的旅游行政部门出示增加注册资本的证明；并办理核准旅行社每年接待旅游者达到 10 万人次以上的证明文件；向分社设立地有质量保证金管理权的旅游行政部门办理增交质量保证金的手续，并取得增交质量保证金的证明。

旅行社持上述所列的增加注册资本的证明，每年接待旅游者达到 10 万人次以上的证明文件及增交质量保证金证明，以及旅行社业务经营许可证原件，按照《中华人民共和国公司登记管理条例》的规定，向分社设立地工商行政管理机关申请领取营业执照。

旅行社取得营业执照后 10 个工作日内，应当向分社设立地县级或以上地方旅游行政部门和原审批的旅游行政部门备案。旅行社向原审批的旅游行政部门备案时，应提交营业执照的复印件，原审批的旅游行政部门收到上述文件后，应当在 10 个工作日内向旅行社发给旅行社业务经营许可证。

原审批的旅游行政部门应在上述旅行社业务经营许可证的右侧显要位置加盖"分社使用"的印记；"许可证编号"的编排方式为：设立社许可证编号 - 分社设立地汉语拼音缩写字母 - 阿拉伯数字（由设立社依据设立分社的时间和数量依次排号）；"旅行社名称"的登记方式为：设立社名称 + 分社设立地 + "分社"字样，或为：设立社名称 + 分社设立地 + 分社名称 + "分社"字样。

（二）旅行社门市部的设立及核准

1. 旅行社门市部

旅行社门市部是指旅行社在注册地的市、县行政区域以内设立的不具备独立法人资格，为设立社招徕游客并提供咨询、宣传等服务的收客网点。

2. 旅行社门市部的核准

旅行社设立门市部，应征得拟设地的县级以上旅游行政部门同意，领取旅行社门市部登记证，并在办理完工商登记注册手续之日起的 30 个工作日内，报原审批的旅游行政部门、主管的旅游行政部门和门市部所在地的旅游行政部门备案。旅行社的门市部应当接受所在地的旅游行政部门的行业管理。

由省级旅游行政部门负责印制和颁发旅行社门市部登记证的内容主要包括

证书名称、设立社，门市部名称、负责人、地址和业务范围，同意设立文号，证书颁发时间、颁发机关印章和有效期等。门市部登记证实行一部一证，不设副本，复制无效。

四、旅行社变更事项的处理

（一）旅行社经营范围变更处理

国际旅行社申请增加出国旅游业务、港澳台旅游业务和边境旅游业务的，经所在省、自治区、直辖市旅游行政部门审查并签署意见后，报国家旅游局审批。国内旅行社申请转为国际旅行社，国际旅行社申请转为国内旅行社，应当按照设立审批旅行社的有关规定办理。

（二）旅行社登记注册地变更处理

旅行社需要改变登记注册地的，应当征得原负责主管该旅行社的旅游行政部门和改变后的负责主管该旅行社的旅游行政部门的同意，并按有关规定办理变更登记。旅行社变更登记注册地的，应当在办理完变更登记之日起的 30 个工作日内，报原审批的旅游行政部门备案。

（三）旅行社其他变更事项处理

旅行社组织形式、名称、法定代表人、营业场所、停业、歇业等事项变更，应当在办理完变更登记之日起的 30 个工作日内报原审批的旅游行政部门备案。其中，旅行社改变名称或歇业的，原审批的旅游行政部门应当换发或收回其许可证。旅行社改制之前应到原审批机关登记，改制完成后应在 30 个工作日内到原审批机关变更许可证。

第三节　旅行社的经营

一、旅行社经营的规则

旅行社从事旅游业务，必须依法经营，在国家相关法律的基础上，《旅行社管理条例》和《旅行社管理条例实施细则》（以下简称《实施细则》）还详细规定了旅行社经营的具体规则，规范旅游市场。

（一）按照核定的经营范围开展经营活动

旅行社应当按照核定的经营范围开展经营活动，严禁超范围经营。超范围经营包括：

（1）国内旅行社经营国际旅行社业务；

（2）国际旅行社未经批准经营出国旅游业务、港澳台旅游业务和边境旅游业务；

(3) 国家旅游局认定的其他超范围经营活动。

国内社经营港澳游自酿苦果

某旅行社的资质是国内旅行社，根据规定，国内社不得经营出境旅游业务，但该社近年来一直超范围广告宣传和经营出境旅游业务。2001 年 11 月，该旅行社组织了一个 20 人的港澳游团队，行程比较顺利，在回到内地以后，一张姓游客得知该旅行社不具备组织出境游资格，于是向旅游局质监所提出投诉，并罗列了在旅游过程中一些不愉快的地方，要求赔偿。

◎问题：

1. 旅行社的超范围经营应该如何处罚？

2. 游客的投诉是否合理，能否得到赔偿？

（二）采取正当竞争手段从事旅游业务

旅行社开展经营活动必须遵守《中华人民共和国反不正当竞争法》，按照《旅行社管理条例》及《实施细则》规定，旅行社不得采用下列手段从事旅游业务：

(1) 假冒其他旅行社的注册商标、品牌和质量认证标志；

(2) 擅自使用其他旅行社的名称；

(3) 以承包、挂靠或变相承包、挂靠方式非法转让经营权或部分经营权；

2000 年 12 月至 2001 年 1 月间，张某和李某等人，以北京某旅行社接待部名义，租用北京某饭店 203 房间作为经营场所，并以该旅行社名义发布广告，在收取游客大量旅游款或购票订金后携款潜逃，此案共涉及游客 355 人，金额 99 万余元，堪称旅游业大案。此案系该旅行社内部管理混乱将部门随意承包造成，北京市旅游局在认定其责任后，依据有关规定对该社进行了停业整顿的处罚，并动用了其 10 万元质量保证金对游客进行补偿。

——改编自搜狐网旅游频道，转自《北京晨报》

◎问题：

该旅行社存在哪些违规经营行为？

(4) 与其他旅行社串通起来制定垄断价格，损害旅游者和其他旅行社的利益；

(5) 以低于正常成本价的价格参与竞争；

海南某旅行社于 2006 年 7 月 9 日地接一 89 人北京来琼旅游团队，接团价格为 577 元/人，共收取总团费 51 353 元。按省发改厅有关文件规定，核定该团队的各项成本费用（包括各景点门票、交通车费、住宿费、餐费以及导游补助费）应为 56 789 元，比该社所收取的总团费高出 5 436 元。

——改编自搜狐网新闻

◎问题：

该旅行社存在哪些违规经营行为？

（6）委托非旅行社单位或任何个人代理或变相代理旅游业务；

（7）制造和散布有损其他旅行社的企业形象和商业信誉的虚假信息；

（8）为招徕旅游者，向旅游者提供虚假的旅游服务信息；

（9）其他被国家旅游局认定为扰乱旅游市场秩序的行为。

（三）提供旅游项目符合国家法律、法规的规定

旅行社提供的旅游产品中包含的旅游项目必须符合国家法律、法规的规定，不得从事违法活动。《实施细则》规定，旅行社不得向旅游者介绍和提供下列旅游项目：

（1）含有损害国家利益和民族尊严内容的；

（2）含有民族、种族、宗教、性别歧视内容的；

（3）含有淫秽、迷信、赌博内容的；

（4）含有其他被法律、法规禁止的内容的。

（四）广告宣传真实可靠，符合法规要求

旅行社所作广告应当符合国家有关法律、法规的规定，不得进行虚假广告宣传。旅游广告应当具备以下内容：

（1）旅行社名称和许可证号码、类别、地址和联系电话；

（2）委托代理业务广告应当注明被代理旅行社的名称；

（3）旅游业务广告应包括旅游线路、项目和主要内容、天数、旅游服务价格和收费等。

严禁旅行社超出经营范围进行广告宣传。旅游业务广告不得用模糊、不确定用语故意误导、欺骗旅游者和公众。

（五）发生业务往来应当签订合同

旅行社委托其他旅行社代理招徕或接待旅游者，旅行社与饭店、餐饮、交通、景点等企业以及与境外旅行社发生业务往来时，应当签订合同，约定双方的权利和义务。

以“赌团心态”组织和接待旅游团险遭甩团

2006 年 12 月 8 日，中国台湾某旅游公司以“购物贴补团款”的销售模式将参加"江南之行"五日游的 65 名台湾地区游客交苏州某旅行社接待，双方约定进店购物三次并以"购物团"价格结算。但台湾地区旅行社在出发前却对游客说："进店看看即可，不必购物。"当苏州旅行社发现该团明显抵制购物——全团仅购买了 70 元茶叶和三条丝被，购物回扣无法补足接待费用，及时向台湾地区旅行社通报了情况，并重新以口头形式商定了按照"不购物团"结算的价格。苏州旅行社在行程结束前一天，要求限时拿到尾款，否则，将要求台湾地区领队现付接下来的行程费用。台湾地区旅行社既不情愿付款，又担心旅游团被甩，于是紧急求助国家旅游局质监所。在国家旅游局、江苏省、苏州市三级旅游质监所，以及中国台湾旅行业品质保障协会的共同协调下，终于在第一时间、第一地点将事情查清，并协调解决了组、接团社之间的问题，在没有惊动一位游客的前提下，使旅行团平安、顺利地离开苏州。

——改编自中国旅游网

◎问题：

1. 该苏州旅行社是否存在违规经营问题？

2. 该案例对旅行社的经营有哪些启示？

（六）按规定制作和保存业务档案

旅行社招徕、接待旅游者，应当制作和保存完整的业务档案。其中，出境旅游档案保存期最少为 3 年，其他旅游档案保存期最少为 2 年。

（七）按规定报送统计报表

旅行社应当按照国家旅游局的有关规定，向旅游行政部门报送统计报表，不得提供虚假数据或伪造统计报表。

二、旅行社的权利与义务

（一）旅行社的主要权利

旅行社在经营过程中拥有作为独立企业法人的所有合法权利。针对旅行社行业的特殊性，《旅行社管理条例》和《实施细则》也特别规定了一些旅行社的权利。

1. 收取合理费用

旅行社作为以营利为目的的经营性企业，享有法律赋予的自主权。对为旅游者提供的旅游项目，有权按照国家法律、法规规定向旅游者和有关经营单位收取合理的费用。对为游客提供的导游、交通、联系住宿、组织旅游活动等正当的旅游业务，有权收取相应费用。旅行中，事先征得旅游者和协作单位的同意，对增加的服务可加收费用。

2. 按合同的规定索赔

游客过度维权，造成旅行社损失须赔偿

春节期间，黄先生等 32 名游客参加了某旅行社组织的张家界旅游活动。春节期间铁路运力紧张，旅行社原预定的火车票在临出团时被告知已没有。旅行社经过努力，改了车次上车。但由于车次变更，黄先生等 32 名游客的行程比合同约定的时间少了半天，游客提出顺延一天返回的要求。但是张家界地接旅行社已按照原计划购买了回程火车票。旅行社与黄先生等游客协商，提出可赔偿少半天行程的损失，但是双方没能达成一致，黄先生等 32 名游客拒绝返回，致使 32 张返程火车票作废，造成直接经济损失 15 020 元。黄先生等 32 名游客在张家界滞留期间，经旅游局等有关部门多方做工作，张家界地接社又支付了黄先生等 32 名游客的回程费用。返回后，黄先生等 32 名游客以旅行社违约为由，向旅游质监部门投诉，要求旅行社赔偿他们减少半天游览的损失和在张家界滞留期间的食宿费用。

——改编自深圳市旅游局 案例分析

◎ 问题：

1. 旅行社存在哪些过错？
2. 游客的做法是否适当？
3. 旅行社是否应该赔偿游客的所有损失？

旅行社有权要求旅游者依照旅游合同规定的时间、路线、方式进行旅游。如旅游者未按合同约定的时间参加旅游团，旅行社可以扣除旅游者交付的定金作为违约金，由于旅游者自身的行为造成旅行社损失的，旅行社有权提出索赔。

3. 要求经营人员保守商业秘密

旅行社的客户名称、游程安排、供应标准等能带来巨大的利润，皆属于旅行社的商业秘密，受到法律的保护。《旅行社管理条例》规定，经营人员未经旅行社同意，不得披露、使用或者允许他人使用其所掌握的旅行社商业秘密。

泄露商业机密，依法严惩

上海 A 旅行社的 3 名业务员未和公司办理任何手续而离职，并将公司电脑中其所掌握的该旅行社某区域的 36 家客户的名称、游程安排、食宿及车辆标准、综费（包括已经成交的价格和正在洽谈的价格）等一整套区域项目的经营信息全部删除，不久 3 人即在 B 旅行社供职。A 旅行社在该区域的业务全部被 B 旅行社获取。A 旅行社依据相关法律规定，迅速报案，经过收集有力证据之后将 B 旅行社及 3 名业务员告上了法庭。

◎问题：

B旅行社和3名原A旅行社的员工存在哪些过错？是否应该承担法律责任？

（二）旅行社的主要义务

旅行社在经营过程中必须履行作为独立企业法人的所有义务。针对旅行社行业的特殊性，《旅行社管理条例》和《实施细则》也特别规定了一些旅行社的义务，主要内容是旅行社应按照合同的约定，切实维护旅游者的合法权益。

1. 依法签订旅游合同

旅行社组织旅游者旅游，应当主动与旅游者签订旅游合同，约定双方的权利和义务。合同主要内容包括：旅游行程安排（包括所乘交通工具、游览景点、住宿标准、餐饮标准、娱乐标准、购物次数等）、旅游价格、违约责任等。旅行社因不能成团，欲将已签订合同的旅游者转让其他旅行社出团时，必须征得旅游者书面同意；未经旅游者书面同意，擅自将旅游者转让给其他旅行社的，转让的旅行社应当承担相应的法律责任。

2. 保障人身财产安全

旅行社应当为旅游者提供符合保障旅游者人身、财物安全需要的服务。对可能危及旅游者人身、财物安全的事宜，应当向旅游者作出真实的说明和明确的警示，并采取防止危害发生的措施。对旅游地可能引起旅游者误解或产生冲突的法律规定、风俗习惯、宗教信仰等，应当事先给旅游者明确的说明和忠告。

3. 投保旅行社责任保险

旅行社从事旅游业务经营活动，必须投保旅行社责任保险。同时，旅行社在与旅游者签订旅游合同时，应当推荐旅游者购买相关的旅游者个人保险。

4. 按照规定收取费用

旅行社所提供的服务项目应明码标价，质价相符，不得有价格欺诈行为。旅行社对旅游者提供的旅游服务项目，按照国家规定收费，旅游过程中因增加服务项目或变更服务项目需要增加费用时，应当事先征得旅游者同意。

老人团加价收费涉嫌价格歧视

2006年9月，周先生等6位宜昌60岁以上老人报名参加了湖北某旅行社组织的澳大利亚、新西兰旅游。在报名时，被要求每人加价收费2100元，理由是：澳新地接社规定加收，老年人消费少，购买能力低。周先生等人认为这种做法不合理，是对老年人的歧视，但考虑到护照已办好，故按要求交纳了费用，签订了旅游合同。行程结束后，周先生向旅游质监所提出投诉。反映同团中来自武汉的 60 岁以上老人未被要求加价，来自宜昌的 6 位老人购物总消费达 23 259 元，老人们发出质问：衡量老人消费高或低的标准在哪里？

——改编自中国旅游网

◎问题：

旅行社是否存在违规经营问题？

5. 严格执行服务标准

旅行社应当为旅游者提供约定的各项服务，所提供的服务不得低于国家标准或行业标准。旅行社对旅游者就其服务项目或服务质量提出的询问，应当做出真实、明确的答复。

6. 承担损害赔偿责任

旅行社有义务对由于自身过错使旅游者蒙受的损失承担赔偿责任，除因不可抗力和法律另有规定之外，旅行社对自己的过错行为都应承担相应的法律责任。例如旅行社因自身过失未达到合同约定的服务质量标准，旅行社服务未达到国家标准和行业标准，旅行社破产造成旅游者预交旅行费损失的，都应给予相应的赔偿。

四、旅行社相关法律责任及处罚规定

旅行社在经营活动中，因不履行或不适当履行义务的行为违反法律、法规，侵害对方利益，旅游行政部门将根据法律、法规，追究违法旅行社的行政责任。

旅行社有下列行为之一的，由旅游行政部门处以警告，并责令限期改正；逾期不改的，处以 3 天至 15 天的停业整顿，可以并处人民币 3 千元以上 1 万元以下的罚款：

（1）招徕、接待旅游者旅游，未制作和保存业务档案的；

（2）无理拒绝旅游行政部门的监督检查的。

旅行社有下列行为之一的，由旅游行政部门责令限期改正；有违法所得的，没收其违法所得；逾期不改的，处以 15 天至 30 天停业整顿，可以并处人民币 5 千元以上 2 万元以下的罚款；情节严重的，由旅游行政部门吊销其许可证：

（1）超出核定的经营范围开展旅游业务的；

（2）未办理旅行社责任保险的；

（3）以承包、挂靠或变相承包、挂靠等方式转让部分经营权的；

（4）提供的服务不能保证旅游者人身、财物安全的需要，致使旅游者人身、财物受到损害的；

（5）对提供的旅游服务项目，不按照国家的有关规定收费，旅行中增加服务项目，强行向旅游者收取费用的；

（6）聘用未经旅游行政部门考核、持有资格证书的导游、领队的；

（7）选择境外未经合法登记的旅行社作为接待社的；

（8）与境外旅行社未签订约定双方的权利和义务的合同的。

旅行社有下列行为之一的，由旅游行政部门处以警告，责令限期改正；有违法所得的，没收违法所得，并处以违法所得 3 倍以下的罚款，但最高不超过 3 万元；没有违法所得的，处以 3 千元以上 1 万元以下的罚款：

（1）非法转让或变相转让许可证；

（2）未经旅游行政部门审核批准，擅自设立分支机构；

（3）违反规定设立办事处、联络处和代表处等机构；

（4）改变登记注册地，变更组织形式、名称、法定代表人、营业场所、停业、歇业等事项，未按规定报旅游行政部门同意或备案；

（5）委托非旅行社单位和个人代理或变相代理经营旅游业务；

（6）向旅游者介绍和提供含有损害国家利益和民族尊严，含有民族、种族、宗教、性别歧视及含有淫秽、迷信或赌博等内容的旅游项目；

（7）所作旅游广告不标明旅行社名称、许可证号码，委托代理业务广告不注明被代理旅行社的名称。

旅行社有下列行为之一的，由工商、旅游行政部门依照我国商标法和反不正当竞争法等有关法律、法规处罚：

（1）假冒其他旅行社的注册商标、品牌和质量认证标志；

（2）擅自使用其他旅行社的名称；

（3）诋毁其他旅行社的名誉；

（4）向旅游者提供虚假的旅游信息和广告宣传；

（5）以低于正常成本价的价格参与竞争；

（6）其他被工商、旅游行政部门认定为扰乱旅游市场秩序的行为。

旅行社有下列行为之一的，由旅游行政部门责令其停止非法经营，没收其违法所得，并处以人民币 1 万元以上 5 万元以下的罚款：

（1）未经旅游行政部门审核批准，经营旅游业务的；

（2）外国旅行社常驻机构超越业务范围，经营旅游业务的。

旅游行政部门受理的投诉，经调查情况属实的，应当根据旅游者的实际损失，责令旅行社予以赔偿；旅行社拒不承担或者无力承担赔偿责任时，旅游行政部门可以从该旅行社的质量保证金中划拨。

旅游行政部门违反规定，有下列情形之一的，对负有责任的主管人员和其他直接责任人员依法给予行政处分：

（1）对符合条件的申请人应当颁发旅行社业务经营许可证或者外商投资企业批准证书而不予颁发的；

（2）对不符合条件的申请人擅自颁发旅行社业务经营许可证或者外商投资企业批准证书的。

旅游行政部门工作人员玩忽职守、滥用职权，触犯刑律的，依法追究刑事责任；尚不够刑事处罚的，依法给予行政处分。

第四节　旅行社管理制度

一、旅行社质量保证金制度

为了加强对旅游行业服务质量的监督和管理，维护旅游者的合法权益，提高旅行社的服务质量，国家旅游局于 1997 年 3 月 27 日发布了《旅行社质量保证金赔偿暂行办法》，进一步对旅行社质量保证金制度作了具体规定。

（一）旅行社质量保证金的概念

旅行社质量保证金是指由旅行社缴纳、旅游行政部门管理，用于保障旅游者权益的专用款项。质量保证金及其在旅游行政部门负责管理期间产生的利息属于旅行社所有；旅游行政部门按照国家有关规定，可以从利息中提取一定比例的管理费。

（二）质量保证金的赔偿范围

下列三种情况，旅行社不承担或无力承担赔偿责任时，用质量保证金进行赔偿：

（1）旅行社因自身过错未达到合同约定的质量标准的；

（2）旅行社服务未达到国家标准或行业标准而损害旅游者经济利益的；

（3）旅行社破产造成旅游者预付旅游费损失的。

下列情形不适用保证金赔偿案件的审理：

（1）上述规定情形之外的其他经济纠纷；

（2）旅行社因不可抗力因素，不能履行合同的；

（3）旅游者在旅游期间发生人身财产意外事故的；

（4）超过规定的时效期限的。向质监所请示用保证金赔偿的时效期限为 90 天，时效期限从请求受侵害事实发生时起计算，超过时效的请求可以不予受理；

（5）司法机关已经受理的。

（三）质量保证金的赔偿标准

（1）旅行社收取旅游者预付款后，因旅行社的原因不能成行，未能提前 3

天（出境游为提前 7 天）通知旅游者，应赔偿旅游者已交预付款 10% 的违约金。

（2）因旅行社过错造成旅游者误机（车、船），旅行社应赔偿旅游者直接经济损失，并赔偿经济损失 10% 的违约金。

（3）旅行社安排的旅游活动及服务档次与协议合同不符，造成旅游者经济损失的，应退还旅游者合同金额与实际花费的差额，并赔偿同额违约金。

（4）导游未按照国家或旅游行业对客人服务标准的要求提供导游服务的，旅行社应赔偿旅游者所付导游服务费用的 2 倍。

（5）导游违反旅行社与旅游者的合同约定，损害了旅游者合法权益的，旅行社应对旅游者进行赔偿。

①导游擅自改变活动日程，减少或变更参观项目，旅行社应退还景点门票费、导游服务费并赔偿同额违约金；

②导游违反约定，擅自增加用餐、娱乐、医疗保健等项目，旅行社承担旅游者的全部费用；

③导游违反合同或旅程计划，擅自增加购物次数，每次退还旅游者购物价款的 20%；

④导游擅自安排旅游者到非旅游部门指定商店购物，所购商品系假冒伪劣商品，旅行社应赔偿旅游者的全部损失；

⑤导游私自兜售商品，旅行社应全额退还旅游者购物价款；

⑥导游索要小费，旅行社应赔偿索要小费的 2 倍；

（6）导游在旅游行程期间，擅自离开团队，造成旅游者无人负责，旅行社应承担旅游者滞留期间所支出的住宿等直接费用，并赔偿全部旅游费用 30% 的违约金；

（7）旅行社安排的餐厅，因餐厅原因发生质价不符的，旅行社应赔偿旅游者所付餐费的 20%；

（8）旅行社安排的饭店，因饭店原因低于合同约定的等级档次，旅行社应退还旅游者所付房费与实际房费的差额，并且赔偿差额 20% 的违约金；

（9）旅行社安排的交通工具，因交通部门的原因低于合同约定的等级档次，旅行社应退还旅游者所付交通费与实际费用的差额，并赔偿差额 20% 的违约金；

（10）旅行社安排的观光景点，因景点原因不能游览，旅行社应退还景点门票费、导游费并赔偿退还费用 20% 的违约金。

其他损害旅游者合法权益的，国家法律、法规已作规定的，按有关法律、法规处理。在旅游过程中发生质量问题，组团社应先行赔偿旅游者的损失。

（四）质量保证金的管辖范围

质量保证金案件的管辖是指根据各级旅游局质监所和同级旅游局质监所受理质量保证金案件的权限和分工。

1. 国家旅游局质监所管辖下列旅行社的保证金赔偿案件

（1）中央部门开办的国际旅行社；

（2）经营出境旅游业务的国际旅行社；

（3）在全国有重大影响的旅行社保证金赔偿案件。

2. 地方各级旅游局质监所的管辖范围

地方各级旅游局质监所管辖本局收取并管理其保证金的旅行社的保证金赔偿案件。省级旅游局质监所管辖在本辖区内有重大影响的保证金赔偿案件。质监所如发现受理的案件不属于本所管辖，应当移送有管辖权的质监所，受移送的质监所应当受理。受移送的质监所认为移送的案件不属于本所管辖，应报请上级质监所指定管辖，不得再行移送。上级质监所有权审理下级质监所管辖的保证金赔偿案件，也可以把本所管辖的保证金赔偿案件交下级质监所审理，下级质监所对它所管辖的保证金赔偿案件，认为需要由上级质监所审理的，可以报请上级质监所审理。

（五）质量保证金的赔偿制度

1. 质量保证金的赔偿条件

（1）符合质量保证金赔偿范围；

（2）请求人是旅游合法权益直接受到侵害的旅游者或其合法代理人；

（3）有明确的被诉旅行社、具体的请求和事实根据。

2. 理赔程序

（1）请求人提出赔偿请求书。赔偿请求书应写明下列事项：**被投诉旅行社的名称、导游姓名**；请求人的姓名、性别、国籍、职业、年龄及团队名称、地址、电话；赔偿请求和根据的事实、理由与依据。

（2）质监所作出受理或不受理的决定。质监所接到赔偿请求书，经审查符合受理条件，应当及时作出受理决定，不符合受理条件的，应在接到赔偿请求书之日起 7 个工作日内通知请求人不予受理，并说明理由。

（3）进行调解。质监所处理赔偿请求案件，能够调解的应当在查明事实、分清责任的基础上于 30 日内进行调解，促使请求人与被投诉人互相谅解达成协议。

（4）调解不成作出处理决定。

①属于请求人自身过错的，可以决定撤销立案，通知请求人并说明理由。

②属于请求人与被诉人共同过错的，可以决定由双方当事人自行解决，也可以由质监所决定。

③属于被投诉旅行社过错的，可以决定由被投诉旅行社承担责任，责令被投诉旅行社向请求人赔偿损失。

④属于其他旅游服务单位过错的，可以决定转送有关部门审理。

质监所作出处理决定应当制作《旅行社质量保证金赔偿决定书》，并通知请求人和被投诉旅行社。旅行社无力承担或不承担赔偿责任时，旅游行政部门可作出使用该社保证金支付的赔偿决定，并书面通知双方当事人。质监所受理赔偿案件，应当自受理之日起90日内审结，有特殊原因，经上级质监所批准，可以延长审理30日。当事人对赔偿决定不服的，可以在接到决定书之日起15日内向上一级质监所提出申诉。

二、旅行社公告制度

旅游行政部门对旅行社实行公告制度。

（一）开业公告

经旅游行政部门批准成立的旅行社正式营业前，旅游行政部门应通过电视台、报纸等宣传媒体对旅行社的名称、性质、经营场所等情况进行开业公告。

（二）变更名称公告

旅游行政部门对变更名称的旅行社应进行公告。

（三）变更经营范围公告

国际旅行社申请增加出境旅游和边境旅游业务，国内旅行社申请转为国际旅行社或国际旅行社申请转为国内旅行社的，经有关旅游行政部门审批，并到工商行政管理机关办理变更登记手续后，应及时进行公告。

（四）停业公告

旅行社因违法行为，被旅游行政部门限令在一定期限内停业并改正错误，或因经营不善需停业的，经旅游行政部门批准后应发布停业公告。

（五）吊销许可证公告

旅行社因违法行为严重，有关主管部门剥夺其从事经营的权利并吊销其许可证的，旅游行政部门应发布吊销许可证公告。

此外，旅游行政部门采取公告形式，定期公布旅行社保证金的缴纳和支付情况。旅行社每年度检查后，旅游行政部门应当发布年度检查通告。

三、旅行社业务年检制度

（一）旅行社业务年检制度概述

国家旅游局依据旅游业发展的状况，制定旅行社业务年检考核指标，统一组织全国旅行社业务年检工作，并由各级旅游行政部门负责实施。年检的内容是旅行社本年检年度的企业基本情况、业务经营、人员管理、遵纪守法等。年检方式为书面审阅和实地检查两种。

凡在年检年度内经旅游行政部门批准设立并领取许可证的旅行社，均应当参加年检。旅行社应当按规定和要求完成年检准备工作，真实填报《旅行社业务年检报告书》，经法人代表签字并由审计机构审计后，按规定的时间上报。

年检主管部门在年检年度内对旅行社作出"通过业务年检"、"暂缓通过业务年检"或"不予通过业务年检"等年检结论。

（二）业务年检结论的依据

1. 暂缓通过业务年检的依据

在年检年度内存在以下情形之一的旅行社，暂缓通过业务年检，并由年检主管部门依照法规、规章的规定给予警告、限期改正等处罚：①注册资本、旅行社质量保证金不足《旅游社管理条例》规定最低限额的；②歇业超过半年的；③以承包或挂靠等方式非法转让经营权或部分经营权的；④超范围经营的；⑤未按规定组织管理人员及导游、领队等从业人员教育培训或集中培训时数不够规定标准，经理资格证未达到要求的；⑥未按照规定投保旅行社责任险的；⑦经营过程中有零团费、负团费现象的；⑧有重大投诉尚在调查处理过程中的；⑨年检主管部门认定的其他违反法规、规章的行为。

按上述规定暂缓通过业务年检的旅行社，应当按法律、法规、规章的规定和年检主管部门的要求，在限期内改正其行为，并报告年检主管机关，由年检主管部门验收其纠正情况，并做出通过或不予通过业务年检的决定。

2. 不予通过业务年检的依据

在年检年度内存在以下情形之一的旅行社，不予通过业务年检，由年检主管部门依照法规、规章的规定给予行政处罚，并可注销或建议注销其许可证：①拒不按规定补足注册资本、旅行社质量保证金的；②经营旅游业务不超过一年的；③国际旅行社连续两年未经营入境旅游业务的；④严重超范围经营的；⑤以承包或挂靠等方式变相转让许可证，造成严重后果的；⑥连续两年未按规定组织管理人员及导游、领队等从业人员教育培训或集中培训时数不够规定标准，经理资格证未达到要求的；⑦发生严重侵害旅游者合法权益事件的；⑧拒不参加年检的；⑨未建立合法、公开的导游报酬机制，致使导游人员私拿回扣，造成恶劣影响的；⑩年检主管部门认定的其他严重违反法规、规章的行为。

四、旅行社监督检查制度

（一）监督检查的机关

对旅行社监督检查的机关是旅游行政部门。旅游行政部门应当依法加强对旅行社和外国旅行社常驻机构的监督管理,维护旅游市场秩序。旅游行政部门的检查人员对旅行社进行检查时,应当出示有效证件。检查人员未出示有效证件的,旅行社有权拒绝其进行检查。旅游行政部门的检查人员不得泄露旅行社的商业秘密。

(二) 监督检查的内容

监督检查的内容主要有:旅行社的业务经营、旅行社的对外报价、旅行社的资产状况、旅行社的服务质量、旅行社的旅游安全、旅行社的财务管理和旅行社的资格认证等。

旅行社应当按照旅游行政部门的要求提供有关报表、文件和资料。

(三) 监督检查的方式

监督检查的方式主要有:日常检查、专项检查、个案检查和年度检查。

五、旅行社责任保险制度

为了保障旅游者和旅行社的合法权益,促进旅游业的健康发展,《旅行社管理条例》及《旅行社投保旅行社责任保险规定》明确规定了旅行社从事旅游业务经营活动,无论是入境旅游、出国旅游、还是国内旅游,都必须投保旅行社责任保险。

(一) 旅行社责任保险概述

旅行社责任保险,是指旅行社根据保险合同的约定,向保险公司支付保险费,保险公司对旅行社在从事旅游业务经营活动中,致使旅游者人身、财产遭受损害应由旅行社承担的责任,承担赔偿保险金责任的行为。旅行社责任保险属于强制保险,旅行社从事旅游业务经营活动,必须投保旅行社责任保险。未投保旅行社责任保险的,由旅游行政部门责令限期改正;逾期不改正的,责令停业整顿 15 天至 30 天,可以并处人民币 5000 元以上 2 万元以下的罚款;情节严重的,还可以吊销其旅行社业务经营许可证。旅行社投保旅行社责任保险的责任范围,小于规定要求的,或者投保旅行社责任保险的金额低于规定的基本标准的,由旅游行政部门责令限期改正,给予警告;逾期不改正的,可处以人民币 5000 元以上 1 万元以下的罚款。

(二) 旅行社责任保险合同的监督管理

(1) 县级以上人民政府旅游行政部门按照《旅行社管理条例》等有关规定,对旅行社投保旅行社责任保险的情况进行监督检查,并将旅行社责任保险投保和理赔情况纳入旅行社年检范围。

(2) 旅行社应当妥善保管旅行社责任保险投保和理赔的相关资料,接受旅游行政部门的检查;在理赔案件发生后,应及时将理赔情况报当地旅游行政部门备案。

（3）旅行社应当选择保险业务信誉良好、服务网络面广、无不良经营记录的保险公司投保。

六、出国旅游管理制度

（一）旅游团队的出入境管理

经营出国旅游业务的旅行社应当为旅游者办理前往国签证等出境手续，并为旅游团队安排专职领队。旅游团队应当从国家开放口岸整团出入境。旅游团队出入境时，应当接受边防检查站对护照、签证、《名单表》的查验。旅游团队出境前已确定分团入境的，组团社应当事先向出入境边防检查总站或者省级公安边防部门备案。旅游团队出境后因不可抗力或者其他特殊原因确需分团入境的，领队应当及时通知组团社，组团社应当立即向有关出入境边防检查总站或者省级公安边防部门备案。

（二）经营出国旅游业务旅行社的义务与责任

（1）组团社应为旅游者办理前往国签证等出境手续。

（2）组团社应为旅游团队安排专职领队，领队应遵守相关法律的规定。

①领队在带团时应当佩戴领队证。

②旅游团队领队应当向旅游者介绍旅游目的地国家的相关法律、风俗习惯以及其他有关注意事项，并尊重旅游者的人格尊严、宗教信仰、民族风俗和生活习惯。

③旅游团队领队在带领旅游者旅行、游览过程中，应当就可能危及旅游者人身安全的情况，向旅游者作出真实说明和明确警示，并按照组团社的要求采取有效措施，防止危害的发生。

④旅游团队在境外遇到特殊困难和安全问题时，领队应当及时向组团社和中国驻所在国家使领馆报告；组团社应当及时向旅游行政部门和公安机关报告。

⑤旅游团队领队不得与境外接待社、导游及为旅游者提供商品或者服务的其他经营者串通欺骗、胁迫旅游者消费，不得向境外接待社、导游及其他为旅游者提供商品或者服务的经营者索要回扣、提成或者收受其财物。

⑥旅游者在境外滞留不归的，旅游团队领队应当及时向组团社和中国驻所在国家使领馆报告，组团社应当及时向公安机关和旅游行政部门报告。有关部门处理有关事项时，组团社有义务予以协助。

出境旅游派领队，法定义务不可少

几名游客参加某旅行社组织的新马泰 15 日游，临登机时游客发现，该团是由 5 家旅行社共同组织的，并且这个旅游团没有领队。旅游团在途中遇到了许多困难，在国外如何转机、入境卡怎么填、怎样与境外旅行社接洽等均无人过问。在新加坡入境时，因不熟悉情况，旅游团被边检部门盘查一个半小时之久。旅游过程中，因没有领队与境外社协调，原来的日程被多次变更。旅游团在异国他乡，人生地不熟，只好听从境外导游摆布。

——改编自搜狐旅游频道，转自《北京晨报》

◎问题：

该旅行社存在哪些违规行为？

（3）组团社向旅游者提供的出国旅游服务信息必须真实可靠，不得作虚假宣传，报价不得低于成本。

（4）组团社经营出国旅游业务，应当与旅游者订立书面旅游合同。旅游合同应当包括旅游起止时间、行程路线、价格、食宿、交通以及违约责任等内容。旅游合同由组团社和旅游者各持一份。

（5）组团社应当按照旅游合同约定的条件，为旅游者提供服务。组团社应当保证所提供的服务符合保障旅游者人身、财产安全的要求；对可能危及旅游者人身安全的情况，应当向旅游者作出真实说明和明确警示，并采取有效措施，防止危害的发生。

（6）组团社组织旅游者出国旅游，应当选择在目的地国家依法设立并具有良好信誉的旅行社（以下简称境外接待社），在与之订立书面合同后，方可委托其承担接待工作。

（7）组团社及其旅游团队领队应当要求境外接待社按照约定的团队活动计划安排旅游活动，并要求其不得组织旅游者参与涉及色情、赌博、毒品内容的活动或者危险性活动，不得擅自改变行程、减少旅游项目，不得强迫或者变相强迫旅游者参加额外付费项目。境外接待社违反组团社及其旅游团队领队根据前款规定提出的要求时，组团社及其旅游团队领队应当予以制止。

（8）因组团社或者其委托的境外接待社违约，使旅游者合法权益受到损害的，组团社应当依法对旅游者承担赔偿责任。

【本章小结】

本章阐述了旅行社的基本法律特征、旅行社的经营规则、旅行社的权利义务及法律责任、旅行社相关管理制度等内容，涉及旅行社业务法律规范的各个层面。

【复习思考题】

1. 我国旅行社的经营范围是如何规定的？

2. 国内旅行社和国际旅行社的设立条件有何区别？

3. 简述旅行社的经营规则。

4. 旅行社的主要权利和义务有哪些？

5. 简述旅行社质量保证金的赔偿范围和赔偿标准。

6. 经营出国旅游业务的旅行社有哪些义务和责任？

【实务训练】

2006 年 5 月中旬，某单位一行 30 人与某旅行社签订了五日游的协议，协议规定预付 80% 的团款，余 20% 返程后付清。旅游结束后，游客对旅行社的服务十分不满，于是没有支付余下的款项，也没有向旅游质监部门提出投诉。而旅行社在多次催要余款未果的情况下，向法院起诉要求该单位执行协议，支付余款。这时，游客们才向相关部门就旅行社的服务质量问题提出投诉，但一方面由于投诉的时效期已过；另一方面由于法院已受理此案，旅游行政部门根据规定不再受理此投诉。因此，该单位不得已同意与旅行社调解，支付 20% 余款，旅行社也以少收 2000 元作为让步。

◎ 问题：

1. 如何从法律的角度评价本案？

2. 从游客的角度，怎样才能更好地保护自己的合法权益？

3. 从旅行社经营的角度，怎样才能规避游客投诉的风险？

【案例分析】

某旅行社推出一条旅游线路并在报纸上刊登广告，团队定于某日晚 18 时出发。一对年轻夫妇报名并预交了全部旅行费用 1000 元。但是到了出发的当天，报名参加此项旅游的游客仅有这两名，旅行社认为组织这次旅游经济上不合算，于是在原计划出发当天的下午以电话方式告诉那对年轻夫妇，说旅游计划因故取消，你们预交的旅行费用全部退回。这对夫妇对旅行社的决定很不满意，于是向旅游质监所投诉。

◎ 问题：

1. 该旅行社存在哪些过错？

2. 按照《旅行社质量保证金赔偿试行标准》，该如何进行赔偿？

3. 如果你是该旅行社经理，你该如何处理这一纠纷？

第三章　导游人员法规实务

【学习目标】

　　了解正式导游证与临时导游证的区别、导游人员的计分管理和年审管理制度、导游人员等级考核制度的主要内容。

　　理解报考导游资格的条件、不得颁发导游证的情形。

　　掌握导游人员的权利与义务及相关的法律责任。

【章首案例】

　　李某是一名在校的大学生，头脑灵活，能说会道，有一定的组织能力，还是校学生会干部。这几年随着人们收入的不断提高，旅游业也得到了迅速发展，李某看到许多人到旅行社报名出游，于是对导游工作产生了浓厚的兴趣，打算到旅行社作一名兼职导游，一来可以锻炼自己，增加收入；二来可以游山玩水，广交朋友。他前后联系几家旅行社但终因没有导游证而未能如愿。

◎问题：

1. 李某为什么不能做一名兼职导游？

2. 李某要成为一名导游应怎样做？

3. 若旅行社聘用其从事导游工作，旅游行政部门可以给予什么样的处罚？

　　我国历来重视对导游人员的管理，先后颁布和实施多部法律、法规，《导游人员管理条例》是目前规范导游市场最高的法律规范，于1999年5月14日由国务院颁布，1999年10月1日起实施。2002年1月1日国家旅游局颁布了《导游人员管理实施办法》。2002年4月1日制定了《导游证管理办法》。此外，为鼓励导游人员积极进取，提高导游人员的业务素质，国家旅游局还先后颁布实施了《导游人员资格考试制度》、《导游服务质量标准》、《导游人员等级考核评定管理办法（试行）》等法规。这些导游管理法规是我国旅游法律、法规体系的重要组成部分，为我国导游人员队伍的建设和发展以及我国旅游业的发展起到了积极的作用。

第一节　导游人员管理制度

一、概述

我国对导游人员实行分级管理。国务院旅游行政部门负责全国导游人员的管理工作；省、自治区、直辖市人民政府旅游行政部门根据国务院旅游行政部门的委托行使相应管理权。旅游行政部门负责制定导游人员管理的有关政策、法规；依法行使国家权力，接受投诉处罚违法导游人员，依法保护导游人员的合法权益。

二、导游人员资格考试制度

《导游人员管理条例》第三条规定："国家实行全国统一的导游人员资格考试制度。具有高级中学、中等专业学校或者以上学历，身体健康，具有适应导游需要的基本知识和语言表达能力的中华人民共和国公民，可以参加导游人员资格考试；经考试合格的，由国务院旅游行政部门或者国务院旅游行政部门委托省、自治区、直辖市人民政府旅游行政部门颁发导游人员资格证书。"这一规定确定了我国导游人员资格考试制度，包括以下几个内容：

（一）各级旅游行政部门的职责

国务院旅游行政部门负责制定全国导游人员资格考试的政策、标准和对各地考试工作的监督管理。

省级旅游行政部门负责组织、实施本行政区域内导游人员资格考试工作。各省级旅游局根据考试科目结合本地实际编写考试大纲、教材或复习资料，自行组织命题并确定每年考试日期、时间和考试次数。

直辖市、计划单列市、副省级城市负责本地区导游人员的考试工作。

（二）报考导游人员的条件

1. 国籍条件，必须是中华人民共和国公民

公民，是指具有或取得某国国籍，并根据该国法律规定享有权利和承担义务的人。在我国，凡是按照《中华人民共和国国籍法》的规定取得中国国籍的人，都是中华人民共和国公民。

对导游人员做国籍限制，要求申请人必须是中国公民并不是我国特有的，世界上其他国家也有类似规定。将某些行业的从业权，规定只授予本国公民，也是国际上普遍接受的一个习惯做法。

2. 学历条件，必须具有高级中学、中等专业学校或者以上的学历

导游工作需要有广博的知识和较高的文化素养，需要掌握一定的政治、历

史、地理、文学等知识，了解一些风土民情。因此，《导游人员管理条例》对报考导游人员的学历条件作了要求，即高中以上文化程度。

3. 身体条件，必须身体健康

导游工作是一项复杂的脑力劳动和繁重的体力劳动相结合的工作，工作中需要跋山涉水，走南闯北。各地的气候条件又不同，饮食休息不规律，因此，导游人员只有具备良好的身体素质，才能适应导游工作。

4. 知识、语言条件，必须具有适应导游需要的基本知识和语言表达能力

具有适应导游需要的基本知识，主要是指具有《导游人员管理条例》规定的文化程度和学历证明，以及参加各级旅游行政部门根据国家旅游局统一布置的对导游人员的考前培训；语言表达能力，导游人员主要是通过语言为旅游者提供服务的，语言表达能力是导游人员所应具备的基本条件，是导游人员的基本功。

（三）证书的效力

《导游人员管理条例》第三条规定："经考试合格的，由国务院旅游行政部门或者国务院旅游行政部门委托省、自治区、直辖市人民政府旅游行政部门颁发导游人员资格证书。"组织考试的旅游行政部门在考试结束之日起 30 个工作日内给合格者颁发《导游人员资格证》。全国导游人员资格证书由国家旅游局统一印制。各省级旅游局将考试合格人员名单及证书编号报国家旅游局，由国家旅游局核发证书。

证书在全国有效。获得资格证三年未从业的，资格证自动失效。

2003 年 12 月，江某参加了导游人员资格考试，成绩合格。2004 年 3 月，江某领取了正式导游证。之后，江某一直从事其他工作。2007 年 9 月，江某又想从事导游工作。当江某带着《导游人员资格证》以及其他有关材料去申请领取导游证时，被拒绝。

◎问题：

江某为什么被拒绝？

三、导游证制度

为了维护旅游市场秩序，规范导游活动，保证导游服务质量，便于旅游行政管理人员监督检查，我国对导游人员实行持证上岗制度。《导游人员管理条例》第四条规定："在中华人民共和国境内从事导游活动，必须取得导游证。"

（一）导游证的含义

导游证是持证人已依法进行中华人民共和国导游注册、能够从事导游活动

的法定证件。

（二）申请领取导游证的条件和程序

《导游人员管理条例》第四条规定："取得导游人员资格证书的，经与旅行社订立合同或者在导游服务公司登记，方可持所订立的劳动合同或者登记证明材料，向省、自治区、直辖市人民政府旅游行政部门申请领取导游证。""具有特定语种语言能力的人员，虽未取得导游人员资格证书，旅行社需要聘请临时从事导游活动的，由旅行社向省、自治区、直辖市人民政府旅游行政部门申请领取临时导游证。"由此可见，导游证分正式导游证（简称"导游证"）和临时导游证两种。两种导游证申请领取的条件和程序也不一样。

1. 申请领取正式导游证的条件和程序

（1）申请领取正式导游证的条件。

①取得导游人员资格证书。

即通过全国导游人员资格统一考试，获得国家旅游局颁发的资格证书，这是申请领取导游证书的前提条件。

②与旅行社订立劳动合同。

依据我国劳动法的规定，劳动合同是指劳动者与用人单位确定劳动关系、明确双方权利和义务的协议。与旅行社签订劳动合同的人员，是指专职导游人员，即旅行社的正式员工。导游人员与旅行社订立劳动合同，明确导游人员在旅行社有完成担任的工作、遵守用人单位内部劳动规则的义务；旅行社则有按导游人员工作的数量和质量付给工资，并提供相应劳动条件的义务。

③在导游服务公司登记。

所谓导游服务公司是指从事导游人员业务管理、培训，并为旅行社和导游人员提供供需信息的中介服务企业。在导游人员和旅行社之间起桥梁作用。在导游服务公司登记的人员，可以是专职导游人员，也可以是非专职导游人员，但都不是某一旅行社的正式员工。当某旅行社需要导游人员时则通过导游服务公司来聘用。这种聘用关系有较明显的季节性和时间性，通常是在旅游旺季、旅行社导游人员不足时。

（2）申请领取导游证的程序：①取得导游人员资格证书；②与旅行社订立劳动合同或在导游公司登记；③由申请人向所在地旅游行政部门申请办理导游证。并提供《导游人员资格证》及其复印件；劳动合同或登记证明文件的原件及其复印件；本人身份证及其复印件材料；参加旅游行政部门举办的岗前培训考核的合格证书；按规定填写《申请导游证登记表》。

旅游行政部门应当自收到申请领取导游证之日起 15 日内，颁发导游证。不符合颁证条件情形的，不予颁发导游证，并书面通知申请人。

2. 申请领取临时导游证的条件和程序

（1）申请领取临时导游证的条件。

①必须是具有特定语种语言能力的人员。特定语种语言，主要是指英、法、日语以外的语种。②旅行社需要聘请临时从事导游活动的人员。这一条的条件是旅行社"需要""临时"从事导游活动的人员。实践中，国际旅行社经常接待来自小语种国家的外国旅游者，旅行社所在地又缺少这一语种的导游人员，为解燃眉之急，需要聘请具有特定语种语言能力的人员临时从事导游活动。为此，《导游人员管理条例》在规定领取导游证的条件和程序的同时，还做了例外性规定。其核心内容就是申请领取临时导游证人员可以是未取得导游人员资格证书的人员。

（2）申请领取临时导游证的程序。

临时导游证，由旅行社根据需要向省、自治区、直辖市人民政府旅游行政部门申领。由省、自治区、直辖市人民政府旅游行政部门审核颁发。

3. 导游证的监督管理

持证人违规使用导游证，旅游行政部门依据《导游人员管理条例》、《导游人员管理实施办法》的规定作出相关处罚。其他组织和个人不得擅自扣留、销毁、吊销导游证。旅游行政部门及其工作人员对导游持证情况进行现场检查时，应当出示检查证件，否则，导游人员可以拒绝接受检查。

（三）正式导游证与临时导游证的区别

（1）取得证书的前提条件不同。临时导游证无需资格证书；

（2）对语言能力的要求不同。临时导游证应具备特定的语种能力；

（3）领取程序不同。临时导游证由旅行社提出并申请获取；

（4）有效期限不同。临时导游证最长期限为 3 个月并且不能展期，正式导游证有效期限为 3 年，到期提前 3 个月可以申请换发导游证。

（四）不得颁发导游证的情形

为了保证导游人员队伍的整体水平，我国除了规定取得导游人员资格的条件、执业的条件外，《导游人员管理条例》还规定了不得颁发导游证的情形。

1. 无民事行为能力或者限制民事行为能力的人

执业的导游人员要行使法定权利，承担法定义务，不具备完全民事行为能力是无法履行导游人员职务的。因此要求导游人员应具备完全民事行为能力。

2. 患有传染性疾病的

旅游行政部门不得向患有传染性疾病的申请人颁发导游证。传染性疾病主要是指肺结核、麻风病、天花、伤寒、病毒性肝炎等疾病。一个人是否患有传染性疾病，应由医疗机构做出诊断证明。

3. 受过刑事处罚的人，过失犯罪的除外

旅游行政部门不得对受过刑事处罚的人员颁发导游证，但过失犯罪的除外。因为，过失犯罪相对于故意犯罪来讲，社会危害性较小，过失犯罪人主观恶性也较小。因此，这类人员虽然也受到过刑法的制裁，但仍然可以申请领取导游证，旅游行政部门也可对其颁发导游证。

4. 被吊销导游证的人

由于这类人员过去在进行导游活动中受到过被吊销导游证的处罚，表明已不再适合从事导游职业。为保证导游人员的素质，加强导游队伍的建设，树立良好的旅游形象，理应不再重新对其颁发导游证。

林某参加了全国导游人员资格考试，成绩合格。随后高高兴兴地去申请领取正式导游证。旅游行政部门在发证前例行审查，发现林某目前正患乙肝，便没有发给林某导游证书。

◎问题：

1. 旅游行政部门为什么不发给林某导游证？

2. 《导游人员管理条例》还规定了哪些不得颁发导游证的情形？

(五) 导游人员资格证书与导游证

导游人员资格证书与导游证，是两种既有联系又有区别的证书。其联系表现为导游人员资格证书是取得导游证的前提条件，二者之间的区别表现在以下几方面：

1. 性质不同

导游人员资格证书表明某人具备了从事导游职业的资格；导游证则标志着国家准许某人从事导游职业。

2. 颁证的机关不同

导游人员资格证书由国务院旅游行政部门或者国务院旅游行政部门委托省、自治区、直辖市人民政府旅游行政部门颁发；导游证由省、自治区、直辖市人民政府旅游行政部门颁发。

3. 领取证书的程序不同

导游人员资格证书是参加导游人员资格考试，成绩合格后，由旅游行政部门颁发；导游证则是在取得导游人员资格证书并与旅行社订立劳动合同或在导游服务公司登记后，方可向旅游行政部门申请领取。

4. 作用不同

导游人员资格证书仅仅表明持证人具有了从事导游业务所应具备的知识和技能，表明持证人具备了从事导游职业的资格，但并不能从事导游职业；导游证则表明持证人具有了从事导游活动的行为能力，可以实际从事导游职业。由此可见，前者是从业资格的证明；后者是从业许可的证明。

5. 期限不同

《导游人员管理条例》没有对导游人员资格证书作期限规定；而对导游证则有期限规定，导游证的有效期为 3 年。临时导游证有效期最长不超过 3 个月，并不得展期。旅行社需再次聘用的，必须重新申办临时导游证。

王某 2004 年 5 月顺利通过了全国导游人员资格考试，并于同年 6 月领到了导游证，在一家旅行社从事导游工作。由于几年来一直忙于工作，对导游证的期限从未注意。2007 年 8 月，他领着一个旅游团队出游，旅游行政部门在检查中发现他的导游证已过期，给予 5000 元的罚款，并予以公告。

——改编自《旅游法规案例精选与解析》

◎ 问题：

1. 导游证的期限是多长？
2. 吕某想继续从事导游活动应该怎么做？
3. 旅游行政部门处罚的依据是什么？

四、导游人员的计分管理制度

为了加强对导游人员的管理，维护旅游市场秩序和旅游者的合法权益，国家旅游局依据《导游人员管理条例》和《旅行社管理条例》制定了《导游人员管理实施办法》。确定了导游人员的计分管理制度。

国务院旅游行政部门负责制定全国导游人员计分管理政策并组织实施、监督检查；省级旅游行政部门负责本行政区域内导游人员计分管理的组织实施和监督检查；所在地旅游行政部门在本行政区域内负责导游人员计分管理的具体执行。导游人员计分办法实行年度 10 分制。

（一）导游人员在导游活动中有下列情形之一的，扣除 10 分

有损害国家利益和民族尊严的言行的；诱导或安排旅游者参加黄、赌、毒活动项目的；有殴打或谩骂旅游者行为的；欺骗、胁迫旅游者消费的；未通过年审继续从事导游业务的；因自身原因造成旅游团重大危害和损失的。

（二）导游人员在导游活动中有下列情形之一的，扣除 8 分

拒绝、逃避检查，或者欺骗检查人员的；擅自增加或者减少旅游项目的；擅自终止导游活动的；讲解中掺杂庸俗、下流、迷信内容的；未经旅行社委派私自承揽或者以其他任何方式直接承揽导游业务的。

（三）导游人员在导游活动中有下列情形之一的，扣除 6 分

向旅游者兜售物品或购买旅游者物品的；以明示或者暗示的方式向旅游者索要小费的；因自身原因漏接漏送或误接误送旅游团的；讲解质量差或不讲解

的;私自转借导游证供他人使用的;发生重大安全事故不积极配合有关部门救助的。

（四）导游人员在导游活动中有下列情形之一的,扣除4分

私自带人随团游览的;无故不随团活动的;在导游活动中未佩戴导游证或未携带计分卡的;不尊重旅游者宗教信仰和民族风俗的。

（五）导游人员在导游活动中有下列情形之一的,扣除2分

未按规定时间到岗的;10人以上团队未打接待社社旗的;未携带正规接待计划;接站未出示旅行社标识的;仪表、着装不整洁的;讲解中吸烟、吃东西的。

导游人员10分值被扣完后,由最后扣分的旅游行政执法单位暂时保留其导游证,并出具保留导游证证明,并于10日内通报导游人员所在地旅游行政部门和登记注册单位。正在带团过程中的导游人员,可持旅游执法单位出具的保留证明完成团队剩余行程。

对导游人员的违法、违规行为除扣减其相应分值外,还依法应予处罚的,依据有关法律给予处罚。

五、导游人员的年审管理制度

导游人员的年审管理是指旅游行政部门对导游人员当年从事导游业务情况、扣分情况、接受行政处罚情况,游客反映情况等进行考评的制度。

国务院旅游行政部门负责制定全国导游人员年审工作政策,组织实施并监督检查;省级旅游行政部门负责组织、指导本行政区域内导游人员年审工作并监督检查;所在地旅游行政部门具体负责组织实施对导游人员的年审工作。

年审以考评为主,考评的内容应包括:当年从事导游业务情况、扣分情况、接受行政处罚情况、游客反映情况等。考评等级为通过年审、暂缓通过年审和不予通过年审三种。一次扣分达到10分,不予通过年审;累计扣分达到10分的,暂缓通过年审;一次被扣8分的,全行业通报;一次被扣6分的,警告批评。暂缓通过年审的,通过培训和整改后,方可重新上岗。导游人员通过年审后,年审单位应核销其遗留分值,重新输入初始分值。

导游人员必须参加所在地旅游行政部门举办的年审培训。培训时间应根据导游业务需要灵活安排。每年累计培训时间不得少于56小时。

旅行社或导游管理服务机构应为注册的导游人员建立档案,对导游人员进行工作培训和指导,建立对导游人员工作情况的检查、考核和奖惩的内部管理机制,接受并处理对导游人员的投诉,负责对导游人员年审的初评。

六、导游人员等级考核制度

国家旅游局于1994年发布了《关于对全国导游员实行等级评定的意见》

和《导游员职业等级标准》，开始了导游人员等级考核评定工作。《导游人员管理条例》第七条规定："国家对导游人员实行等级考核制度。"国家旅游局依据《导游人员管理条例》制定了《导游人员管理实施办法》。2005年为了适应行政审批制度改革后有关导游人员等级考核评定的需要，促进导游员队伍建设，国家旅游局决定对《导游人员管理实施办法》进行了修订，自2005年7月3日起施行。另外，国家旅游局还制定了《导游人员等级考核评定管理办法（试行）》和《导游人员等级考核评定实施细则（试行）》，进一步规范了导游人员等级考核制度。

（一）基本规定

导游人员等级考核评定工作，遵循自愿申报、逐级晋升、动态管理的原则。

凡通过全国导游人员资格考试并取得导游员资格证书，符合全国导游人员等级考核评定委员会规定报考条件的导游人员，均可申请参加相应的等级考核评定。

（二）组织管理

国家旅游局负责导游人员等级考核评定标准、实施细则的制订工作，负责对导游人员等级考核评定工作进行监督检查。国家旅游局组织设立全国导游人员等级考核评定委员会。

全国导游人员等级考核评定委员会组织实施全国导游人员等级考核评定工作。

省、自治区、直辖市和新疆生产建设兵团旅游行政部门组织设立导游人员等级考核评定办公室，在全国导游人员等级考核评定委员会的授权和指导下开展相应的工作。

（三）等级

导游人员等级分为两个系列、四个等级。所谓两个系列是指等级考核分为外语导游员系列和中文导游员系列；而四个级别则是指初级导游员、中级导游员、高级导游员和特级导游员。导游员申报等级时，由低到高，逐级递升，经考核评定合格者，颁发相应的导游员等级证书。

（四）考核评定申报条件

1. 初级导游员

通过旅游行政部门组织的全国导游人员资格考试取得导游员资格证书的，即为初级导游员。

2. 申报中级导游员须具备的条件

（1）取得初级导游证满三年，或具有大专以上学历者取得初级导游证满两年；

（2）申报前实际带团不少于 90 个工作日，带团工作期间表现出良好的职业道德；

（3）中文导游报考外语导游的，须具有所报考语种大专或以上学历。

3. 申报高级导游员须具备的条件

（1）具有大专或以上学历；

（2）取得中级导游证满三年；

（3）取得中级导游证后实际带团不少于 70 个工作日，带团工作期间表现出良好的职业道德；

（4）中文导游报考外语导游的，须具有所报考语种大学本科或以上学历。

4. 申报特级导游员须具备的条件

（1）具有大学本科或以上学历；

（2）取得高级导游证满三年；

（3）取得高级导游员证书后实际带团不少于 50 个工作日，带团工作期间表现出良好的职业道德；

（4）有正式出版的导游业务方面的专著，如合著须为第一作者；或在公开发行的省级以上报刊独立发表过 2 篇以上（含 2 篇）不少于 3000 字的导游业务方面的论文；

（5）中文导游报考外语导游的，须具有所报考语种大学本科或以上学历。

凡在导游工作中有严重违规、违纪行为，申报前 1 年内一次性扣分达 6 分以上（含 6 分）或累计扣分达 10 分的导游人员，不得参加当年的导游人员等级考核评定。

参加省部级以上单位组织的导游技能大赛获得最佳名次的导游人员，报全国导游人员等级考核评定委员会批准后，可晋升一级导游人员等级。一人多次获奖只能晋升一次，晋升的最高等级为高级。

导游孙某 1994 年毕业于某旅游学校（中专），通过导游资格考试后领到了导游证。从此以后，孙某开始了自己的导游生涯，一干就是 10 年。2005年，孙某听说原来和自己一起从事导游工作的王某现在已经是高级导游，十分羡慕，认为自己应赶快申报参加高级导游员考试，于是向省级旅游行政部门提出申请，旅游行政部门审核其资料后，发现其不符合申报条件，于是不同意孙某的申报，对此，孙某不解，认为比自己晚两年工作的王某都可以申报，自己怎么就不可以，是不是旅游行政部门弄错了。

——改编自《旅游法规案例精选与解析》

◎问题：

旅游行政部门不同意孙某申报高级导游员的依据是什么？

（五）考核评定

1. 申请

导游员申报时，应填写《全国 X 级导游员等级考核评定报名表》，交验下列材料：身份证复印件并出示原件；导游员等级证书（导游人员资格证书）和导游证复印件并出示原件；学历证明复印件并出示原件；相应的专著或论文。

2. 受理

中级导游员和高级导游员由省、自治区、直辖市和新疆生产建设兵团导游人员等级考核评定办公室受理有关材料后，将报名人员综合情况上报全国导游人员等级考核评定委员会办公室；特级导游员由省、自治区、直辖市和新疆生产建设兵团导游人员评定办公室初审后，报全国导游人员等级考核评定委员会办公室受理。

3. 考核

（1）中级导游员

中级导游员考核采取笔试方式。其中，中文导游人员考试科目为"导游知识专题"（包括基础知识和文化专题两部分）和"汉语言文学知识"（包括基础知识和旅游文学知识两部分）；外语导游人员考试科目为"导游知识专题"（包括基础知识和文化专题两部分）和"外语"。初级中文导游报考中级外语导游的考试科目为"导游知识专题"和"外语"。中级中文导游报考中级外语导游的，只需参加"外语"科目的考试。

（2）高级导游员

高级导游员考核采取笔试方式。考试科目为"导游案例分析"和"导游词创作"。报考外语导游的人员"导游词创作"科目用所报考语种作答。中级中文导游和中级外语导游报考高级外语导游的考试科目为"导游案例分析"和"导游词创作"。高级中文导游报考高级外语导游的只需参加"导游词创作"科目的考试。

（3）特级导游员

特级导游员考核采取论文答辩方式。答辩论文内容为理论与实践相结合的导游业务专题研究，用中文撰写，字数不少于 15 000 字，答辩前 1 个月提交。

4. 告知

由全国导游人员等级考核评定委员会公布导游人员等级考核评定结果。

5. 发证

报考科目成绩全部合格者由全国导游人员等级考试评定委员会统一颁发相应的导游员等级证书。

（六）其他规定

旅行社和导游管理服务机构应当采取有效措施，鼓励导游人员积极参加导游人员等级考核评定。

（七）导游等级证书

导游员等级证书由全国导游人员等级考核评定委员会统一印制，在中华人民共和国全国范围内有效使用。导游人员获得导游员资格证书和中级、高级、特级导游员证书后，可通过省、自治区、直辖市和新疆生产建设兵团旅游行政部门申请办理相应等级的导游证。持原导游证和身份证、导游员等级证书（原件及其复印件）、《申请导游证登记表》（一式三份须注明"等级变更换发"字样）到原发证机关办理换领手续。

第二节　导游人员的权利和义务

一、导游人员的权利

导游人员作为公民的一员，依法享有法律、法规规定的各种权益，承担法律、法规规定的各项义务。而作为一名从事导游服务的工作人员，还应享有职业所赋予的权利和承担职业所要求的义务，目前，主要由《导游人员管理条例》来规定。

导游人员的权利主要是指导游人员在履行职务时所具有的权能。在有些情况下，导游人员的权利是与职责相连的，是履行职务时的权利，是代表所属企业行使的权利，因而与一般权利相比，具有不能轻易放弃的性质。

（一）人格尊严权

人格权是人身权的一种，是指能够作为权利、义务主体的独立的资格。人格权包括生命权、健康权、自由权、隐私权、姓名权、肖像权、名誉权、荣誉权等。身份权包括亲权、配偶权、监护权、继承权等。人格权与身份权合称"人身权"。

导游人员接受旅行社的委派，代表旅行社，为旅游者提供向导、讲解以及相关旅游服务。在旅游活动中导游人员除了与旅游者接触外，还和饭店、景点、铁路部门等发生关系，身处各种关系之中，极易产生纠纷；而一旦发生纠纷，其人身权利、人格尊严往往容易受到侵犯。为此，《导游人员管理条例》第十条规定："导游人员进行导游活动时，其人格尊严应当受到尊重，其人身安全不受侵犯。"此外，在旅行游览中，个别旅游者也会对导游提出一些带有侮辱其人格尊严或违反其职业道德的不合理要求，为保护导游人员正当权利，《导游人员管理条例》第十条规定，"导游人员有权拒绝旅游者提出的侮辱其人格尊严或者违反其职业道德的不合理要求。"

（二）调整变更计划权

导游人员在旅游活动中享有调整或变更接待计划权。

《导游人员管理条例》第十三条规定："导游人员在引导旅游者旅行、游览过程中，遇有可能危及旅游者人身安全的紧急情形时，经征得多数旅游者的同意，可以调整或者变更接待计划，但是应当立即报告旅行社。"

导游人员应当按照旅行社确定的接待计划，安排旅游者的旅行、游览活动，不得擅自增加、减少旅游项目或者中止导游活动。按计划安排旅游活动是导游人员应尽的义务，但在旅游活动中，一旦遇到危及旅游者人身安全的紧急情况，若不变更或调整接待计划，就可能对旅游者人身安全带来威胁，在此情形下，导游人员依法享有调整或变更接待计划的权利。

导游人员行使这一权利时，必须符合下列条件：

1. 必须是在引导旅游者旅行、游览过程中

必须是在旅游活动开始后。在旅游合同订立之后、旅游活动开始之前，如果出现不利于旅游活动的情形，导游人员不得行使这一权利，而应由旅行社与旅游者进行协商，达成一致意见后，由旅行社调整或者变更旅游接待计划。

2. 必须遇到可能危及旅游者人身安全的紧急情形时

遇到可能危及旅游者人身安全的紧急情形，一般是指遇到了不可抗力造成的自然灾害。如瘟疫、洪水、雪崩等。此种情况下，就需要导游人员当机立断地调整或变更旅游行程计划以避免危及旅游者人身安全的情形发生。

3. 必须征得多数旅游者的同意

合同一经依法订立就具有了法律效力，非经当事人协商一致不得擅自变更和解除。旅游合同（包括旅游计划）也是合同，必须遵守我国合同法的规定。因此在旅行、游览中，遇到有可能危及旅游者人身安全的紧急情形时，导游人员如果需要调整或变更接待计划，必须同旅游者协商一致，征得旅游团中多数旅游者的同意。当然，这里的协商一致并不是必须旅游团中的每一个成员都要同意，而只要征得多数旅游者的同意，就可以调整或变更旅游接待计划。此条件的规定可以防止导游人员借口为保护游客的人身安全，而随意调整变更旅游计划，滥用权利。

4. 必须立即报告旅行社

旅游合同的双方当事人是旅行社和旅游者。导游人员只是受旅行社的委派代其执行旅游接待计划的人员。调整或变更旅游接待计划并不是导游人员的职责权限。只是由于导游人员只身在执行带团任务的途中，遇到了可能危及旅游者人身安全的紧急情形，为了避免旅游者人身安全发生危害，在征得多数旅游者同意后，不得不调整或变更接待计划。所以，导游人员在调整或者变更接待

计划后，必须立即报告旅行社，以得到旅行社的认可。

（三）申请复议权

此条《导游人员管理条例》未规定，但根据《中华人民共和国行政复议法》，任何公民、法人、其他组织都有向行政管理机关申请复议的权利。

旅游行政部门有权对导游人员的违规行为作出处罚。导游人员为此不服的，依照我国行政复议法的规定，有权向作出决定的上一级旅游行政管理机关申请复议。

根据行政复议法的规定，结合旅游行政管理实际，导游人员对旅游行政部门下列行政行为不服时，可以申请复议：

（1）对罚款、吊销导游证、责令改正、暂扣导游证等行政处罚不服的；

（2）认为符合法定条件申请行政机关颁发导游人员资格证书和导游证，而旅游行政部门拒绝颁发或者不予答复的；

（3）认为旅游行政部门违法要求导游人员履行义务的；

（4）认为旅游行政部门侵犯导游人员人身权、财产权的；

（5）法律、法规规定可以提起行政诉讼或者可以申请复议的其他具体行政行为。

（四）行政诉讼权

《导游人员管理条例》未作具体规定，但根据行政诉讼法，任何公民、法人、其他组织都有向人民法院提出诉讼的权利。导游对旅游行政管理机关作出的罚款、吊销导游证、暂扣导游证、拒绝颁发导游证、停团检查等不服时，有权向人民法院起诉作出决定的旅游行政管理机关。

二、导游人员的义务

导游人员的义务是指导游人员必须为或禁止为的一定行为。导游人员依法承担的义务往往与其职务活动联系在一起，因此导游人员只有严格按照法律、法规的规定履行义务，才能使旅游者的旅游目的得以实现，不履行义务则要承担法律责任，受到国家法律的制裁。

（一）导游人员应当不断提高自身业务素质和职业技能

导游人员自身业务素质和职业技能的高低，直接关系到导游服务质量，影响到能否为旅游者提供优良的导游服务。因此，《导游人员管理条例》规定，导游人员应当不断提高自身业务素质和职业技能。国家对导游人员实行等级考核制度，目的也就是为了鼓励导游人员积极进取，提高自身的业务水平和服务质量。

（二）导游人员进行导游活动时，应当佩戴导游证

导游证是国家准许从事导游业的证件，导游人员在工作中佩戴导游证，是

规范管理的需要，便于旅游行政部门识别从而有利于监督检查。另外，也便于旅游者识别导游人员，及时得到导游人员的帮助和服务。

为此，《导游人员管理条例》第二十一条规定："导游人员进行导游活动时未佩戴导游证的，由旅游行政部门责令改正；拒不改正的，处500元以下的罚款。"

（三）导游人员进行导游活动，必须经旅行社委派

招徕、接待旅游者，为旅游者安排食宿等有偿服务，是旅行社的经营范围。导游人员为旅游者提供向导、讲解及相关的服务，必须经旅行社委派。不得私自承揽或者以其他任何方式直接承揽导游业务。经旅行社委派进行导游活动，是导游人员从事导游活动的方式和渠道，表明导游人员向旅游者提供服务是代表旅行社的职务行为，而非个人行为，由此产生的法律后果由旅行社负责。这样规定既有利于保证服务质量，维护国家旅游业的形象；同时还有利于保护旅游者合法权益；有利于维护旅游市场秩序；更有利于加强导游人员的管理。

张某是一家旅行社的正式导游，一次，其一导游朋友有急事不能带手头的旅游团队，央求张某帮忙救急。张某出于朋友之情答应了。第二天张某仓促上团，由于准备不足服务不尽如人意，遭到游客投诉。

◎问题：

请你指出此案例中的违法之处？

（四）导游人员进行导游活动时，应当维护国家利益和民族尊严

热爱祖国、拥护社会主义制度，以自己的言行自觉维护国家利益和民族尊严，不得有损害国家利益和民族尊严的言行，是导游人员必须具备的政治素养和业务素质。为此，导游人员在进行导游活动时，应当自觉履行该项义务。

《导游人员管理条例》第二十条规定："导游人员进行导游活动时，有损害国家利益和民族尊严的言行，由旅游行政部门责令改正；情节严重的，由省、自治区、直辖市人民政府旅游行政部门吊销导游证并予以公告；对该导游人员所在的旅行社给予警告直至责令停业整顿。"之所以对旅行社进行处罚，是因为导游人员是由旅行社委派的，旅行社对其委派的导游人员的行为负责。为此，旅行社有责任加强导游人员的管理和教育，如果导游人员在进行导游活动时，有损害国家利益和民族尊严的言行，旅行社应对此承担管束不严的责任。

（五）导游人员进行导游活动时，应当遵守职业道德

导游人员进行导游活动时，应着装整洁、礼貌待人、尊重旅游者的宗教信

仰、民族习惯和生活习惯。应当向旅游者讲解旅游地点的人文和自然情况，介绍风土人情和习俗，为活跃团队气氛，可讲笑话，但应把握"度"，讲解、介绍中不得为迎合个别旅游者的低级趣味，掺杂庸俗下流的内容。这是导游人员进行导游活动时，应当遵守的职业道德。

2003 年 3 月，导游员王某受旅行社委派带团赴新、马、泰旅游，当行至泰国时，游客陈某提出请王某带其到色情场所"见见世面"，导游员王某对此要求当即予以拒绝。为此，游客陈某觉得没面子，心怀不满，在团里散布有辱王某人格的谣言。

——改编自《旅游法规案例精选与解析》

◎ 问题：

1. 作为导游员，王某能否拒绝游客的上述要求？为什么？
2. 导游员王某对侮辱其人格的言行应当怎么办？

(六) 导游人员应当严格执行接待计划

导游人员应当严格按照旅行社确定的计划，安排旅游者的旅游、游览活动，不得擅自增加、减少旅游项目或者中止导游活动。导游人员在引导旅游者旅行、游览过程中，遇到可能危及旅游者人身安全的紧急情形时，经征得多数旅游者的同意，可以调整或者变更接待计划，但是应当立即报告旅行社。

导游人员擅自增加、减少旅游项目或者中止导游活动，就是对旅游者违约。但导游人员在引导旅游者旅行过程中，遇有可能危及旅游者人身安全变更的紧急情形时，经征得多数旅游者同意，可调整或者变更接待计划，并应立即报告旅行社，这是导游人员享有的权利。

导游人员不得擅自中止导游活动。这里的"中止导游"行为，必须具备下列条件：一是必须在导游活动已经开始尚未结束之前，是出现在执行接待计划过程中；二是必须是擅自中止，而不是旅行社的决定或其他外部作用的影响而导致的中止导游行为，这是中止导游活动的最主要特征；三则必须是彻底中止，即导游人员彻底放弃了原来的导游活动，导游人员因某种原因暂时放弃了正在进行的导游活动，待该原因消失后又继续进行导游活动的，是导游活动的中断。上述条件缺少其中任何一项都不能认为是导游人员对导游活动的中止。

2003 年 10 月，领队陈某带团到泰国旅游，在入境的第三天下午，泰国导游要求每位游客加收 1200 元参加合同以外的自费项目，遭到游客的强烈反对。游客纷纷指责领队陈某，并提出投诉警告。陈某称她也是头一次碰上这种事情，答应与泰国导游商量。之后，陈某将泰国导游叫下了车，不久后只有泰国导游一人回到车上，他反复强调，如果不参加此自费项目，后面的旅程将无法完成。游客对泰国导游不予理睬，只要求他叫回陈某，得到的答复是陈某已不知去向。事情随即陷入僵局。晚上7：00左右，泰国导游以联系食宿为由带司机离去。愤怒的游客设法与陈某及旅行社联系，7：30左右终于与旅行社一负责人通上了电话。该负责人称已知晓情形，并作了安排，要陈某与该社在曼谷的一商务团领队对调，游客先自行组织联系食宿，并就地等候一天。第二天下午，领队刘某来到，代表旅行社问候了游客，作出了给予游客相应补偿的承诺，并责成地接社更换了导游，完成了后续的旅游活动。

回来后，游客与旅行社就赔偿数额问题产生分歧，游客便一并提出了领队陈某的问题，认为陈某已构成中止导游活动行为，要求旅行社给予额外赔偿。

——改编自《旅游法规案例精选与解析》

◎问题：

陈某是否构成中止导游活动行为？为什么？

（七）导游人员在进行导游活动时，应当向旅游者作真实说明和明确警示

旅游活动有一定的危险，可能遇上危及旅游者的人身、财产安全的情况，特别是探险旅游。导游人员应加强责任心随时随地提醒旅游者注意安全，防止危害旅游者的人身和财产安全的情况发生。旅游项目中如含有危险因素的，导游人员应当就可能发生危及旅游者人身、财物安全的情况，向旅游者作出真实的说明和明确的警示。同时，还要采取相应的防范措施防止危害的发生，否则，导游人员和旅行社就要承担相应的法律责任。

2003年4月，某旅行社组织了一个赴长白山的旅游团，委派导游张某作为全程导游随团服务。在旅游团将要攀越天池的前一天，该团游客询问导游张某攀越天池是否要多添衣服，以适应天气变化。张某根据自己多次在这个季节游天池的经验，回答游客不必多添衣服，以便轻装上山。第二天，在张某的引导下该团游客登上了天池，这时突然下起鹅毛大雪，气温骤然下降，张某急忙引领游客下山，但由于团里有些游客听信导游张某的话，没有戴衣帽、围巾等御寒之物，致使不少人耳、鼻及手脚冻伤，其中6人经医院诊断为严重冻伤。为此，该团游客投诉导游张某及其旅行社，要求旅行社和张某承担医疗费用，并赔偿因此而造成的其他损失。张某所在旅行社认为此次游客冻伤事故完全是导游张某工作失误所致，应由其个人负责，旅行社不承担任何责任；张某则辩称游客冻伤事故是天气突然变化所致，自己无法预见，属于不可抗力，自己不应承担责任。

——改编自《旅游法规案例精选与解析》

◎问题：
1. 导游张某对游客冻伤事故有无责任？为什么？
2. 旅行社认为游客冻伤事故与自己无关的说法是否正确？为什么？
3. 对游客冻伤事故，如果导游和旅行社有责任，应对它们如何处罚？

（八）导游人员在进行导游活动时，不能从旅游者身上获取不正当利益

导游人员进行导游活动，不得向旅游者兜售物品或者购买旅游者的物品，不得以明示或者暗示的方式向旅游者索要小费。这是导游人员在执行导游任务中必须履行的两项义务，而这两项义务的履行有别于导游人员的其他义务，是以"不作为"的形式表现出来的，属于消极的义务，也就是只要导游人员不做，其义务就履行了。这两项义务，一是不得向旅游者兜售物品或购买物品。导游人员在进行导游活动时，与旅游者相处，为旅游者提供向导、讲解及相关的旅游服务，如其利用这一特定的身份，向旅游者兜售物品或者购买旅游者的物品，极易造成交易上的不公平与不公正，侵害旅游者的合法权益，损害导游人员的职业形象，也极易因此造成纠纷。小费，是指在旅游活动中旅游者额外给予导游人员等旅游服务人员的金钱，也叫小账。对于小费问题应合理疏导，其一，导游人员收取合理的小费是国际上通行的做法，国外绝大多数国家都允许导游人员收取合理的小费；其二，小费是旅游者自愿在服务费以外支付给导游人员的费用，导游人员收取小费与否，不影响旅行社的收入；其三，服务良好的导游人员得到小费，是旅游者对其工作的肯定和奖励。

（九）导游人员在进行导游活动时，不得欺骗、胁迫旅游者消费或者与经营者串通欺骗、胁迫旅游者消费

导游人员进行导游活动，不得欺骗、胁迫旅游者消费或者与经营者串通欺骗、胁迫旅游者消费。

甲旅行社导游罗某以个人名义从乙旅行社承接到一个云南旅游团队，于是，罗某带该团前往云南。罗某此行忘记带导游证。旅行团到了西双版纳，罗某向旅行团客人介绍说，西双版纳是少数民族居住的地方，但他们生活都比较原始，属于未开化的民族。在西双版纳期间，罗某不断向客人介绍玉器，称都是来自缅甸的天然玉石，并多次带客人购买玉器。后游客对所购玉器进行了鉴定，发现多数为人工合成，并非天然缅玉。于是到旅游质量监督管理所投诉罗某，要求赔偿。
◎问题：
罗某存在哪些违法行为？说明其法律依据。

三、导游人员的法律责任

导游人员在导游活动中，若违反了有关规定，将承担相应的法律责任，受到相应的处罚。根据《导游人员管理条例》规定：

无导游证进行导游活动的，由导游行政部门责令改正并予以公告，处1000元以上3万元以下的罚款；有违法所得的，并处没收违法所得。

导游人员未经旅行社委派，私自承揽或者以其他任何方式直接承揽导游业务，进行导游活动的，由旅游行政部门责令改正，处1000元以上3万元以下的罚款；有违法所得的，并处没收违法所得；情节严重的，由省、自治区、直辖市人民政府旅游行政部门吊销导游证并予以公告。

导游人员进行导游活动时，有损害国家利益和民族尊严的言行的，由旅游行政部门责令改正；情节严重的，由省、自治区、直辖市人民政府旅游行政部门吊销其导游证并予以公告；对导游人员所在的旅行社给予警告直至责令停业整顿。

导游人员进行导游活动时未佩戴导游证的，由旅游行政部门责令改正；拒不改正的，处500元以下罚款。

导游人员有下列情形之一的，由旅游行政部门责令改正，暂扣导游证3—6个月；情节严重的，由省、自治区、直辖市人民政府旅游行政部门吊销导游证并予以公告：

(1) 擅自增加或者减少旅游项目的；

(2) 擅自变更接待计划的；

(3) 擅自中止导游活动的。

导游人员进行导游活动，向旅游者兜售物品或者购买旅游者物品的，或者以明示或暗示的方式向旅游者索要小费的，由旅游行政部门责令改正，处1000元以上3万元以下的罚款；有违法所得的，并处没收违法所得；情节严重的，由省、自治区、直辖市人民政府旅游行政部门吊销其导游证并予以公告；对委派该导游人员的旅行社给予警告直至停业整顿。

导游人员进行导游活动，欺骗、胁迫旅游者消费或者与经营者串通欺骗、胁迫旅游者消费的，由旅游行政部门责令改正，处1000元以上3万元以下罚款；有违法所得的，并处没收违法所得；情节严重的，由省、自治区、直辖市人民政府旅游行政部门吊销其导游证并予以公告；对委派该导游人员的旅行社给予警告直至停业整顿；构成犯罪的，依法追究刑事责任。

【本章小结】

本章主要阐述了《导游人员管理条例》、《导游人员管理实施办法》、《导游证管理办法》、《导游人员资格考试制度》的主要内容。包括报考导游资格的条件、不得颁发导游证的情形；导游人员等级考核制度、导游人员的计分管理和年审管理制度的主要内容；导游人员的权利与义务、申请导游证的程序及导游人员违规处罚的规定。

【复习思考题】

　　1. 参加导游人员资格考试要具备哪些基本条件？

　　2. 获取导游资格证书和导游证的程序是什么？

　　3. 导游人员享有哪些权利、承担哪些义务？

　　4. 简述导游人员的计分管理制度。

【实务训练】

　　2002 年 7 月 6 日到 12 日，某公司一行 20 人参加由广州某旅行社组织的成都九寨沟双飞七日之旅。根据双方签订的合同，7 月 10 日入住茂县一家二星级宾馆，7 月 11 日游览都江堰、武侯祠和青羊宫，7 月 12 日上午自由活动，下午飞往广州。但在实际游玩过程中，游客要求 7 月 10 日晚赶到都江堰入住某酒店（挂牌四星），以及 7 月 11 日游玩都江堰和青城山，7 月 12 日上午游玩武侯祠、青羊宫，下午飞往广州，导游便马上和旅行社联系，在旅行社同意的前提下，由全体游客签字并补足费用差价，开始了新的行程。途中有一游客受伤，导游马上送其到当地医院治疗，并安排专人负责；而其则继续陪同其他游客直到旅程结束。这位受伤游客康复后，回到广州向法院诉讼，说这家旅行社导游擅自改变行程和标准，要求赔偿全部旅游费用以及疗伤费、误工费、精神损失费等。

　　◎ 问题：

　　1. 导游的做法正确吗？为什么？

　　2. 游客的要求合理吗？理由是什么？

【案例分析】

　　2001 年 9 月 28 日，张某与某旅行社签订了国内旅游组团标准合同，并交款 4900 元。同年 10 月 2 日，在该旅行社的组织下，张某等 25 人出发到九寨沟和黄龙旅游。但游览九寨沟后赶赴黄龙时，由于下雨、修路等原因，道路十分难行，且有翻车的可能。导游员考虑到游客的生命安全，在征得车上的 20 名游客的同意（张某等 5 人反对）后取消了去黄龙的旅游，改游牟尼沟，并报告了旅行社。回来后，张某等 5 人认为旅行社违约取消黄龙景点，到旅游质量监督管理所投诉，要求旅行社退回全部费用并承担相应损失。

◎问题：

1. 导游员的做法是否正确？为什么？

2. 旅游者的投诉是否成立？旅游质监所应如何处理这起纠纷？

第四章　饭店法规实务

【学习目标】

了解旅游饭店星级评定制度、饭店与非旅客之间的权利与义务。

掌握饭店行业管理法规。

熟悉饭店与旅客之间的权利与义务。

【章首案例】

沈某,在某饭店二楼楼梯拐角摔倒受伤,法医鉴定为右腿骨折。事后,沈某多次向饭店提出赔偿一定医药费的要求,遭拒绝。后经消协调解仍未果。无奈之下,沈某向法院起诉,状告该饭店并提出包括医药误工费、精神损失费在内共计四万余元的索赔要求。沈某认为,该饭店楼道过窄,扶手紧贴墙壁并被拐角处门框遮挡,其楼道设计不符合国家建筑设计规范,存在安全隐患,这是造成他摔伤的主因,饭店应为其侵权行为负主要责任。饭店则辩解说,沈某当天并没有在饭店消费,与饭店不存在合同关系,双方之间没有权利、义务关系,根据《中华人民共和国消费者权益保障法》,饭店不承担任何责任。此外,沈某当天曾喝过酒,摔倒时手持香烟与手机,沈某应为自己的疏忽大意负全责。

法院判决原告承担主要责任,被告承担部分责任,并支付原告赔偿费一万余元。

——改编自王大悟《酒店管理 180 个案例品析》

◎问题:

1. 饭店向客人承担民事责任,通常是由哪几种情况引起的?

2. 本案中饭店承担赔偿责任的原因是什么?

第一节　饭店行业管理制度

饭店,是指具有一定建筑规模、较完善的设备、设施,能为旅游者提供住宿、餐饮、购物、娱乐等综合服务的场所。饭店是旅游业中的主体,在旅游业的发展中发挥着重要作用。

一、饭店行业经营法规

我国《旅馆业治安管理办法》规定，申请开办旅馆，应经主管部门审查批准，经当地公安机关签署意见，向工商行政管理部门申请登记，领取营业执照后，方准开业。经批准开业的饭店，如有歇业、转业、合并、迁移、改变名称等情况，应当在工商行政管理部门办理变更登记后3日内，向当地的市、县公安局、公安分局备案。开办旅馆，其房屋建筑、消防设备、出入口和通道等，必须符合《中华人民共和国消防条例》的有关规定，并且要具备必要的防盗安全设施。

二、饭店行业安全法规

凡经营饭店，都必须遵守国家的法律，建立各项安全管理制度，设置治安保卫组织或者指定安全人员。

第一，饭店应当设置旅客财物保管箱、保管柜，或者保管室、保险柜，并指定专人负责保管工作。对旅客寄存的财物，要建立严格、完备的登记、领取和交接制度。

第二，饭店对旅客遗留的物品，应当妥善保管，设法归还原主或揭示招领；经招领3个月后无人认领的，要登记造册，送当地公安机关按拾遗物品处理。

第三，严禁旅客将易燃、易爆、剧毒、腐蚀性和放射性等危险物品带入饭店，对违禁物品和可疑物品，应当及时报告公安机关处理。

第四，饭店内严禁从事卖淫、嫖娼、赌博、吸毒、传播淫秽物品等违法犯罪活动。饭店作为一个对社会公众开放的公共场所，任何人只要持有效证件即可在饭店住宿、就餐和娱乐。这其中难免有一些不法分子混迹其中，从事违法犯罪活动。饭店应从保护旅客人身安全的角度出发，绝不能对在饭店中从事卖淫、嫖娼、赌博、吸毒、传播淫秽物品等违法犯罪活动袖手旁观，必须及时向当地公安机关报告。

第五，饭店内不得酗酒滋事、大声喧哗、影响他人休息，旅客不得私自留客住宿或转让床位。饭店必须为住店旅客提供一个良好的休息场所，所以对于那些在饭店中大声喧哗、影响他人休息者必须严加制止。同时饭店还须核实每一位客人的住店、离店时间，向客人作必要的交代说明，防止客人私自留客住宿或转让床位等事件的发生。

第六，饭店工作人员发现违法犯罪分子、形迹可疑的人员和被公安机关通缉的罪犯，应当立即向当地公安机关报告，不得知情不报或隐瞒包庇。如果饭店工作人员发现犯罪分子时知情不报或隐瞒包庇，不仅会对其他住店客人的安全造成威胁，而且会受到公安机关的处罚。

三、饭店行业登记管理法规

为了加强治安管理，《旅馆业治安管理办法》规定，饭店接待旅客住宿必须登记；同时，旅客住宿登记时，饭店必须检查旅客的身份证件，并要求旅客按规定的项目如实登记。在接待境外旅客住宿时，除了要履行上述查验身份证件、如实登记规定的项目外，饭店还应当在 24 小时内向当地公安机关报送住宿登记表。

第二节　星级饭店访查制度

星级制度以"星"来标识饭店等级，它是一种国际化的通用标识。随着我国旅游业的发展，1988 年 8 月，国家旅游局参照国际标准，结合中国国情，制定发布了《中华人民共和国旅游涉外饭店星级标准》和《中华人民共和国评定旅游涉外饭店星级的规定》，在我国开始实行了星级评定制度。1998 年，根据 10 年来星级评定的实践，又重新修订了上述规定和标准。2003 年国家旅游局又颁布了《旅游饭店星级的划分与评定》取代《中华人民共和国评定旅游涉外饭店星级的规定》。2006 年，国家旅游局批准《星级饭店访查规范》为旅游行业标准，作为《旅游饭店星级的划分与评定》的有益补充。

一、星级划分及评定

根据《旅游饭店星级的划分与评定》，旅游饭店星级评定实行五星制，就是分为一星级饭店、二星级饭店、三星级饭店、四星级饭店和五星级饭店（含白金五星级）。最低为一星级，最高为白金五星级。星级越高，表示旅游饭店的档次越高。

二、旅游饭店星级的评定方法

旅游饭店星级评定，采取按星级饭店的必备条件与检查评分相结合的方法综合评定。饭店所取得星级表明该饭店所有建筑物、设施设备及服务项目均处于同一水准。如果饭店由若干座不同建筑水平或设施设备标准的建筑物组成，旅游饭店星级评定机构应按每座建筑物的实际标准评定星级，评定星级后，不同星级的建筑物不能继续使用相同的饭店名称。否则，旅游饭店星级评定机构应不予批复或收回星级标志和证书。

饭店取得星级后，因改造发生建筑规格、设施设备和服务项目的变化，关闭或取消原有设施设备、服务功能或项目，导致达不到原星级标准的，必须向原旅游饭店星级评定机构申报，接受复核或重新评定。否则，原旅游饭店星级评定机构应收回该饭店的星级标志和证书。

某些特色突出或极具个性的饭店，若自身条件与本标准规定的条件有所区别，可以直接向全国旅游饭店星级评定机构申请星级。全国旅游饭店星级评定机构应在接到申请后一个月内安排评定检查，根据检查和评审结果给予评定星级的批复，并授予相应星级的证书和标志。

食宿星级酒店遭遇"降级"

外出旅游时，有些游客会发现，几乎所有的中档价位的常规团都会规定"住宿三星或同级酒店"，许多游客在报名的时候往往忽略这点，等入住时发现问题就晚了，这样的酒店不是设在郊区就是装修老旧，反正价格肯定比真"三星"便宜很多。

住宿三星级酒店或同级这种说法充满变数，偷梁换柱的事时有发生。最常见就是一个"准"字，所谓的"准三星"，按行话解释起来就是按照三星级标准设计装修，但还没有评到三星级酒店。

——摘自搜游网

三、星级饭店访查制度

2008 年 4 月 5 日，大学教授王某一行人，入住宜昌某四星级饭店。王某因身体原因需要换硬板床，酒店服务员告知客人没有硬板床（其实该饭店备有硬板床）。住店期间，客人发现客房床下有烟头，便将烟头拾起放在很明显的位置，服务员没有及时清理烟头，而是把烟头重新放回了床底。王某等认为作为一个四星级的酒店，在设施设备方面不完善，不能满足客人的基本要求，且酒店的清洁卫生没有达到四星级酒店的标准，于是就入住酒店期间遇到的问题进行投诉。

◎问题：
该饭店作为四星级饭店存在什么问题？需要怎样改进？

饭店评定星级后，并非一劳永逸。《旅游饭店星级的划分与评定》规定旅游饭店使用星级的有效期限为 5 年。对已经评定星级的饭店，适用《星级饭店访查规范》实行复核制度。

（一）星级饭店访查的含义
星级饭店访查，是指具备检查资格的专业人员受全国旅游星级饭店评定委员会及相应星评机构的委派，以普通客人身份入住饭店，针对已评定星级饭店落实和执行星评标准的情况进行检查，或在不通知饭店管理方具体检查时间的情况下，以"神秘客人"的形式对饭店质量进行暗访的一系列检查活动。访查的结果可以体现出饭店真实的质量状况。其结果对于饭店等级的确定有决定性的影响。

（二）星级饭店访查的程序

访查在只通知店方检查时段或不通知店方检查时间的情况下进行，更有利于促进饭店严格按照《旅游饭店星级的划分与评定》，以真实的状态进行饭店的星级评定，这一制度的实施将在很大程度上消除饭店突击评星的做法。

《星级饭店访查规范》规定，访查员为接受全国旅游星级饭店评定委员会的委派，以普通旅客的身份入住饭店，店方与地方星评机构有关人员不得陪同检查，也不得进行相关迎送接待活动。访查员对饭店进行暗访检查时，应不通报身份，在店检查期间不得暴露真实身份。对任何一家饭店，参加检查的访查员均应为 2~3 人。访查结束后限期整顿的饭店在整顿期完成后半年内接受一次访查。

访查结束时，访查员向饭店管理方出具相应旅游饭店星评机构签发的《访查通知书》和本人的星评员检查证，由店方报销往返交通费和住店期间的费用（仅限于访查人员个人以访查为目的的消费），同时访查员当面向饭店高层管理人员反馈访查情况。在针对直接对客部门的访查结束后，若访查员认为必要，可公开身份，要求检查饭店后台部门的服务情况及饭店的整体质量监控情况。访查结束后，在 7 个工作日以内整理访查打分情况，做出访查报告，向相应星评机构汇报访查情况。星评机构根据访查报告在一个月内对饭店下达处理意见，做出奖惩决定。

（三）星级饭店访查的权限

（1）白金五星和五星级饭店由全国旅游星级饭店评定委员会委派访查员进行访查；

（2）四星级及其以下星级饭店由省（自治区、直辖市）旅游星级饭店评定委员会委派访查员进行访查；

（3）全国旅游星级饭店评定委员会可酌情授权辖区内的地、市或优秀旅游城市的旅游星级饭店评定委员会委派访查员进行三星级及其以下星级饭店的访查。全国旅游星级饭店评定委员会每年不定期对四星级以下的饭店进行抽样访查。

（四）访查结果的处理

访查结束后，星评机构应向被查饭店反馈访查情况，并做出相应处理，访查处理结果应逐级上报更高一级星评机构。各省级旅游星级饭店评定委员会每半年一次将本辖区星级饭店的访查结果及其处理意见上报全国旅游星级饭店评定委员会。访查结果达标饭店的奖励：口头表扬；通报表扬；饭店申请更高星级评定时予以加分；在评选各个级别的最佳饭店时予以加分。访查结果未达标饭店的处理：口头提醒；书面警告；通报批评；限期整顿；降低星级或取消星级。饭店接到口头批评、警告通知书、通报批评、限期整顿或降低星级的通知后，必须认真整改并在规定期限内将整改情况报告处理机构。

第三节　饭店与旅客之间的权利和义务

一、饭店和旅客之间的权利和义务

（一）饭店对旅客的权利

1. 在有合法理由的情况下，可不接受或驱逐旅客

（1）客满，可以拒绝旅客；

（2）对从事卖淫活动的妓女或嫖客，从事盗窃、诈骗、流氓活动的犯罪分子，旅馆有权不接受或驱赶；

（3）拒绝支付合法收费的旅客，旅馆有权不接待或驱赶；

（4）饭店可以要求有传染病的旅客离店，因为这些患者可能对其他旅客的健康和安全构成威胁；

（5）饭店可以驱赶擅自闯入的人离店；

（6）饭店可拒绝携带危险品的人入店。

2. 有权向旅客收取住宿费和其他合法收费

这里的合法收费是指国家有关部门核准的收费标准和项目。特别是涉外饭店应当严格按照《中国国际旅游价格管理暂行规定》收取费用。

"十一"期间，林先生等 2 人入住武汉某星级酒店，入住时间为上午7：30。中午11：20，二人到酒店前台要求退房，对房间设施提出意见，同时对酒店前台按一天房费进行结账表示不满。游客认为，酒店客房虽不能按小时计费，但入住 4 小时就收取全天房费很不合理，最多只能收半天房费。退房的原因是酒店的房间设施达不到要求，酒店应当对此作出合理解释。由于酒店前台的答释未令游客满意，双方协商未果，游客于是向市旅游局质监所投诉，要求维护权益。

——摘自《长江日报》

◎问题：

酒店前台按一天房费进行结账是否合理？应该如何处理？

当旅客无理或拒绝支付合法收费时，旅馆有权扣留旅客的财物，即行使"留置权"。这种留置权只有在旅客付清欠账时才能终止。旅馆应该在向旅客发出合适的有一定期限的通知后才能将所扣留的旅客财物出售，所扣留的部分应以能抵偿欠款为限。被扣留财物的出售应按旅馆所在地法律的规定进行。值得注意的是，旅馆按法律规定留置旅客财物的目的是促使旅客履行债务。所以，只有当旅客不履行债务超过法律规定的一定期限，旅馆才能按法律程序变卖其财产，并从变卖的价款中得到清偿。如果旅客付清欠款，旅馆应主动将财物交还给对方，留置权消失。

3. 有权要求旅客赔偿因预订后不使用客房或者提前离店给旅馆造成的经济损失

旅客预订不住时，赔偿预订住宿期的头两天合同规定的房费和附加费用的75%；提前离店时，赔偿其后的 5 天合同规定的房费和附加服务费的40%。但在下列时间以前通知旅馆退订，无须支付赔偿费；对于不超过两天的预订，在拟订使用住宿设备的当天中午；对于 3—7 天的预订，在拟订使用住宿设备的前 2 天；对于超过 7 天的预订，在拟订使用住宿设备的前 7 天。在下列时间以前向旅馆提出终止居住，可不支付赔偿费：合同的剩余时间不超过 2 天，在离店的当天中午提出；合同的剩余时间在 3—7 天，离店前 2 天提出；合同的剩余时间在 7 天以上，离店前 7 天提出。

值得强调的是，凡在合同与某一事件的发生有着依存关系时，法律允许当事人所订立的合同解除。确定这条法则的一些案件通常被称为"加冕案"，因为这种案件是英王爱德华七世加冕典礼取消而使许多安排遭受破坏时发生的。事情的经过是，1903 年，房东克雷尔与房客亨利双方订立了一个在预订加冕典礼的队伍要经过的路线上租用一套房间的合同。但当加冕取消时，房客要求取消合同，房东对房客起诉，要求履行合同，但未成功。因为法庭认为双方都知道租赁这所房子的目的是为了观看加冕典礼，但加冕未举行，因此合同被解除。

在我国，会议预订客房的情况较多，有时也会出现订房后会议突然取消的情形。为了减少旅馆由此而造成的经济损失，旅馆一般要收取一定数量的定金保证。

4. 有权要求旅客爱护旅馆内的一切设施和财物。旅客损坏财物时，应照价赔偿

根据我国的法律，旅客无论是过失还是故意损坏旅馆的物品，都应承担赔偿责任。

（二）饭店对旅客的义务

1. 不加歧视地接待所有旅客

旅客投宿时，只要举止适宜，适于接待，并能支付旅馆费用，就要认真接待，并提供相应的服务。不论收费的标准如何，服务态度都应该是一流的，特别是不能搞种族歧视。

2. 保障旅客的人身、财产安全

保障旅客住宿时的人身、财产安全是旅馆的一项法律义务，而非合同义务。因为饭店是特种行业，只要开办，就必须保障旅客的住宿安全。

某旅行团入住某饭店，在寄存物品于前台时，该旅行团导游依惯例负责全团人员物品的统一寄存。次日，某旅客在饭店领取寄存物品时，发现其寄存的一贵重物品丢失，随即向饭店索赔。饭店称：该物品寄存时未作特别声明，饭店认为有旅行团导游统一寄存物品凭据为证，饭店为无偿保管，自己没有重大过失，本不应承担任何赔偿责任，顶多按照一般物品予以赔偿。该旅客又转为向导游索赔。导游则认为：按照惯例，导游代游客寄存贵重物品于前台，其所有人通常都会单独向导游声明。故若无游客的特别声明，导游在代全团游客寄存物品时，不会而且也不可能在统一寄存时向饭店作特别声明，因而自己善意且无过失，不应当承担赔偿责任。该游客认为：统一寄存物品凭据上虽没有声明其中有贵重物品，但该凭据上只有导游签名而没有其本人签章，导游在寄存时并未向其说明应声明寄存物中的贵重物品，故该凭据对自己没有约束力，不应由自己承担该物品丢失所造成的损失。

——摘自我爱酒店网

◎ 问题：

1. 酒店或导游是否应该赔偿游客的损失？

2. 如何赔偿游客的损失？

3. 饭店应从中吸取什么教训？

（1）为保障旅客的人身、财产免受各种不法侵害，饭店必须采取如下切实可行的措施：

①加强门卫管理。从经营的角度看，饭店一般不拒绝旅客之外的人进入。饭店的餐厅、邮电所、美容厅、游泳池、舞厅等附属设施都可以向一般的顾客开放，即使是进饭店参观也没有必要拒绝。因为如果旅馆质量好，这些人可以为它做免费的广告。我国南方的大城市，尤其是广州，大部分旅游饭店都向公众敞开大门。因此，门卫应特别提高警惕，防止不法分子混入，以保护旅客免受不法行为的侵害。

②坚决制止各种争吵和斗殴事件。饭店对发生在旅客之间的争吵和斗殴事件必须采取措施坚决制止。如果饭店感到力不从心，可请公安机关协助，绝不能袖手旁观，更不能怂恿一部分人去对付另一部分人，否则将承担很重的法律责任。

③完善住宿设施。饭店的每一项设备，尤其是电器设备，必须随时处于完好状态，并定期检修，防止有缺陷的住宿设施造成旅客伤亡。

④加强防火系统。防火系统必须完好无损，并尽可能将老人、妇女和儿童安排在低层客房，以便紧急情况下迅速撤离。饭店的安全通道必须时刻畅通无阻，不允许堆放杂物。

⑤提供符合标准的食物。饭店的餐厅必须提供合乎标准的饮食，不能损害旅客的健康。旅客到餐厅就餐无须逐一询问饭菜是否合格，合同中也无须明文规定。只要饭店开办餐厅，提供的膳食就必须合格，这是一项法定义务，是一种默示的质量保证。

（2）饭店对侵害旅客人身财产的法律责任。

①饭店对旅客人身伤害的法律责任。

因饭店内发生的事故或者饭店控制下的其他任何地方发生的事故的隐患而造成旅客受伤、死亡的，旅馆应承担赔偿责任；

如对于造成损害的事故，饭店在当时已采取了谨慎合理的措施仍不能避免，其后果也不能防止的，将不承担责任；

伤害事故中，如果系本人过错造成，饭店相应减轻其赔偿责任；

如果伤害事故系第三方所为，饭店在赔偿旅客的同时，保留向第三方索赔的权利。

我国规定，如果是饭店的责任（故意或过失）造成旅客伤害，则饭店应按照我国民法有关侵权的规定来承担相应的民事责任，侵害公民身体造成伤害的，应当赔偿医疗费、因误工减少的收入、残废者生活救济费等。

②饭店对侵害旅客财产的法律责任。饭店不论有无过失，均应对旅客的财物损失负责。

客人在财物灭失时必须提供三个证明：具有饭店登记客人的身份；财物的损失是在饭店内发生的；损失的财物及其价值。如果是饭店的责任，饭店应负责全部赔偿。如果是旅客自己的责任（应当寄存而没有寄存），旅客自己要承担一部分责任。如果是不可抗力造成旅客财产损失，饭店可免除全部责任。

（三）接受客房预订

旅客为了住房有保障，以电话、书面或网上形式预约房间，而饭店亦给予适当的承诺，这就是订房。订房一经达成协议，双方都得按合同的规定办事。

由于客房有限，不像其他商品那样想买就能买得到，所以订房结果常出现四种情况：收到订房信息，但信息发出人地址不详，无法回电；客满，无房可订，但如有人退房，将优先考虑；答应保留房间；保留客房，预收订金。

第一种情况不能视为合同；第二种情况是有条件的订房合同；第三种情况是订房合同；第四种情况是标准的订房合同。

为了弥补客人预订后"不使用"客房的损失，饭店通常搞"超额预订"，加上有些客人延迟离店，有时可能出现无法向已预订客房的客人提供住房的情况。一旦出现这种局面，柜台接待人员首先要征得客人同意，调换标准相近的客房，可联系安排到另一家饭店，并支付客人到另一家饭店的车费。如果订房时交了定金，还要双倍返还定金。

（四）告之赔偿限额

饭店应以书面形式让客人知道丢失财物的赔偿限额。在对外国人开放的饭店，应有外文告示，一般用英文。

对旅客交饭店保存的财物，饭店所负责任不超过每日住房费的 500—1000 倍。当然，饭店必须在旅客交存财物时将这一限额告诉旅客。但如果饭店理应接受旅客寄存财物而拒绝接受时，饭店对此应负绝对责任。旅客没有将其所带财物交饭店保存而遭受灭失时，赔偿限额不超过每日住房费的 100 倍。

（五）依法处理旅客遗留物品

当客人离店时，如在客房内发现客人遗留下来的物品，应记录在登记册上，并写明客人的姓名、房号、时间、物品名称及拾得者姓名，交领班送客房部妥善保管，然后根据旅客登记时所留下的地址将遗留物品归还原主，绝不能占为己有。客人索取时，应无条件返还，但饭店可收取一定数量的保管费。如果遗留物主不明，则应当告示招领，经招领 3 个月后仍无人认领的，则应当登记造册，并送当地公安机关按拾遗物品处理。对于旅客遗留物品中的违禁物品和可疑物品，饭店应及时报告公安机关处理。按国际惯例，遗失物保管期为 1 年。

二、饭店和非旅客之间的权利和义务

非旅客主要包括顾客、租户和旅客的客人。顾客是指只使用饭店的某些设施（如餐厅、美容厅、邮电所、娱乐设施和游泳池等），而不在饭店住宿的客人。租户是指长期租用饭店客房作为居室或办公的单位或客人。旅客的客人是指专程拜访某位旅客的人。

发达国家的经营者们在酒店设施安全方面做得十分"小心"。有例为证：美国北部的冬季多数时候都有雪，每天清晨，商店、餐馆、旅馆等在开门营业前一两个小时，便会有人出来在店门前奋力扫雪、铲雪。这么做的目的是为了

方便人们行走。在国人眼里这似乎是一种"毫不利己、专门利人"的行为。然而，店主这么做实际上是生怕路人摔倒在自家店前，而自找麻烦。正是因为具有这样一种强烈的法律意识和安全风险意识，他们才会如此为客"小心"，哪怕客人并不进店消费。他们这种做法恰恰是一种合乎情理的"利己"行为。

——改编自王大悟《酒店管理180个案例品析》

饭店对非旅客的责任同于旅客。首先，对非旅客是否接待完全由饭店决定。饭店只有在自己的设施足够、旅客有多余的情况下，才能接待非旅客。其次，在举证责任方面上也有差别。旅客发生损失时，首先推定是饭店的过错，饭店要减免责任，必须向法院提出充分的证据证明自己没有过错或过错不完全在自己一方，由饭店负举证责任；非旅客发生损失时，首先推定是饭店没有过错，非旅客要求赔偿，由非旅客负责举证责任。

第四节　饭店的法律责任

一、违反合同产生的责任

和饭店相关的合同关系主要包括服务合同、经营合同和管理合同三大类。

饭店服务合同是饭店与客人之间针对提供和接受的有关住宿、餐饮、购物、文化娱乐等各种服务而形成的合同关系。主要有住宿合同、餐饮合同、会议合同、房间包租合同等。

饭店经营合同是饭店与各类经营者为了保证饭店经营运转所需要的各种条件得以落实而形成的相应合同关系。例如，饭店与旅行社之间的客房推销合同，与汽车旅游公司之间的租车合同，与交通运输部门之间的订票合同，购买各种食品、饮料、消费品、设备而签订的购销合同，以及饭店改建或设备安装检修时的承揽合同等。

饭店管理合同是饭店为了实现对内、对外管理的需要而形成的合同关系。如饭店内部管理过程中，饭店与员工之间签订的雇佣（劳动）合同、饭店与饭店职能部门之间签订的承包合同；联号饭店之间签订的管理合同、特许权合同和租赁合同等。

饭店的违约行为可能是对旅客的违约，即违反服务合同；也可能是对其他业务部门的违约，即违反经营合同；或联号饭店之间的违约，即违反管理合同。违反合同的行为是对预先约定义务的违反，是对相对权利的侵犯，凡是饭店的违约行为给对方造成了损失的，饭店都要承担一定的法律责任。

二、因侵权行为产生的责任

饭店的侵权行为是对法定义务的违反，是对绝对权利的侵犯。因为法律规定，饭店有保护旅客人身、财产安全的义务。饭店的侵权责任常由两种情况构成，即主动的作为和被动的不作为。

由主动的作为构成侵权是指饭店的直接行为致使旅客受到侵害。例如，饭店餐厅向旅客提供不符合卫生标准的食物，造成客人食物中毒，就属于主动的作为构成的侵权。

有一家饭店所在地盛产一种鱼，味道鲜美，但毒性很大，且不易去除，当地人久食此鱼已具有抵抗力。而一名外地旅客在该饭店下榻时食用了旅馆提供的鱼后，发生食物中毒，遂向法院起诉要求赔偿。饭店的辩护理由是，鱼本身是有毒的，并非饭店烹调添加剂有毒，而且很多人都没有中毒，足以说明该旅客抵抗力低，所以拒绝赔偿。

◎问题：

饭店是否应该赔偿？为什么？

——摘自崔巍、杨春晖主编《旅游政策法规》

由被动的不作为构成的侵权就是饭店应该采取安全措施而由于疏忽未采取，致使旅客受伤。例如，客房的床或桌椅损坏不及时修理，摔伤或砸伤旅客；走廊电灯损坏未及时更换，致使旅客从楼梯跌下等，都属于被动的不作为侵权行为，必须承担法律责任。

三、饭店工作人员的过失产生的责任

法律规定，法人的职员执行职务时的行为应视为法人的行为。执行职务过程中造成他人损失应由法人承担责任。不过，饭店承担旅客的赔偿责任后，有权在内部对有错的工作人员做出处理，包括经济上的追偿。

2004年10月1日，曹先生在北京市一饭店用餐时，与人发生纠纷。凌晨2时左右，其与朋友入住该饭店315房间。不久，3名男子以到房间找人为由，在未作任何登记的情况下，进入曹先生入住房间。饭店服务员虽予以阻拦，但未起任何作用。大约10分钟后，3名男子离开该房间。曹先生随后也退房，离开了宾馆。其间，曹先生被3名男子打伤。2005年1月，曹先生起诉称，因宾馆未尽到安全保护义务，致使不明身份的人闯入房间将自己打伤，故要求饭店赔偿医疗、误工等损失2.1万余元。饭店称，不知曹先生被人致伤之事，自己在服务过程中没有过错，故不同意曹先生诉讼请求。

——摘自北京合同律师网

◎**问题：**

饭店是否应该承担责任？为什么？

四、共同过失产生的责任

共同过失产生的责任是指饭店虽有过错，但损害的发生并非全由饭店的过失造成，旅客本身也有过错。

饭店要求旅客晚上睡觉时锁好门，但一旅客忘记了锁门，夜间财物被盗。该旅客向法院起诉，要求饭店赔偿损失。旅客认为，自己的财物是在房间丢失的（饭店也承认），因而是在饭店控制的范围内，应由饭店赔偿。饭店认为，它已要求旅客在入睡前锁上房门，尽到了合理照顾的责任，而旅客未按要求做，才导致被盗事件发生，所以不应赔偿损失。

◎**问题：**

1. 饭店是否应该承担责任？
2. 此案例应如何处理？

五、间接责任

间接责任是指非由饭店本身的行为造成损害，但与饭店又有密切关系的责任，也称连带责任。这种责任通常有两种情况。

（1）饭店建筑物、设备缺陷造成的损害。值得注意的是，这种损害专指建筑物、设备本身结构不合理或质量差，而非年久失修或使用不当造成的损害。出现这种情况，受害方可以向产品的生产者，也可以向产品的经营者起诉要求赔偿。生产者和经营者在法律上负连带责任。在没有此类法律规定的国家，可以先向饭店起诉，饭店承担责任后，再由饭店向负有责任的生产者起诉。

（2）饭店未能有效制止旅客斗殴造成的损害。所谓有效制止，并不意味着仅凭饭店本身的力量制止。如果觉得能力不足，可请警方协助。如果饭店视而不见，甚至有意纵容，那么饭店要承担很重的责任。

某宾馆内住有甲、乙两位客人。一天，两人在楼道不小心发生碰撞，发生口角，互不相让，甚至斗殴。结果一名旅客受重伤。此时，楼上的工作人员才闻讯赶到，及时将其送到医院。

　　◎问题：

　　饭店是否应负责任？为什么？

【本章小结】

　　饭店对旅客的权利：1. 在有合法理由的情况下，可不接受或驱逐旅客；2. 有权向旅客收取住宿费等其他合法收费；3. 有权要求旅客赔偿因预订后不使用客房或者提前离店给饭店造成的经济损失；4. 有权要求旅客爱护饭店内的一切设施和财物。

　　饭店对旅客的义务：1. 不加歧视地接待所有旅客；2. 保障旅客的人身、财产安全；3. 接受客房预订；4. 告之赔偿限额；5. 依法处理旅客遗留物品。

　　饭店的法律责任包括以下五种：1. 违反合同产生的责任；2. 因侵权行为产生的责任；3. 饭店工作人员的过失产生的责任；4. 共同过失产生的责任；5. 间接责任。

【复习思考题】

　　1. 简述星级饭店访查制度的内容。

　　2. 简述饭店与旅客之间的权利与义务。

　　3. 饭店法律责任主要有哪些？

【实务训练】

　　一台商在某饭店客房同内地客人洽谈生意，突发心脏病，内地客人随即打电话通知大堂副理。大堂副理赶到房间后，发现台商已经昏迷，立即打电话向120急救中心求救，同时通知了安全部。安全部派员在饭店外围路口等候救护车并引导到地下停车场，避免救护车出现在大堂门前引起不必要的混乱。台商在医护人员抢救过程中死亡，饭店方面同急救中心协商，决定将台商送往医院进行再次抢救和处置。

　　由于台商的亲属远在英国，在随后的处理中，饭店方面站在其亲属的角度为其在医院办理了死亡证明书；会同公安机关进行了尸体病理检验并出具了报告。在其亲属抵达饭店的同时，一份完整的法律文书报告和代表饭店哀思的花篮送到了台商夫人的手中。

——载于《饭店世界》

　　◎问题：

　　1. 酒店对台商的死亡是否负有责任？

2. 酒店对台商病发之后的处理是否恰当？为什么？

【案例分析】

2003 年 2 月 13 日，南京张先生参加南京 A 旅行社组织的张家界五日游。2 月 14 日晚，旅游团由张家界 B 旅行社安排下榻于该市 C 宾馆。2 月 15 日早晨，张先生醒来时发现自己所住的房间被盗。报案后警方迅速赶到，经认定张先生被盗手机一部 3200 元，相机 2400 元，现金 200 元，损失共计 5800 元。后经公安侦察发现，盗贼是沿着二楼雨棚爬到窗外，然后从外打开窗子爬进客房（窗子的锁扣已坏）窃走钱物的。为此，张先生要求宾馆赔偿其 5800 元损失，宾馆以大堂及客房均有"贵重物品请寄存"的告示为由，拒绝赔偿。无奈之下，地接社请求保险公司按旅行社责任险条款给予赔偿，但保险公司理赔科人员提出了两条意见：一是按责任险条款现金无法索赔；二是如要赔偿必须是旅行社存在过失或过错，在此失窃事件中旅行社有无责任或责任大小尚无定论，让保险公司赔偿暂不可能。因游客赔偿问题没有解决，A 旅行社拒绝支付地接社团款，地接社陷入困境。之后，经过谈判，A 旅行社同意扣除 5800 元后，将剩余的团款全部汇给地接社。地接社在遭受 5800 元损失的情况下，将宾馆告上法院。

——摘自河南旅游网，转自郑州市旅游质量监督管理所

◎问题：

1. 旅行社是否有过错？如果有，旅行社的过错表现在哪些方面？
2. 饭店是否有过错？如果有，饭店的过错表现在哪些方面？
3. 旅行社是否可以依法请求保险公司赔偿？

第五章　消费者权益保护法实务

【学习目标】

了解我国对消费者权益进行保护的法律、法规。

熟悉消费者的权利及经营者的义务。

掌握消费者权益争议解决的途径、经营者侵害消费者权益的法律责任。

【章首案例】

张先生通过某旅行社预订了 3 月 4 日的武汉至哈尔滨机票两张，并即付票款。4 日，张先生来到机场后发现并无此航班，并且当日武汉无飞抵哈尔滨的航班。张先生立即乘车到旅行社交涉，发现是由于民航电脑故障造成错出机票。张先生因公务在身，必须在 4、5 两日内赶到，不得延误。旅行社提出了乘坐当日由武汉飞往北京，次日再由北京飞抵哈尔滨联乘班机的解决办法。张先生没有其他选择，但提出由此增加的费用应由旅行社为其承担。张先生回汉后要求旅行社赔偿其由北京中转哈尔滨而增加的额外费用。旅行社则认为，这一后果系民航公司造成，应由民航公司承担责任。

◎问题：

本案例中作为消费者的张先生因民航电脑故障而权益受损，那么张先生的权益能否得到保障呢？又该由谁来承担责任，是旅行社还是民航公司呢？

第一节　消费者的权利与经营者的义务

一、消费者权益概述

（一）消费者权益保护的法律制度

《中华人民共和国消费者权益保护法》是我国制定的第一部保护消费者权益的专门法律。它于 1993 年 10 月 31 日第八届全国人大常委会第四次会议通过，自 1994 年 1 月 1 日起施行。除此之外，还有《中华人民共和国民法通则》、《中华人民共和国合同法》、《中华人民共和国产品质量法》、《中华人民共和国广告法》、《中华人民共和国食品卫生法》、《中华人民共和国商标法》、

《中华人民共和国反不正当竞争法》等，它们共同构成我国保护消费者权益的基本"法网"。

（二）消费者权益保护法的立法宗旨和适用范围

1. 消费者权益保护法的立法宗旨

保护消费者的合法权益，维护社会经济秩序，促进社会主义市场经济的健康发展。

2. 消费者权益保护法的适用范围

消费者为生活消费需要购买、使用商品或者接受服务，其权益受该法保护；经营者为消费者提供其生产、销售的商品或者服务，其行为受该法保护；对于该法未作规定的，适用其他有关法律、法规。此外，农民购买、使用直接用于农业生产的生产资料，也参照该法执行。

（三）消费者权益保护法的基本原则

1. 自愿、平等、公平、诚实信用的原则

经营者与消费者进行交易，应当遵循自愿、平等、公平、诚实信用的原则。

2. 国家保护消费者的合法权益不受侵害的原则

国家应当采取措施，保障消费者依法行使权利，以达到维护消费者的合法权益的目的。

3. 全社会共同保护消费者合法权益的原则

消费者权益涉及经济生活的广泛领域，需要动员全社会的力量来更好地维护消费者的权益。因此，国家鼓励、支持一切组织和个人对损害消费者合法权益的行为进行社会监督；大众传播媒介应当做好维护消费者合法权益的宣传，对损害消费者合法权益的行为进行舆论监督。

二、消费者的权利

根据消费者权益保护法的规定，消费者应享受以下权利：

（一）保障安全权

保障安全权是消费者最基本的权利，是消费者在购买、使用商品和接受服务时享有人身、财产安全不受损害的权利。消费者有权要求经营者提供的商品和服务符合保障人身、财产安全的要求。

1. 人身安全权

一方面指生命权，即消费者的生命不受危害的权利；另一方面指健康权，即消费者的身体健康不受损害的权利。消费者在购买、使用商品和接受服务时，首先考虑的便是商品和服务的卫生、安全因素，不希望生病或使身体受到伤害，甚至发生生命危险。

2. 财产安全权

消费者的财产不受损失的权利，财产损失有时表现为财产在外观上发生损毁，有时则表现为价值的减少。

（二）知悉真情权

消费者享有知悉其购买、使用的商品或者接受的服务的真实情况的权利。消费者有权根据商品或者服务的不同情况，要求经营者提供商品的价格、产地、生产者、用途、性能、规格、等级、主要成分、生产日期、有效期限、检验合格证明、使用方法说明书、售后服务，或者服务的内容、规格、费用等有关情况，并有权索要购货凭证或者服务单据。

作为经营者，诚实信用是交易双方应遵守的基本准则，不得隐瞒实情，不得作虚假承诺，否则就侵犯了消费者的知情权，一旦发生争议或造成损害，消费者有权要求经营者给予赔偿。

根据某自然风景区工作人员的推荐，李先生购买了品名为"红檀"的木制家具，随后由家具公司负责托运到李先生家中。时隔不久，李先生在媒体上看到：当前市场上根本没有"红檀"这种木材。李先生找到家具公司要求解释和赔偿。家具公司承认是以"红檀"的名义将真实材质为"子京木"的木制家具售给了李先生。

原来红檀是一种珍贵树种，主要分布于南美洲及东南亚地区，在我国仅在西藏地区有少量分布，是禁止砍伐树种。目前我国销售的红檀均是进口，价格十分昂贵。而子京木不是红檀，是红木的一种，价格远远低于红檀。

◎问题：

上述案例中景区工作人员的行为是否损害了消费者的权利？为什么？

（三）自主选择权

消费者享有自主选择商品或者服务的权利。消费者的自由选择是消费者获得满意的商品和服务的基本保证，也是民法中平等自愿原则在消费交易中的具体表现。自主选择权包括：自主选择提供商品或者服务的经营者；自主选择商品品种或者服务方式；自主决定购买或者不购买任何一种商品、接受或者不接受任何一项服务；自主选择商品或者服务时，有权进行比较、鉴别和挑选。

（四）公平交易权

消费者在购买商品或者接受服务时，有权获得质量保障、价格合理、计量正确等公平交易条件，有权拒绝经营者的强制交易行为。

公平交易权的核心是消费者以一定数量的货币可以换得同等价值的商品或者服务。这一点是实际衡量消费者的利益是否得到保护的重要标志。

（五）获得赔偿权

消费者因购买、使用商品或者接受服务受到人身、财产损害的，享有依法获得赔偿的权利。

获得赔偿权与消费者的安全保障权、知悉真情权、公平交易权、维护尊严权密切相关，尤其当消费者的人身安全、财产安全受到损害时，获得赔偿权的行使意义更为重大。

（六）依法结社权

消费者享有依法成立维护自身合法权益的社会团体的权利。

结社自由是指公民依法享有的为了达到某一共同目的，结成固定的社会团体组织，进行某种社会活动的自由。消费者为了维护自身的利益，组成的消费者权益保护组织就是其体现。消费者组织起来依法成立消费者社会团体，形成对商品和服务的广泛社会监督，及时处理侵害消费者权益的行为、指导消费者提高自我保护意识和能力，通过调解、仲裁等方式，及时解决消费纠纷。

（七）知识获取权

消费者享有获得有关消费和消费者权益保护方面的知识的权利。消费者应当努力掌握所需商品或者服务的知识和使用技能，正确使用商品，提高自我保护意识。

消费知识包括使消费者科学指导自己消费行为的消费态度知识、商品和服务的基本知识及有关市场的基本知识，从而指导消费者自己做出正确的消费选择。消费者权益保护方面的知识包括有关消费者权益保护的法律、法规和政策，消费者权益保护机构以及消费者和经营者发生争议时的解决途径等知识。

（八）维护尊严权

消费者在购买、使用商品和接受服务时，享有其人格尊严、民族风俗习惯得到尊重的权利。我国地域辽阔、民族众多，各民族饮食、服饰、居住、婚葬、节庆、娱乐、礼节、禁忌等风俗习惯各有不同。尊重民族风俗习惯体现了宪法的精神，对民族团结具有重大意义。

（九）监督建议权

消费者享有对商品和服务以及保护消费者权益工作进行监督的权利。消费者有权检举、控告侵害消费者权益的行为和国家机关及其工作人员在保护消费者权益工作中的违法失职行为，有权对保护消费者权益工作提出批评、建议。

三、经营者的义务

（一）依法或者依约履行的义务

经营者向消费者提供商品或者服务，应当依照《中华人民共和国产品质量法》和其他有关法律、法规的规定履行义务。经营者和消费者有约定的，应当按照约定履行义务，但双方的约定不得违背法律、法规的规定。与消费者相比，经营者在人力、物力、时间、财力等方面处于优势地位。国家为了维护消费者的弱者地位，规定经营者除了要履行与消费者约定的义务外，更要履行法定义务。

（二）听取意见和接受监督的义务

经营者应当听取消费者对其提供的商品或者服务的意见，接受消费者的监督。

听取消费者的意见、接受消费者的监督，是经营者的一项法定义务，经营者必须忠实地履行。经营者可以通过设立意见箱、留言簿、接受投诉台等方式接受消费者的投诉和建议，对消费者的意见应及时答复，对于批评应及时改正。

（三）保证商品或服务安全的义务

经营者应当保证其提供的商品或者服务符合保障人身、财产安全的要求。对可能危及人身、财产安全的商品和服务，应当向消费者作出真实的说明和明确的警示，并说明和标明正确使用商品或者接受服务的方法以及防止危害发生的方法。经营者发现其提供的商品或者服务存在严重缺陷，即使正确使用商品或者接受服务仍然可能对人身、财产安全造成危害的，应当立即向有关行政部门报告和告知消费者，并应采取防止危害发生的措施。

商品或服务对消费者人身、财产安全的威胁主要来自两个方面：一是商品或服务本身存在缺陷，主要是通过国家或行业协会制定标准，加强质量检查与监督来避免；二是商品或服务本身不存在缺陷，而是在使用过程中由于使用不当而造成的对消费者人身和财产的威胁，主要是靠经营者的说明和提示引起消费者注意，而得以避免。因此，经营者的警示说明义务必须作为经营者的法定义务。

（四）提供真实信息的义务

经营者应当向消费者提供有关商品或者服务的真实信息，不得作引人误解的虚假宣传。经营者对消费者就其提供的商品或者服务的质量和使用方法等问题提出的询问，应当作出真实、明确的答复。在价格标示方面，商店在提供商品时，应当明码标价。经营者应当标明其真实名称和标记。租赁他人柜台或者场地的经营者，应当标明其真实名称和标记。

向消费者提供商品和服务真实信息的义务分为两个阶段：一是在经营者作宣传的时候，一定要依照全面、真实的原则，不作虚假宣传和夸大宣传；二是在为消费者服务时，给予明确、认真、真实的解答，使消费者能够充分了解商品和服务的质量及使用方法等问题。

（五）出具相应的凭证和单据的义务

经营者提供商品或者服务，应当按照国家有关规定或者商业惯例向消费者出具购货凭证或服务单据；消费者索要购货凭证或者服务单据的，经营者必须出具。

购货凭证是指消费者从经营者手中取得商品后，由经营者给消费者开具的发票或者其他购物单据。服务单据是指消费者接受经营者的服务后，从经营者处取得的发票或其他书面凭据。购物凭证或者服务单据有发票、信誉卡、购物小票、服务卡、保修卡等形式。

（六）提供符合要求的商品或服务的义务

在正常使用商品或者接受服务的情况下，经营者应当保证其提供的商品或者服务应该具有的质量、性能、用途和有效期限；但消费者在购买该商品或者接受该服务前已经知道其存在瑕疵的除外。

经营者以广告、产品说明、实物样品或者其他方式表明商品或者服务的质量状况的，应当保证其提供的商品或者服务的实际质量与表明的质量状况相符。

（七）遵守公平交易原则的义务

经营者不得以格式合同、通知、声明、店堂告示等方式作出对消费者不公平、不合理的规定，或者减轻、免除其损害消费者合法权益应当承担的民事责任。格式合同、通知、声明、店堂告示等含有对消费者不公平、不合理的规定或者减轻、免除经营者损害赔偿责任等内容的，其内容无效。

格式合同是指经营者事先制定的对于经营者与消费者的权利与义务作出完整规定的合同，此种合同在消费者购买商品或接受服务时成立。店堂告示是指经营者在其经营场所内悬挂、张贴的带有告知性、警示性的标语、标牌，其内容主要是告知消费者在购买商品或接受服务时应当注意的一些问题。

（八）尊重消费者人身权的义务

经营者不得对消费者进行侮辱、诽谤，不得搜查消费者的身体及其携带的物品，不得侵犯消费者的人身自由。

中国浙江一对新婚夫妇，随旅游团到巴黎度蜜月。2008 年 2 月 11 日被导游例行带到巴黎某百货商场进行购物。因收银员工判断失误，将真币误认假币。收银员立刻招来商场保安，将二人强行带到地下保安部。二人因不懂法语，不知道发生了什么事，要求和领队及导游联系，得到粗暴的拒绝。在惊恐中等待了半个多小时后，保安带来了一名翻译和一位商场称为的"验钞专家"来检验真伪。最后这位"专家"认定是假钞，随即保安报警，警察将二人带到当地警察局。

在警察局他们遭受歧视性检查，并被冷嘲热讽，身心严重受辱。在真相没有查明之前，他们被像真正的罪犯一样对待。他们被要求交出身上的所有钱财，被拍照、按手印，脱光衣服检查，内衣被剪烂。他们被禁止走动，被手铐铐起来和真正的犯人关在一起。在折腾5个多小时后，翻译告诉他们，经过验钞专家小组的认定，这些钱都是真的，他们可以走了。他们噩梦一般被折磨后的结果，不过是一场误会。巴黎之旅给旅行团，尤其是新婚夫妇心理上留下的阴影，恐怕一辈子也难以抹去。

——摘自新华网，2008-2-15

◎问题：

本案例中的法国企业存在哪些过错行为？该如何处理？

（九）承担责任的义务

经营者提供商品或者服务，按照国家规定或者与消费者的约定，承担包修、包换、包退或者其他责任的，应当按照国家规定或者约定履行，不得故意拖延或者无理拒绝。

第二节 消费者权益的保护

一、国家对消费者权益的保护

（一）国家对消费者合法权益的立法保护

国家制定有关消费者权益的法律、法规和政策时，应当听取消费者的意见和要求。

我国消费者权益保护法的制定就是充分参考了消费者的意见，全面规定了消费者的权利和经营者的义务，体现了消费者的意志。

（二）国家对消费者合法权益的行政保护

各级人民政府应当加强领导，组织、协调、督促有关行政部门做好保护消费者合法权益的工作。各级人民政府应当加强监督，预防危害消费者人身、财产安全的行为发生，及时制止危害消费者人身、财产安全的行为。这就要求各级人民政府主动采取措施或督促其政府组成部门，预防危害消费者人身、财产安全的行为的发生。例如：各级人民政府可以发布消费警示，提醒广大消费者注意。

各级人民政府工商行政管理部门和其他有关行政部门应当依照法律、法规的规定，在各自的职责范围内，采取措施，保护消费者的合法权益。有关行政部门应当听取消费者及其社会团体对经营者交易行为、商品和服务质量问题的意见，及时调查处理。我国的政府组成部门中不仅工商行政管理部门承担维护消费者权益的工作，还有其他有关行政部门也承担着这项工作。这些其他有关行政部门包括：质量监督检验检疫部门、物价管理部门、卫生监督部门以及各行业主管部门等。

（三）国家对消费者合法权益的司法保护

有关国家公安机关、检察机关、审判机关应当依照法律、法规的规定，惩处经营者在提供商品和服务中侵害消费者合法权益的违法犯罪行为。

人民法院应当采取措施，方便消费者提起诉讼。例如书写起诉状确有困难的消费者，可以允许口头起诉，由人民法院记入笔录。对符合民事诉讼法起诉条件的消费者权益争议，必须受理，及时审理。在消费者纠纷的解决上，人民法院的判决和裁定对于惩罚不法经营者、维护消费者利益、补偿消费者损失有着举足轻重的作用。

二、消费者组织对消费者合法权益的保护

（一）消费者组织的概念

消费者组织是依法成立的对商品和服务进行社会监督的保护消费者合法权益的社会团体，包括消费者协会和其他消费者组织。

我国的消费者协会一般由工商行政管理、技术监督、物价、卫生等政府职能部门，行业管理部门、行业协会、新闻单位、社会团体以及消费者代表组成，具有半官方性质。

（二）消费者协会的职能

（1）向消费者提供消费信息和咨询服务；

（2）参与有关行政部门对商品和服务的监督、检查；

（3）就有关消费者合法权益的问题，向有关行政部门反映、查询，提出建议；

（4）受理消费者的投诉，并对投诉事项进行调查、调解；

（5）投诉事项涉及商品和服务质量问题的，可以提请鉴定部门鉴定，鉴定部门应当告知鉴定结论；

（6）就损害消费者合法权益的行为，支持受损害的消费者提起诉讼；

（7）对损害消费者合法权益的行为，通过大众传播媒介予以揭露、批评。

消费者组织不得从事商品经营和营利性服务，不得以牟利为目的向社会推荐商品和服务。这是法定的义务，必须履行。只有这样才能保证消费者组织的公正性和独立性，发挥其应有的作用。

三、消费者权益争议的解决

（一）争议解决的途径

（1）与经营者协商和解；

（2）请求消费者协会调解；

（3）向有关行政部门申诉；

（4）根据与经营者达成的仲裁协议提请仲裁机构仲裁；

（5）向人民法院提起诉讼。

（二）消费交易中赔偿主体的确定

1. 向销售者（服务者）要求赔偿

消费者在购买、使用商品时，其合法权益受到损害的，可以向销售者要求赔偿。销售者赔偿后，属于生产者的责任或者属于向销售者提供商品的其他销售者的责任的，销售者有权向生产者或者其他销售者追偿。消费者在接受服务时，其合法权益受到损害的，可以向服务者要求赔偿。

2. 向销售者或生产者要求赔偿

消费者或者其他受害人因商品缺陷造成人身、财产损害的，可以向销售者要求赔偿，也可以向生产者要求赔偿。属于生产者责任的，销售者赔偿后，有权向生产者追偿。属于销售者责任的，生产者赔偿后，有权向销售者追偿。

3. 向分立、合并后的企业要求赔偿

消费者在购买、使用商品或者接受服务时，其合法权益受到损害，因原企业分立、合并的，可以向变更后承受其权利义务的企业要求赔偿。

4. 向违法经营者或营业执照的持有人要求赔偿

使用他人营业执照的违法经营者提供商品或者服务，损害消费者合法权益的，消费者可以向其要求赔偿，也可以向营业执照的持有人要求赔偿。

5. 向销售者（服务者）或展销会的举办者、柜台的出租者要求赔偿

消费者在展销会、租赁柜台购买商品或者接受服务，其合法权益受到损害的，可以向销售者或者服务者要求赔偿。展销会结束或者柜台租赁期满后，也可以向展销会的举办者、柜台的出租者要求赔偿。展销会的举办者、柜台的出租者赔偿后，有权向销售者或者服务者追偿。

6. 向经营者或广告的经营者要求赔偿

消费者因经营者利用虚假广告提供商品或者服务，其合法权益受到损害的，可以向经营者要求赔偿。广告的经营者发布虚假广告的，消费者可以请求行政主管部门予以惩处。广告的经营者不能提供经营者的真实名称、地址的，应当承担赔偿责任。

四、侵害消费者权益的法律责任

(一) 经营者的法律责任

1. 经营者的民事责任

(1) 提供商品或者服务损害消费者权益的，应承担民事责任。

①商品存在缺陷的；

②不具备商品应当具备的使用性能而出售时未作说明的；

③不符合在商品或者其包装上注明采用的商品标准的；

④不符合商品说明、实物样品等方式表明的质量状况的；

⑤生产国家明令淘汰的商品或者销售失效、变质的商品的；

⑥销售的商品数量不足的；

⑦服务的内容和费用违反约定的；

⑧对消费者提出的修理、重做、更换、退货、补足商品数量、退还货款和服务费用或者赔偿损失的要求，故意拖延或者无理拒绝的；

⑨法律、法规规定的其他损害消费者权益的情形。

(2) 提供商品或者服务造成人身伤害或者死亡的，应承担民事责任。

经营者提供商品或者服务，造成消费者或者其他受害人人身伤害或者死亡的，应当支付医疗费、治疗期间的护理费、因误工减少的收入等费用；造成残疾的，还应当支付残疾者生活补助费、残疾赔偿金以及由其扶养的人所必需的生活费等费用；造成死亡的，还应当支付丧葬费、死亡赔偿金以及由死者生前扶养的人所必需的生活费等费用。

　　一名8岁男孩随父母参加三峡游时，把旅游船床位当蹦蹦床跳，结果跳进江里溺水身亡。虽然家长监护不力应当负担主要责任，但是船方安装滑动窗户是服务的安全隐患，应当负担次要责任。最后法庭判决船方赔偿小孩父母12万余元。

——摘自中国新闻网

◎问题：

1. 本案中船方是否损害了消费者的权利？

2. 如何避免此类事件的发生？

(3) 侵害消费者的人格权。

经营者违反规定，侵害消费者的人格尊严或者侵犯消费者人身自由的，应当停止侵害、恢复名誉、消除影响、赔礼道歉，并赔偿损失。

(4) 提供商品或者服务造成消费者财产损害。

经营者提供商品或者服务，造成消费者财产损害的，应当按照消费者的要求，以修理、重做、更换、退货、补足商品数量、退还货款和服务费用或者赔偿损失等方式承担民事责任。消费者与经营者另有约定的，按照约定履行。

（5）"三包"责任。

对国家规定或者经营者与消费者约定包修、包换、包退的商品，经营者应当负责修理、更换或者退货。在保修期内两次修理仍不能正常使用的，经营者应当负责更换或者退货。

对包修、包换、包退的大件商品，消费者要求经营者修理、更换、退货的，经营者应当承担运输等合理费用。

（6）邮购方式提供商品。

经营者以邮购方式提供商品的，应当按照约定提供。未按照约定提供的，应当按照消费者的要求履行约定或者退回货款；并应当承担消费者必须支付的合理费用。

（7）以预收款方式提供商品或者服务。

经营者以预收款方式提供商品或者服务的，应当按照约定提供。未按照约定提供的，应当按照消费者的要求履行约定或者退回预付款；并应当承担预付款的利息、消费者必须支付的合理费用。

某旅行社在一跨国旅游业务中，由于航班延误，导致 20 名游客行程更改，尼泊尔段旅游未得以进行，并因而滞留印度。因为旅行社已经预收全额团款，其表示将退还游客该段团费，每人人民币 2000 元，国际联程机票中从德里至加德满都段的机票价款为每人人民币 830 元。此外，对于计划行程外游客滞留在印度期间已发生的食宿、地接等费用（约人均人民币 1000 元），旅行社表示将全部予以承担。而且旅行社承诺在未来一年内，可为此事件中的每位游客提供价值相当于人民币 1500 元的旅游产品和服务。

——摘自新浪网

◎问题：
本案例中，旅行社的行为是否合理？为什么？

（8）提供不合格商品，消费者要求退货的，经营者应当负责退货。
产品的质量应当符合下列要求：
①不存在危及人身、财产安全的不合理的危险，有保障人体健康和人身、财产安全的国家标准、行业标准的，应当符合该标准；
②具备产品应当具备的使用性能，但是，对产品存在使用性能的瑕疵作出说明的除外；

③符合在产品或者其包装上注明采用的产品标准，符合以产品说明、实物样品等方式表明的质量状况。

某旅行社组织东北游客300人游览长江三峡。由于时值旅游旺季，游船供不应求，原定游船不能到位，旅行社只能找到一艘非常破旧的船。游客上船一看，发现船况很差，与旅行社原先的承诺有出入，为安全起见，众人遂拒绝上船，要求退钱返程。双方就此发生不愉快，游客投诉至旅游主管部门。

◎问题：

1. 旅行社存在哪些过错行为？

2. 本案例对我们有何启示？

（9）欺诈行为

经营者提供商品或者服务有欺诈行为的，应当按照消费者的要求增加赔偿其受到的损失，增加赔偿的金额为消费者购买商品的价款或者接受服务的费用的一倍。

欺诈消费者行为是指经营者在提供商品或者服务中，采取虚假或者其他不正当手段欺骗、误导消费者，使消费者的合法权益受到损害的行为。

因为"消法"中有"退一赔一"的规定，于是当游客不满意某一项行程安排时，就会要求旅行社"退一赔一"。其实，"退一赔一"应当在"经营者有故意欺诈行为"时才适用。旅游团服务质量出问题，游客有权投诉，但是如果因此而拒绝继续行程，反而得不到法律的支持。近来频频出现游客不满旅行社安排而"罢游"的情况，大多是因为旅行社的安排或者航空公司飞机延误引起游客不满，而游客无法理性维权，严重的还会耽误整个旅游团的行程。签订合同的双方，如果一方违约后，另一方不能以此为由扩大损失，所以"罢游"行为不受法律保护。

2. 经营者的行政责任

经营者有下列情形之一，产品质量法和其他有关法律、法规对处罚机关和处罚方式有规定的，依照法律、法规的规定执行；法律、法规未作规定的，由工商行政管理部门责令改正，可以根据情节单处或者并处警告、没收违法所得、处以违法所得一倍以上五倍以下的罚款，没有违法所得的，处以一万元以下的罚款；情节严重的，责令停业整顿、吊销营业执照：

（1）生产、销售的商品不符合保障人身、财产安全要求的；

（2）在商品中掺杂、掺假，以假充真，以次充好，或者以不合格商品冒充合格商品的；

（3）生产国家明令淘汰的商品或者销售失效、变质的商品的；

（4）伪造商品的产地，伪造或者冒用他人的厂名、厂址，伪造或者冒用认证标志、名优标志等质量标志的；

（5）销售的商品应当检验、检疫而未检验、检疫或者伪造检验、检疫结果的；

（6）对商品或者服务作引人误解的虚假宣传的；

（7）对消费者提出的修理、重做、更换、退货、补足商品数量、退还货款和服务费用或者赔偿损失的要求，故意拖延或者无理拒绝的；

（8）侵害消费者人格尊严或者侵犯消费者人身自由的；

（9）法律、法规规定的对损害消费者权益应当予以处罚的其他情形。

经营者对行政处罚决定不服的，可以自收到处罚决定之日起 15 日内向上一级机关申请复议，对复议决定不服的，可以自收到复议决定书之日起 15 日内向人民法院提起诉讼；也可以直接向人民法院提起诉讼。

3. 经营者的刑事责任

经营者提供商品或者服务，造成消费者或者其他受害人人身伤害或者死亡，构成犯罪的，依法追究刑事责任。

（二）阻碍行政执法人员依法执行职务的法律责任

以暴力、威胁等方法阻碍有关行政部门工作人员依法执行职务的，依法追究刑事责任；拒绝、阻碍有关行政部门工作人员依法执行职务，未使用暴力、威胁方法的，由公安机关依照《中华人民共和国治安管理处罚条例》的规定处罚。

（三）国家机关工作人员玩忽职守或者包庇经营者的法律责任

国家机关工作人员玩忽职守或者包庇经营者侵害消费者合法权益的行为的，由其所在单位或者上级机关给予行政处分；情节严重构成犯罪的，依法追究刑事责任。

【本章小结】

本章主要阐述了消费者权益保护法律制度、消费者权益保护法的基本原则；消费者的权利和经营者的义务，争议的解决以及法律责任等。阐明了消费者权益保护是国家的一项基础性制度，是每一位消费者的基本权益，也是全社会的共同责任。

【复习思考题】

1. 消费者权益保护法的基本原则有哪些？

2. 消费者和经营者之间的争议可以通过哪些途径解决？

3. 经营者侵害消费者权益的民事责任有哪些？

【实务训练】

两年前吴先生在一家星级饭店举办婚宴，得到餐厅送出的 1000 元免费餐券。之后还没来得及消费，吴先生因公被派出国工作。日前吴先生回国，到该餐厅用餐，结账时餐厅称免费餐券已作废。几经交涉，餐厅负责人答复：开业之初确实搞过此类活动，但现在已开业两年了，当初的免费餐券已取消，因为免费餐券是一种赠与行为，赠与人有权撤销赠与。

◎问题：

1. 免费餐券是不是一种赠与行为？
2. 吴先生还能不能使用此免费餐券？

【案例分析】

2002 年 9 月 6 日，深圳游客一行 7 人经深圳旅游有限公司组织安排，由香港搭乘新加坡航空公司的班机过境新加坡去马尔代夫旅游。不料在香港机场登机前，7 人均被新航强制性收取了护照和机票等旅行文件，并且在旅行途中受到保安人员的"特殊看管"，连去机场洗手间也须向保安人员报告。

新航公司班机到达马尔代夫后，新航公司并未将扣留的证件归还给 7 名中国游客，而是待其他乘客全部下机完毕，才将这 7 人连人带证件直接移送至马尔代夫入境部门。经 1 个多小时的审查后，7 名中国游客被放行。与此相对应的是，同机的韩、美等国的旅客并未受到任何"特殊对待"。

2002 年 10 月，当事人之一的陈先生回到深圳后，向法院递交了诉状，要求新航和负责组织此次出境游的深圳旅游有限公司在指定媒体上公开道歉、赔偿精神损失人民币 30 万元，并承担诉讼费用。

◎问题：

1. 消费者的什么权利被侵害？
2. 经营者应当怎样承担责任？
3. 根据我国消费者权益保护法，陈先生能胜诉吗？

第六章 旅游安全法规实务

【学习目标】

了解旅游安全管理的主要内容。

掌握旅游安全事故等级的划分以及各级旅游安全事故的处理程序。

【章首案例】

2006年6月8日，神农架旅游发展集团有限公司驾驶员张宏伟驾驶"江苏金龙"大型客车，接深圳国旅组织的港星之旅"三峡神农武当十二日游"旅游团20名香港游客从湖北巴东前往神农架。当车行至宜昌兴山县境内时，坠入公路右侧的河边，造成3人死亡、1人重伤、11人轻伤。

接到报警后，兴山县立即组织公安交警第一时间赶赴现场，开展现场救治和勘查工作。同时启动医疗急救应急预案，组建专家组、医疗组、药品供给组、护理小组、宾馆救治组、应急小分队等全力以赴开展救治工作。

事故发生后，湖北省政府副秘书长杨朝中带领有关部门负责人于9日凌晨4点左右抵达兴山县城，现场指挥救援工作。宜昌市委、市政府立即成立了以市委常委、常务副市长王传豪为组长的事故处理领导小组，下设医疗抢救、善后处理、事故调查、接待工作4个专班。

经过各方努力，救治工作顺利进行，三名遇难游客的家属均获得了18.9万元人民币的赔偿，其他受伤游客也领取到相应的赔偿。

——摘自中新社湖北新闻网，2006-6-9，作者：全安华

◎问题：

1. 哪些情况容易导致旅游交通安全事故？

2. 旅游安全事故会造成什么影响？

3. 一般情况下，该如何处理此类安全事故？

第一节　旅游安全概述

一、旅游安全

旅游安全问题涉及旅游活动中食、住、行、游、购、娱的各个环节，加强旅游安全管理，确保旅游者的人身财产安全，是旅游者在旅游过程中获得精神愉悦的前提，也是旅游企业及地方旅游业发展的需要。

1990年国家旅游局颁布施行了《旅游安全管理条例暂行办法》，自此又先后颁布了《重大旅游安全事故报告制度试行办法》、《重大旅游安全事故处理程序试行办法》、《旅游安全管理暂行办法实施细则》和《旅行社办理旅游意外保险暂行规定》，并于1998年颁布了《漂流旅游安全管理暂行办法》。这一系列法规的出台标志着我国旅游安全管理正逐步走向规范化和法制化。

根据《旅游安全管理暂行办法》的相关规定，旅游安全管理工作应当贯彻"安全第一，预防为主"的方针，以保障旅游者人身财产安全。

"安全第一"是指在旅游活动过程中，旅游行政部门、旅游企业及其旅游从业人员，必须始终把旅游安全工作放在首要位置，不能有丝毫懈怠。"预防为主"则指旅游安全管理工作要防患于未然，对于旅游活动中可能发生的旅游事故要预防在先，彻底清除安全隐患，切不可等到事故发生后追悔莫及。总之，贯彻"安全第一，预防为主"的方针，就要求各级旅游行政部门、各个旅游企业和旅游从业人员具备良好的安全责任意识和风险防范意识，建立健全各项旅游安全规章制度，严格按照规章制度去做，确保旅游安全管理工作顺利进行。

某旅行社组织一旅游团队到一景区漂流，开始漂流时，每10名游客上一条竹筏，竹筏长约6米，宽2.5米，由粗毛竹制成。由于竹筏在水中长时间浸泡，连接毛竹的铁钉严重锈蚀，故当竹筏漂至一水流湍急之处时，立即散架，10名游客和2名艄公全部落入水中，一名游客不幸溺水身亡，其他游客均受了轻伤，幸被及时搭救。相关部门对此事故进行调查，发现竹筏已使用多年未进行修葺或更换，艄公也是临时请来的民工，无上岗证。

——摘自北方网

◎问题：
该案例中，漂流经营单位有哪些行为违反了相关法律、法规？

二、旅游安全管理机构及职责

我国旅游安全管理工作实行在国家旅游管理部门的统一领导下,各级旅游行政部门分级管理的体制,遵循"统一领导,分级管理,以基层为主"的基本原则。

(一) 国家旅游行政部门安全管理工作的职责

(1) 制定国家旅游安全管理规章,并组织实施;

(2) 会同国家有关部门对旅游安全实行综合治理,协调处理旅游安全事故和其他安全问题;

(3) 指导、检查和监督各级旅游行政部门和旅游企事业单位的旅游安全管理工作;

(4) 负责全国旅游安全管理的宣传、教育工作,组织旅游安全管理人员的培训工作;

(5) 协调重大旅游安全事故的处理工作;

(6) 负责全国旅游安全管理方面的其他有关事项。

(二) 县级以上 (含县级) 地方旅游行政部门的职责

(1) 贯彻执行国家旅游安全法规;

(2) 制定本地区旅游安全管理的规章制度,并组织实施;

(3) 协同工商、公安、卫生等有关部门,对新开业的旅游企事业单位的安全管理机构、规章制度及其消防、卫生防疫等安全设施、设备进行检查,参加开业前的验收工作;

(4) 协同公安、卫生、园林等有关部门,开展对旅游安全环境的综合治理工作,防止向旅游者敲诈、勒索、围堵等不法行为的发生;

(5) 组织和实施对旅游安全管理人员的宣传、教育和培训工作;

(6) 参与旅游安全事故的处理工作;

(7) 受理本地区涉及旅游安全问题的投诉;

(8) 负责本地区旅游安全管理的其他事项。

秭归"零目标"管理旅游安全

为促进秭归旅游业快速健康发展,秭归县文化旅游局在全县推行"零疏漏、零隐患、零报告、零事故"旅游安全工作"零目标"管理模式,确保中外旅客安全、健康、舒心地旅游秭归。

各旅游企业及单位建立健全安全责任体系,确保安全组织机构领导是单位负责人、安全岗位齐全、安全职责明确、安全人员充足。目前,每个安全岗位已配备了2名专门工作人员和1名补充人员,各个安全岗位的职责已以书面的形式对外明确公开。

"零目标"管理的核心内容是实现"零隐患"。为实现这一核心目标，秭归县文化旅游局从安全隐患的源头抓起，把安全作为旅游项目可行性研究的第一要素，"封杀"存在重大安全隐患和缺乏有效安全防范措施的项目。为了让安全工作"不输在经费投入上"，九畹溪风景区还投资100余万元新购置安全帽、救生衣等安全设施3000余套。

此外，秭归县文化旅游局还推出旅游安全信息"零报告"制度，要求各景区无论有无安全事故出现，每天下午旅游结束时，必须在规定时间内上报当天安全情况。旅行社实行周报告制与零报告制结合，宾馆实行月报告制与零报告制结合。这些强硬的管理措施，将确保安全管理实现"零事故"目标，让每一位中外旅客安全、健康、舒心地畅游秭归。

——摘自三峡秭归旅游网

◎问题：
本案例对加强旅游安全工作有哪些启示？

（三）旅行社、旅游饭店、旅游汽车和游船公司、旅游购物商店、旅游娱乐场所和其他经营旅游业务的企事业单位是旅游安全管理工作的基层单位，其安全管理工作的职责

（1）设立安全管理机构，配备安全管理人员；

（2）建立安全规章制度，并组织实施；

（3）建立安全管理责任制，将安全管理的责任落实到每个部门、每个岗位、每个职工；

（4）接受当地旅游行政部门对旅游安全管理工作的行业管理和检查、监督；

（5）把安全教育、职工培训制度化、经常化，培养职工的安全意识，普及安全常识，提高安全技能，对新招聘的职工，必须经过安全培训，合格后才能上岗；

（6）新开业的旅游企事业单位，在开业前必须向当地旅游行政部门申请对安全设施设备、安全管理机构、安全规章制度的检查验收，检查验收不合格者，不得开业；

（7）坚持日常的安全检查工作，重点检查安全规章制度的落实情况和安全管理漏洞，及时消除安全隐患；

（8）对用于接待旅游者的汽车、游船和其他设施，要定期进行维修和保养，使其始终处于良好的安全技术状况，在运营前进行全面的检查，严禁带故障运行；

（9）对旅游者的行李要有完备的交接手续，明确责任，防止损坏或丢失；

（10）在安排旅游团队的游览活动时，要认真考虑可能影响安全的诸项因素，制定周密的行程计划，并注意避免司机处于过分疲劳状态；

（11）负责为旅游者投保；

（12）直接参与处理涉及本单位的旅游安全事故，包括事故处理、善后处理及赔偿事项等；

（13）开展登山、汽车、狩猎、探险等特殊旅游项目时，要事先制定周密的安全保护预案和急救措施，重要团队需按规定报有关部门审批。

总而言之，国家旅游局统一领导我国的旅游安全管理工作；地方各级旅游行政部门具体管理本行政区域内的旅游安全工作；各旅游经营企业作为旅游安全管理工作的基层单位，要将旅游安全工作落到实处，做出成效。

第二节　旅游安全事故的处理

一、旅游安全事故的等级划分

据《旅游安全管理暂行办法实施细则》规定，旅游安全事故是指凡涉及旅游者人身、财务安全的事故，可分为轻微、一般、重大和特大事故四个等级。

轻微事故是指一次事故造成旅游者轻伤，或经济损失在 1 万元以下者；

一般事故是指一次事故造成旅游者重伤，或经济损失在 1 万（含 1 万）至 10 万元者；

黄先生是某保险公司职工，去年黄金周期间，由旅游公司组织黄某单位的职工到市内某知名旅游风景区旅游。黄先生在旅游景区游玩时，因地面湿滑不慎滑倒受伤，花费医疗费数万元。随后黄某以侵权为由，向人民法院起诉要求旅游公司和旅游景区对其受伤承担连带赔偿责任。法院经审理认为，本案中造成黄先生受伤的原因就是地面湿滑，旅游景区应当针对自己经营的场地地面湿滑采取有效的防范措施，而旅游公司作为此次旅游的组织者，没有尽到提醒旅游者注意安全的义务。黄先生与旅游公司、旅游景区达成调解协议，由旅游公司赔偿黄某 5 万元医疗费用。

——摘自中新社重庆网

◎问题：

1. 本案例中的安全事故属于何种等级？

2. 本案例中安全事故责任是如何判定的？

　　重大事故是指一次事故造成旅游者死亡或旅游者重伤致残，或经济损失在10万（含10万）至100万元者；

　　特大事故是指一次事故造成旅游者死亡多名，或经济损失在100万元以上，或性质特别严重，产生重大影响者。

　　2005年7月，由天马旅行社组团，襄十高速公路经营有限公司职工25人利用休假，前往神农架、宜昌旅游。旅游团乘坐的鄂C81636的东风旅游客车由神农架木鱼镇沿209国道向宜昌方向行驶，车行至兴山县南阳镇湘坪路段时，山上突然落下3块巨石，正好击中行驶中的客车右部靠后车顶篷上，致使顶篷塌陷，车架被击垮。当地警方闻讯赶到现场，撬开已被砸瘪的车架，救出不少乘客。但这次意外事故，仍造成5人死亡，其中4名为女性，另有10人受伤。该事故经兴山县公安局交通警察大队认定，为当地接连几天连降暴雨，促使山体开裂，风化沙石偶然自动崩裂脱落，砸中行经山区道路客车所致。

　　　　　　　　　　　　　　　——摘自十堰晚报，2006-12-10，作者：方元

　　◎问题：

　　1. 本案例中的安全事故属于何种等级？

　　2. 本案例中造成安全事故的原因是什么？

二、旅游安全事故的处理程序

（一）旅游安全事故处理的一般程序

　　1. 逐级上报

　　陪同人员应当立即上报主管部门，主管部门应当及时报告归口管理部门。在旅游活动过程中，如果发生旅游安全事故，陪同人员应当及时向其所在的旅行社和当地旅游行政部门报告。当地旅游行政部门在接到一般、重大和特大旅游安全事故报告后，要尽快向当地人民政府报告，对于重大、特大旅游安全事故，要同时向国家旅游行政部门报告。

　　2. 保护现场

　　会同事故发生地的有关单位严格保护现场。旅游事故发生后，现场的相关人员，不管是地陪、全陪还是司机游客等，都有义务保护好现场，配合当地公安机关或其他部门的工作。

　　3. 组织抢救

　　协同有关部门进行抢救，侦查。事故相关人员要积极配合公安、救援等部门，组织对伤亡者进行抢救，处理善后事宜。

　　4. 领导到位

有关单位负责人应及时赶赴现场处理。旅游事故发生后，相关单位如地接社、组团社、旅游车船公司、事故发生地和客源地的旅游行政部门的负责人都要及时赶赴现场，进行现场指挥领导，对安全事故进行处理。

（二）重大旅游安全事故处理程序

1. 重大旅游安全事故

重大旅游安全事故是指一次事故造成旅游者死亡或旅游者重伤致残，或经济损失在 10 万（含 10 万）至 100 万元者；在《重大旅游安全事故处理程序试行办法》中详细规定，重大旅游安全事故是指：造成海外旅游者人身重伤、死亡的事故；涉外旅游住宿、交通、游览、餐饮、娱乐、购物场所的重大火灾及其他恶性事故；其他经济损失严重的事故。

2. 重大旅游安全事故的处理程序

（1）由事故发生地区政府协调有关部门以及事故责任方及其主管部门负责，必要时可成立事故处理领导小组。

（2）报告单位应立即派人赶赴现场，组织抢救工作，保护事故现场，并及时报告当地公安部门。报告单位如不属于事故责任方或责任方的主管部门，应按照事故处理领导小组的部署做好有关工作。

（3）写出书面报告。事故处理结束后，报告单位要认真总结经验教训，写出书面报告，报告单位需认真总结事故发生和处理的全面情况，并做出书面报告，内容包括：事故经过及处理；事故原因及责任；事故教训及今后防范措施；善后处理过程及赔偿情况；有关方面及事主家属的反映；事故遗留问题及其他。

如有伤亡情况的，应按照以下程序进行处理：

（1）立即组织医护人员进行抢救，并及时报告相关部门，如果伤亡中有海外游客，应及时报告当地外事部门及国家旅游局。

（2）协助保护遇难者的遗体、遗骸，协助清理和保护现场的行李物品，并逐项登记造册。事故发生后，报告单位应在及时组织救护的同时，核查伤亡人员的团队名称、国籍、姓名、性别、年龄、护照号码以及在国内外的保险情况，并进行登记。

（3）通知相关方面。伤亡人员中有海外游客的，责任方和报告单位核查清楚后，要及时报告当地外办和中国旅游紧急救援协调机构；由后者负责通知有关方面。有关组团旅行社应及时通知有关海外旅行社，并向伤亡者家属发慰问函电。

（4）协助提供相关证明。在伤亡事故的处理过程中，责任方及其主管部门要认真做好伤亡家属的接待、遇难者的遗体和遗物的处理以及其他善后工作，并负责联系有关部门为伤残者或伤亡者家属提供以下证明文件：为伤残人员提供医疗部门出具的"伤残证明书";为骨灰遣返者提供法医出具的"死亡鉴定书"、丧葬部门出具的"火化证明书";为遗体遣返者提供法医出具的"死亡鉴定书"、医院出具的"尸体防腐证明书",防疫部门检疫后出具的"棺柩出境许可证"。

（三）特大旅游安全事故处理程序

1. 特大旅游安全事故

特大旅游安全事故是指一次事故造成旅游者死亡多名,或经济损失在 100 万元以上（含 100 万元）,或者性质特别严重,产生重大影响的旅游安全事故。

2. 特大旅游安全事故处理程序

依据国务院于 1989 年颁布的《特别重大事故调查程序暂行规定》,特大旅游安全事故发生后,应按照以下程序来进行处理:

（1）立即报告。事故发生单位应立即将所发生的特大旅游安全事故的情况报告上级归口管理部门和所在地地方人民政府,并报告所在地省、自治区、直辖市人民政府和国务院归口管理部门;并且在 24 小时内写出书面事故报告,报送上述部门。如涉及军民两个方面的特大事故,事故发生单位应在事故发生后将所发生的特大事故的情况上报给当地警备司令部和最高军事机关,并在 24 小时之内写出事故报告,报送上述单位。省、自治区、直辖市人民政府和国务院归口管理部门,在接到特大事故报告后,应立即向国务院做出报告。

（2）保护现场。特大事故发生地公安部门得知发生特大事故后,应当立即派人赶赴现场,负责事故现场的保护和证据收集工作。对于特大事故现场的勘察工作,由特大事故发生单位所在地和地方人民政府负责组织相关部门进行。

（3）组织调查。根据规定,特大事故发生后,按照事故发生单位的隶属关系,由省、自治区、直辖市人民政府或者国务院归口管理部门组织成立特大事故调查组,负责特大事故的调查工作。此外,对于某些特大事故,国务院认为应当由国务院调查的,则决定由国务院或者国务院授权的部门组织成立特大事故调查组。

（4）写出事故调查报告。由特大事故调查组写出的事故调查报告,应当报送组织调查的部门。经组织调查的部门同意,调查工作即告结束。

（四）国外旅游者重大伤亡事故处理程序

1. 处理外国旅游者重大伤亡事故时,应当注意的事项

（1）立即通过外事管理部门通知有关国家驻华使领馆和组团单位。

（2）为前来了解、处理事故的外国使领馆人员的组团单位及伤亡者家属提供方便。

（3）与有关部门协调,为国际急救组织前来参与对在国外投保的旅游者

（团）的伤亡处理提供方便。

（4）对在华死亡的外国旅游者严格按照外交部《外国人在华死亡后的处理程序》进行处理。

（5）对于外国旅游者的赔偿，按照国家有关保险规定妥善处理。

2. 国外旅游者重大伤亡事故处理程序

依据《外国人在华死亡后的处理程序》，国外旅游者重大伤亡事故发生后，应按照以下程序处理：

（1）死亡的确定。死亡分正常死亡和非正常死亡。因健康原因自然死亡的，谓正常死亡；因意外事故或突发事件死亡的，谓非正常死亡。

（2）通知外国驻华使领馆及死者家属。根据《维也纳领事关系公约》或《双边领事条约》的规定，以及国际惯例，外国人在华死亡后应尽快通知死者家属及其所属国家驻华使领馆。

（3）尸体解剖。正常死亡者或死因明确的非正常死亡者，一般不需作尸体解剖，死因不明的非正常死亡者，为查明死因，需进行解剖时由公安、司法机关按有关规定办理。

（4）出具证明。正常死亡，由县级或县级以上医院出具"死亡证明书"。如死者生前曾住医院治疗或抢救，应其家属要求，医院可提供"诊断书"或"病历摘要"。非正常死亡，由公安机关的法医出具"死亡鉴定书"。

（5）对尸体的处理。在华死亡的外国人尸体，可在当地火化，亦可运回其国内。处理时，应尊重死者家属或所属国家驻华使领馆的意愿。

（6）骨灰和尸体运输出境。骨灰运输，托运人必须提供医院出具的"死亡证明书"或法医出具的"死亡鉴定书"，及殡葬部门出具的"火化证明书"。尸体、棺柩出境须备以下证明：由医院或公安、司法机关出具的"死亡证明书"或者"死亡鉴定书"，亦可由有关涉外公证处出具的"死亡公证书"代替上述证明书；由殡仪部门出具的"防腐证明书"；由防疫部门出具的"尸体检疫证明书"；海关凭检疫机关出具的"尸体、棺柩出境许可证明书"放行。

（7）遗物的清点和处理。清点死者遗物应有死者家属或其所属国家驻华使领馆官员和我方人员在场。如家属或者驻华使领馆官员明确表示不能到场时，可请公证处人员到场，并由公证员将上述人员不能到场的事实和原因注明。遗物清点必须造册，列出清单，清点人均应签字。

（8）写出《死亡善后处理情况报告》。死者善后事宜处理结束后，由接待或聘用单位写出《死亡善后处理情况报告》。无接待或聘用单位的，由处理死者善后事宜的公安机关或司法机关写出。

【本章小结】

本章介绍了旅游安全管理机构及职责；旅游安全事故的等级划分及处理程序。

【复习思考题】

1. 简述我国旅游安全管理方针和基本原则。
2. 旅游安全事故的等级是如何划分的？
3. 如何预防和处理安全事故？

【实务训练】

武汉女青年黄某单位 30 多位同事一起到宜昌某景区漂流。漂流开始后，黄某和男同事路某同坐一条船顺水漂在第二位。大约半小时后，小船到达第九号救生位（第三个险滩）时，溪流转弯处出现一块大石头，前面一条船在激流中翻倒，黄某的船与之碰撞随后翻倒。两条船上四人一起沉入水底，其中两位男同事漂至下游自救成功，路某也被救生员救起，而黄某被卡在水流很急的地方沉入水底未能浮起。负责在此处救生的九号救生员发现后，便潜入水中施救，但不成功；接着陆续赶来七八名救生员，因水流太急，距事发时间约半个小时后仍没将其救起，最后他们用救生衣上的绳子将黄某绑住才将其拖上岸。救生员说，黄某出水时口吐白沫，四肢僵硬，他们为她倒了水，但并没有拨打120 等急救电话。该漂流经营企业的负责人在未能赶至事故现场的情况下，仅在电话里听了救生员对溺水者的表象描述后，在没有医院出具结论证明的情况下，就草率地通知将黄某送往殡仪馆。途经一家医院时，救生员下车简单询问了医生，得知黄某没救后，他们便未将黄某抬进医院抢救。事后，相关调查表明，该景区救生员无一持救生员资格证，均属临时招募、无证上岗。此外，该地漂流现场缺乏必备的竹篙、绳索等救生器材。

——摘自武汉晚报

◎问题：

1. 如果你是该景区负责人，这类旅游安全事故发生后，应如何处理？
2. 如果你是该景区负责人，如何预防旅游安全事故的发生？

【案例分析】

2003 年 10 月 29 日，由四川省中国旅行社组团的新加坡和马来西亚游客，当日乘坐成都市汽车运输总公司旅游分公司的普通大客车，从九寨沟县神仙池驶往茂县，车核载49人，实载45人，其中，领队1人、导游1人、正副驾驶各1人，游客42人中有34人来自新加坡、7人来自马来西亚、1人来自印度尼西亚。当旅游车行驶到九松路85公里一弯道处，突然驶出路肩，翻于约3米深的坎下，造成1名新加坡游客心脏病突发，当场死亡，38人重伤。

事故发生后，当地政府迅速组织人员前往抢救。九寨沟县于当天下午16时接报后，阿坝藏族羌族自治州委、州政府和九寨沟县委、县政府、九寨沟管理局主要领导迅速带领县卫生局、县医院等单位负责人及医护人员，赶赴现场施救，受伤人员被及时送到当地医院接受救治，一名伤势较重的伤员在接受手术治疗后，已脱离生命危险。

当晚，四川航空公司在成都双流国际机场的配合下，紧急调度一架专机，省安办主任钟兆基和成都市委常委高勇率领由外办、旅游、公安、卫生等省市部门负责人组成的联合工作组和8名专家组成的医疗小组，连夜乘飞机赶到九寨沟县，看望和抢救伤员，慰问死者家属。同时，成都市市长葛红林连夜召开紧急会议，研究部署伤员抢救及善后处理工作。

次日，通过专家小组会诊，在确保安全的情况下，除将接受手术的一位伤员继续留在九寨沟县医院观察治疗外，其余伤员乘专机于第二天上午10时20分安全抵达成都，等候在机场的16台救护车将伤员接送到四川大学华西医院、四川省人民医院进行治疗。

在各级部门的共同努力下，这次交通事故中唯一一位遇难者的遗体在死者家属的护送下回国。其他受伤游客均已康复回国。按照我国相关法律，理赔工作也进行得比较顺利。

事后，对事故原因的调查表明，驾驶旅行车的成都市汽车运输总公司驾驶员李继忠负此次事故的全部责任。李继忠在弯道行驶时车速过快、临危处置不当是造成这次事故的主要原因。当时，在弯道行驶时速度偏快，游客已对其提出警示，但李未予采纳。李继忠本人也承认，他在弯道行驶时，车速达到了70公里/小时，而九松公路的弯道处限速为40公里/小时。由于车速过快，李继忠临危处理不够及时，旅行车冲出路面，翻倒在3米高的土坡下。

——摘自四川在线，2003-10-30，作者：熊艳

◎问题：

1. 何为旅游安全事故？案例中所发生的旅游安全事故为何种等级？

2. 结合案例，如出现案例中所述等级的旅游安全事故，应如何处理？

3. 如有外国旅游者在我国旅游过程中出现伤亡情况，应如何处理？

第七章　旅游保险法规实务

【学习目标】

了解旅游保险的特点和种类。

掌握旅游保险合同的内容和订立。

熟悉旅游保险理赔的处理程序和方法。

【章首案例】

2005 年 10 月 27 日，家住武夷山市星村镇朝阳村的 68 岁老人郑以林，与武夷山某旅行社签订了《武夷山国内组团标准合同》，缴纳了 1940 元团费。但订立合同时，该旅行社没有向郑老汉推荐且未给老人购买旅游意外伤害保险。随后，老人于当年 11 月 4 日高兴地参加了武夷山—北京双飞五日游。

11 月 7 日上午 9 时许，老人在北京旅游时，在旅游车上吃馒头被噎发病，在突发事件面前，导游没有及时叫来救护车将老人送往医院救治，而是继续带领游客前往圆明园景点旅游，把急需救治的老人放在车上。在同团游客的催促下，直至下午 2 点 57 分才将老人送往北京红十字会急诊抢救中心医治，结果延误了医疗抢救时间，导致老人病情恶化，诊断为右侧脑梗塞，溶栓术后并发脑出血、左肘皮擦伤。

11 月 8 日，郑老汉女儿与武夷山某旅行社总经理赶至北京，协调老人医疗事宜，经手术，老人于 11 月 22 日在儿女及 1 位医护人员陪同下，乘火车回到武夷山，继续治疗，至 12 月 11 日出院时仍为半身瘫痪，总共花医疗费 3.9 万余元。随后，老人女儿将武夷山某旅行社告上法庭，要求该旅行社赔偿给旅游者造成的相关损失。

——改编自新华网

◎ 问题：

1. 该旅行社导游有哪些过错行为？

2. 武夷山某旅行社是否构成违约？

3. 郑老汉的人身意外伤害损失应由谁负责赔偿？

据统计,全球每年因旅游死亡的人数超过 10 万。旅游安全已成为旅游出行者最关注的问题。虽然天灾人祸无法阻止,但我们可以通过各种旅游保险等措施来避免和减少灾难可能带来的损失,享受平安、愉悦的旅程。

第一节　旅游保险概述

一、旅游保险

旅游保险是指投保人根据合同的约定,向保险人支付保险费,保险人对合同约定的在旅游活动中可能发生的事故因其发生所造成的财产损失承担赔偿保险金责任,或者当被保险人在旅游活动中死亡、伤残、疾病时承担赔偿保险金责任的商业保险行为。

（一）旅游保险的特点

1. 保证性

旅游保险的保证性是指保险人对被保险人在旅游全过程中的安全负责,即对被保险人在旅游过程中的人身和财产安全负责,即保险人向旅游者保证在其遭受自然灾害或意外事故时,给予经济赔偿。

2. 补偿性

旅游保险的补偿性是指被保险人所得到的赔偿费具有补助救济的性质。其最高的补偿金额只能以保险金额为限度,超过部分保险人不承担赔偿责任。

3. 短期性

旅游保险的短期性是指旅游保险与其他保险相比,它的有效期较短。有的是以旅行的行程计算的,例如,乘坐汽车、火车、轮船或飞机旅行的,一般以检票上车（船或飞机等）开始计算,到抵达目的地下车（船或飞机等）为止。近距离的旅行少则几个小时,远距离的旅行多则几天。有的是以旅游景点或游览的次数计算的,例如,游览泰山、黄山、华山等,就以检票上山开始计算,到游完下山为止。有的是以旅行社接待计算的,例如,从 2008 年 4 月 30 日起,凡由我国旅行社外联组织接待的海外来华旅游者（包括华侨、港澳台同胞在内）,在华期间统一实行旅游意外保险。从以上旅游形式和类型分析来看,无论何种形式和类型的旅游,保险的有效期都是比较短的。

（二）旅游保险中的风险

风险是指可能发生但尚未发生的危险。在旅游活动中可能会遇到一定的风险,而可能遇到的风险一旦发生就会危及旅游者的人身和财产安全。旅游保险的目的就是将这种风险转移给保险公司,由保险公司承担风险。保险公司承担的来自旅游者转嫁的风险称为旅游保险风险。它有以下主要特点:

（1）不可预知性。这是指风险可能发生也可能不发生。如果说可能发生,那么在何时、何地、何种情况下发生在何人身上都是无法预知的。

（2）偶然性。旅游保险中的风险之所以是不可预测的，就在于它在一般情况下不会发生，即使发生，也属偶然，并无必然性。

（3）意外性。所谓意外性，一是指人们未预见，发生风险事故的因素由于某种条件偶然发生；二是指人们虽预见到可能性，也采取了一定的防范措施，但由于估计不足或措施不力没能阻止风险的发生从而造成损害。也就是说，旅游保险风险必须是在保险范围内的，并且危险的发生也必须是由自然力或意外情况所致。对于这种意外性的损失，保险公司担负赔偿责任。如果属于被保险人自己有意造成的，则保险公司不承担赔偿责任。

（三）旅游保险中的事故

1. 旅游保险事故的必备条件

所谓旅游保险事故，是指在旅游中发生的、足以造成旅游者人身和财产损失的、能够引起保险人赔偿的事件。它的构成必须具备三个条件：

（1）旅游保险事故必须是在旅游过程中发生的，如旅游者乘坐交通工具在旅途中出现事故，旅游者在游览中发生事故，旅游者在食宿中发生事故等，这几种风险事故可各自独立地称为保险事故，也可综合称为保险事故。如果参加独立保险，只在该范围内才能索赔，如参加综合保险，上述事故中任何一项都可以作为索赔的理由。

（2）旅游保险事故必须已经造成旅游者的人身或财产损失达到一定程度。旅游者的人身伤害一般分为受伤、残废、死亡三种情况。

（3）旅游保险事故必须能够引起保险人的赔偿，也就是说，事故造成的损失较重，足以引起赔偿责任。

2. 旅游保险事故的分类

（1）自然事故。它是自然力所致的、不以人的意志为转移的、人力不能避免也无法控制的事故，又称自然灾害。

（2）意外事故。在旅游保险中的意外事故主要有以下几项：①交通事故，即由于驾驶员之过失而引起的事故；②坠落或溺水事故，此属于旅游者自身的疏忽大意所致；③他人犯罪行为，此属他人的故意行为所引起；④动物袭击，此由动物的失控行为引起；⑤其他人为原因引起的事故。值得一提的是，旅游者故意造成的事故，如自杀、跳车、酗酒、斗殴和犯罪行为；旅游者的生理现象引起的事故，如疾病、分娩、晕车、晕机、晕船等；其他原因引起的事故，如药物中毒、麻醉、战争或其他军事行动等情况不属于意外事故，保险公司不负赔偿责任。

（四）旅游保险法的定义

旅游保险法是调整旅游保险关系的法律规范的总称。目前，我国虽尚未制定统一的旅游保险法，但为适应旅游事业发展的需要，陆续制定了一些单行的旅游保险法规，例如，《飞机旅客意外事故保险条例》《火车旅客意外事故保险条例》《轮船旅客意外事故保险条例》和《汽车旅客意外事故保险条例》等有关旅游交通管理方面的保险法规。为适应旅游事业的发展和提高我国旅游业的声誉，妥善解决海外旅游者在华旅游期间因意外事故引起的经济赔偿问题，国家旅游局和中国人民保险公司于 1990 年 2 月 7 日发布了《关于旅行社接待海外旅游者在华旅游期间统一实行旅游意外保险的通知》，从 1990 年 4 月 1 日起施行。另外，根据保险法和《旅行社管理条例》的有关规定，国家旅游局于 1997 年 5 月 13 日制定并发布了旅行社办理旅游意外保险暂行规定，从 1997年 9 月 1 日起施行。2001 年 4 月 25 日，国家旅游局又发布了《旅行社投保旅行社责任保险的规定》，从 2001 年 9 月 1 日起施行（国家旅游局 1997 年 5 月13 日发布的《旅行社办理旅游意外保险暂行规定》同时作废）。所有这些，共同构成了我国现行的旅游保险法律制度。

二、旅游保险的种类

（一）狭义旅游保险和广义旅游保险

根据参加旅游保险的范围，旅游保险可以分为狭义旅游保险和广义旅游保险。狭义旅游保险仅指旅游者在旅游景点旅游观光中的保险。广义旅游保险包括旅游者游览观光保险、旅客铁路旅行保险、旅客航空旅行保险、旅客水上旅行保险、旅客公路旅行保险等。

（二）国内旅游保险和国外旅游保险

根据参加旅游保险的被保险人的国籍、身份及旅游目的地，旅游保险可分为国内旅游保险和国外旅游保险。凡我国公民在国内的旅游保险，称为国内旅游保险；凡海外旅游者（包括华侨、港澳台同胞）来我国大陆旅游的保险，称为国外旅游保险，又称为涉外旅游保险；由旅行社组织的我国公民的出境旅游保险也称为国外旅游保险。

（三）旅游人身保险和旅游财产保险

根据旅游保险的对象不同，旅游保险可分为旅游人身保险和旅游财产保险。以旅游者人身作为保险对象的，为旅游人身保险；以旅游者携带的财产作为保险对象的，为旅游财产保险。二者既可以合在一起保险，也可以分开保险。人身保险业务，有人寿保险、健康保险、意外伤害保险等保险业务。人身保险是以人的寿命和身体作为保险标的的一种保险。投保人与保险人通过订立人身保险合同，约定投保人按时交纳一定的保险费，即被保险人或受益人因疾病或意外事故而致伤残或死亡时，或在保险期满时，保险人一次或按期向其支付医疗费或保险金的一种法律制度。人身保险是一种定额给付性质的保险，投保人投保多少金额，当条件满足时，保险人必须承担一定数额给付的责任，无须调查损失的有无和大小。财产保险业务，包括财产损失保险、责任保险和信用保险等保险业务。财产保险是保险法规定的以各种物质财产和与其有关的利益为保险标的的保险。当保险承担的这些财产保险标的因遭受各种自然灾害或意外事故造成经济损失时，保险人要负赔偿责任。

（四）旅游意外保险和旅游责任保险

保险人承担自然灾害和意外事故的保险，称为旅游意外保险。它是人身保险的一种，指投保人与保险人约定人身伤害的范围，在保险期内，只要发生意外伤害，被保险人就可按规定获得保险金的一种保险制度。这类保险一般由旅游者个人投保，也可以由旅游者所在单位投保，或由旅游团体投保。

2004 年 10 月，王先生参加了某旅行社组织的神农架五日游。该旅行社向王先生推荐了旅游意外险，王先生也担心外出旅游会面临很多意外情况，不可预知的风险大大增加。于是购买了一份意外险。在神农架旅游途中，由于高山地区昼夜温差大，王先生患重感冒发烧，不得不住院治疗，所花医疗费用近800 元。回城后，王先生通过意外险获得了医疗赔偿。事后，王先生非常感谢旅行社，特意为旅行社送来了锦旗。

——摘自搜游网

◎问题：

1. 王先生的医疗费用是否属于旅行社责任险的保险范围？

2. 该案例对旅行社的经营有何启示？

保险人承担旅游服务部门服务的责任保险，称为旅游责任保险。它是财产保险的一种，指保险人承保被保险人的民事损害赔偿责任的险种，主要有公众责任保险、第三者责任保险、雇主责任保险、职业责任保险等险种。这类保险由旅游服务部门投保。

汉口市民朱某参加一家旅行社的庐山三日游，爬山过程中，不慎滑倒扭伤了脚。回汉后，朱认为报团时旅行社购买了旅行社责任险，于是要求旅行社赔偿部分医疗费用，旅行社却认为爬山途中，该社导游已尽到提醒义务，朱属于自己扭伤，不在旅行社赔偿范围之内。

◎问题：

1. 旅行社责任险的责任范围是什么？

2. 旅行社是否应该赔偿朱某的部分医疗费用？

——摘自搜游网

（五）强制保险和自愿保险

1. 强制保险

凡是以国家法律强制实施的保险，称为强制保险。强制保险的特点有以下三点：

（1）保险范围的全面性。凡是在法律规定的范围内，都必须全部投保。

（2）保险责任的自动性。强制保险的法律效力，是依照法律规定自动产生、中止和终止的，保险双方当事人不能自行约定，也不能行使解除权或终止权。

（3）保险条款的统一性。强制保险中，保险合同的内容即保险金额、保险费率、保险期限、赔偿处理等条款，均由国家统一规定，双方当事人不能自行选择、增减。

2. 自愿保险

凡是由双方自愿通过合同确定的保险，称为自愿保险。在自愿保险中，单位或个人是否投保，向哪个保险机构投保，保险机构是否接受投保，要求保障什么危险事故，投保多少金额，保险合同何时生效、终止等，均由双方当事人自行协商确定。

我国的人身保险绝大多数是自愿保险。强制保险只限于旅客搭乘飞机、轮船、铁路和汽车时，须由运输经营者向保险公司投保旅客意外伤害保险。

第二节　旅游保险合同与理赔

一、旅游保险合同

（一）旅游保险合同的构成

由保险的概念可知，保险是基于保险合同而产生的，或者说，保险合同是保险关系得以产生的依据。根据我国保险法规定，保险合同是指投保人与保险人约定保险权利义务关系的协议。因此，旅游保险合同成立必须具备保险合同主体、客体和内容这三个要素。

1. 旅游保险合同的主体

保险合同的主体，是指保险合同的参加者或当事人。一般包括保险合同的当事人和保险合同的关系人。此外，还有一种人虽不是保险合同的主体，但他是居于当事人之间的媒介或为保险合同的订立与履行起重要的辅助作用，又称保险中介。保险合同的当事人一般是指保险人、投保人和被保险人。

（1）保险人。又称承保人，是指依法成立的，在保险合同成立时，有权收取保险费，并于保险事故发生时，承担赔偿责任的人，即经营保险事业的机构。

（2）投保人。又称要保人，是指对保险标的具有保险利益，向保险人申请订立保险合同，并负有支付保险费义务的人。投保人可以是自然人，也可以是法人。在旅游保险合同中，投保人可以是旅游企业，也可以是旅游者个人或旅游团组。如旅游责任保险合同中的投保人是旅行社；而一般旅游平安保险的投保人则是旅游者。

（3）被保险人。被保险人是指保险事故发生时，遭受损害并享有赔偿请求权的人。无论是财产保险合同，还是人身保险合同，投保人与被保险人既可以是同一人，也可以是不同的人。

（4）受益人。又称保险金受领人，是指由投保人或者被保险人在保险合同中指定的，于保险事故发生时，享有赔偿请求权的人。旅游意外保险合同的受益人可以是被保险人——旅游者、导游、领队人员，也可以是他们指定的第三人。如果旅游者、导游、领队人员没有指定受益人，则旅游者、导游、领队人员的法定继承人是受益人。如旅游意外保险合同中的被保险人是旅游者；国内航空运输旅客意外人身伤害保险中的被保险人，也是旅游者。

2. 旅游保险合同的客体

保险合同的客体，又称保险标的，是指保险合同双方当事人权利和义务指向的对象。保险标的是保险合同的核心，也是确定保险条件、保险金额、计算保险费率和赔偿标准的依据。我国保险法第十二条规定："保险标的是作为保险对象的财产及其有关利益或者人的寿命和身体。"由此可见，保险标的可分为两类。

（1）财产及其有关利益。财产，是指现实存在的并为人们所控制和利用而具有经济价值的生产资料和消费资料。它包括动产和不动产，有形物和无形物。财产保险合同的客体，一般是有形物，但当财产遭受损失时，除了财产本身的经济损失外，还会连带引起各种利益、责任和信用等无形物的损失，后者也往往成为财产合同的标的。

（2）人的寿命和身体。这里所说的人，是指已经出生且具有生命的自然人，尸体、胎儿及法人等不能列入其中。人身保险合同的客体不是物，而是人，即人的寿命和身体。这种保险标的无法用价值来衡量，因而在订立保险合同时，预先由双方当事人约定保险金额。因此，在人身保险合同中，保险标的与被保险人往往是合二为一的。

3. 旅游保险合同的内容

（1）当事人、关系人。旅游保险合同的当事人采取记名与不记名两种形式。一般来说，双方共同签署的保险单形式的保险合同都采用记名的形式，记有保险公司的名称和投保人、被保险人和受益人的姓名。票证形式的保险合同，除飞机票需要记载旅客姓名外，其他票证都不记被保险人的姓名。受益人按照法律规定确定。在旅游保险合同中，记名与不记名的合同具有同样的效力。

（2）保险责任和责任免除。旅游保险合同确定保险人的保险责任和责任免除有两方面的依据：一是依据保险法或有关旅游保险的法律、法规；二是依据投保人与保险人协商附加的条款。

（3）保险期限。旅游分涉外旅游和国内旅游。旅游保险也分为涉外旅游保险和国内旅游保险。这两种旅游保险的期限是不相同的。涉外旅游保险以一个旅游周期为一个旅游保险期，一般以20天为准，超过期限的，另付保险费；而国内旅游保险一般以天为计算单位，一个旅程为一个保险期，超过保险期的天数，另加保险费。特定旅游保险以旅游者进入旅游景点时到走出旅游景点时为一个旅游保险期。旅游责任保险的保险期限为1年。

（4）保险费。旅游人身保险的保险费收取分为涉外旅游保险费、国内旅游保险费、特定旅游保险费和旅行保险费。财产保险费有两种标准：国内旅游保险一般按规定费率计算，涉外旅游的财产保险费和人身保险费连在一起。

（5）保险金额。保险金额所涉及的赔偿项目一般包括旅游者意外受伤的全部赔偿费、受伤治疗的医疗费、遗体处理费、行李赔偿费。数额可因其为国内旅游保险与涉外旅游保险而有所不同。财产保险的赔偿额按实际损失确定。

依据《旅行社办理旅游意外保险暂行规定》，旅行社为旅游者办理的旅游意外保险金额不得低于以下基本标准：入境或出境旅游，每位旅游者30万元；国内旅游，每位旅游者10万元；一日游（含入境旅游、出境旅游与国内旅游），每位旅游者3万元。

旅行社开展登山、狩猎、漂流、汽车及摩托车拉力赛等特种旅游项目时，可在上列旅游意外保险金额基本标准之上，按照该项目的风险程度，与保险公司商定保险金额。

依据《旅行社投保旅行社责任保险规定》，旅行社办理旅游责任保险的保险金额不得低于下列标准：国内旅游每人责任赔偿限额人民币8万元，入境旅游、出境旅游每人责任赔偿限额人民币16万元；国内旅行社每次事故和每年累计责任赔偿限额人民币200万元，入境旅游、出境旅游每次事故和每年累计责任赔偿限额人民币400万元。

此外，旅行社组织高风险旅游项目，可另行与保险公司协商投保附加保险事宜。

（6）索赔申请。凡是旅游保险合同或保险单规定的被保险人或受益人均为合法的索赔申请人。保险合同未规定受益人的或以票据形式参加旅游保险的受难者，其法定继承人为合法的索赔申请人。

如果发生损失，被保险人、投保人或受益人应立即通知保险人或索赔代理人进行检验。在一般情况下，没有检验报告不可以索赔。申请索赔的期限一般以事故发生起不超过 1 年。也有的地方规定为 6 个月。凡超过期限而未申请者以弃权论，保险人可以不受理。

保险公司应当在保险条款中对旅游意外保险索赔有效期限做出约定，一般应自事故发生之日起 180 天内为限。当旅游者在保险有效期限内发生保险责任范围内的事故时，旅行社、被保险人或受益人应及时取得事故发生地公安、医疗、承保保险公司或其分、支公司等单位的有效凭证，并由组团社同承保保险公司办理理赔事宜。对旅游者的小额行李物品损失的赔偿，旅行社应与承保保险公司在保险条款中做出约定。在约定数额内可由旅行社先向旅游者垫付，旅行社凭理赔申请及损失证明与承保保险公司办理赔偿手续。

（二）旅游保险合同的成立

旅游保险合同是指投保人与保险人之间就旅游保险有关问题，通过协商所达成的一种书面协议。

1. 旅游保险合同的形式

（1）由双方共同签署的合同。这种形式的主要特点是协议双方必须在同一个合同上签名盖章方为有效。

（2）由投保申请单与保险单形成的合同。这种合同只要两种单据文件结合在一起，即发生法律效力。通常保险单上的条款包括三种内容：在原保险单上印成的基本条款、用粘贴的方法附加的条款和用书写或打字的方法附加的条款。这些条款都具有同等的效力。如果这些条款出现矛盾，所依据的顺序分别是书写的附加条款、打字的附加条款、粘贴的附加条款、基本条款。

（3）票据形式形成的保险合同。这种形式的合同以旅游者所购买的乘坐交通工具的票据为依据，如火车站出售的火车票、汽车客运站出售的汽车票、民航公司出售的飞机票及水运部门出售的轮船票等。它们既是旅游者乘坐交通工具的凭证，又是参加旅游保险的凭证。有些旅游点也以出售门票的形式，兼作旅游保险的凭证。采用这种保险形式比较简单，但是必须以运输部门或旅游部门与保险部门签订的保险合同为基础，并经过保险部门认可，才有保险效力。

2. 旅游保险合同的成立

旅游保险合同的成立主要是指旅游保险合同的形成和旅游保险法律关系的形成。由于旅游保险合同的形式不同，其成立的时间也就不相同。由双方共同签署的保险合同，以双方在合同中约定的时间为准；由投保申请单与保险单形成的保险合同，以保险公司签发保险单之日为准；以票据形式形成的保险合同，以旅客或游客购买交通票据之时算起。

（三）旅游保险合同的生效

旅游保险合同的生效，是指旅游保险合同在何种情况下发生保险效力，保险人在何种情况下开始对被保险人承担保险责任，被保险人在何种情况下发生意外事故才能获得保险赔偿。

旅游保险合同的生效，必须同时具备两个条件：一是旅游保险合同已经成立；二是被保险人已经开始旅行游览。以上两个条件必须同时具备，缺一不可。旅游保险合同没有成立，就不存在生效问题；旅游保险合同虽已成立，但被保险人尚未参加旅行游览，保险效力仍未产生。因为，旅游者从签订旅游保险合同到实际参加旅行游览，往往有一个过程，在这个过程中发生的意外事故，就不属于保险人的责任范围。因此，旅游保险合同的生效，有两种情况：一是当上述两个条件同时出现时，旅游保险合同在成立时就生效；二是当上述两个条件分别出现时，只有在后一个条件出现时，旅游保险合同才生效。

旅游保险合同成立的情况不同，合同生效的时间也不同。有的是检票进站时生效，如火车、汽车旅客检票进站，飞机旅客检票进候机厅，轮船旅客检票上船等；有的是旅游出发时生效，即被保险人乘坐指定的交通工具出发旅游时，旅游保险合同即开始生效；有的是购票进门时生效，主要是指某些特定旅游景点的旅游保险。

旅游保险合同的生效，与保险公司承担保险责任的时间是一致的。在旅游保险合同生效后，凡在有效期内的，被保险人发生了意外伤害事故造成人身伤亡和财产损失的，保险公司就要承担赔偿责任。

（四）旅游保险合同的变更和终止

1. 旅游保险合同的变更

（1）主体变更。主体变更包括保险人的变更、被保险人的变更和受益人的变更。在旅游保险合同或保险单上记名的被保险人需要变更时，必须经投保人与保险人协商同意后方能进行。不记名的被保险人可以随意变更，如票据式保险，就以票据持有人为准。记名受益人需要变更时必须由投保人申请变更。不记名受益人在一定范围内可随意变更，但不能超出被保险人直系亲属和法定继承人的范围。

（2）内容变更。旅游保险合同内容的变更包括乘坐交通工具的变更、旅游项目或旅游线路的变更及旅游期限的变更。在一般情况下，保险人、投保人均不得擅自变更合同内容。一方需要变更合同内容时，有合同或保险单的必须经另一方同意方为有效。只有在特殊情况下，保险人可以依法强制变更合同内容。没有保险合同或保险单的，如持有客票的被保险人要求变更保险内容需经过铁路、或公路、航空、航运部门的签字同意后方可生效。

2. 旅游保险合同的终止

旅游保险合同终止是双方权利义务关系的终结。终止旅游保险合同主要有以下几种情况：

（1）因解除而终止。解除旅游保险合同需要投保人和保险人协商一致并按规定承担违约责任。一方要求解除合同的应提前通知另一方。

（2）因被保险人放弃旅游而终止。无论是出于主观原因还是客观原因，被保险人放弃旅游，旅游合同即告终止。

（3）被保险人在法定期限内退票导致旅游保险合同终止。各种交通客票的退票均属此种情况。

（4）因合同履行而终止。如被保险人的旅游或旅行正常结束，没有发生人身或财产损失；或者发生了损失，但保险人已经支付了赔偿；或当事人在法定期限内放弃了申请。

二、旅游保险的理赔

（一）理赔的申请

在旅游活动中发生了属于保险范围内的事故，确实造成了旅游者人身或财产损失，被保险人或受益人即可在有效期内向保险公司提出理赔申请。投保人、被保险人或者受益人知道保险事故发生后，应当及时通知保险人，以便保险人能够及时勘察保险标的受损失的现场、调查事故发生的原因和查证保险标的的损失情况。在旅游保险中，证件是受益人申请理赔的主要证据，也是保险公司受理理赔申请并给予赔偿的主要依据。因此，受益人申请理赔时除应填报理赔申请书之外，还应提供以下证明：关于旅游保险关系存在的证明，如合同、单据或票据；由各自与之相关的主管部门出具的关于事故的证明；关于人身或财产损失情况的证明；关于受益人身份的证件、证明等。

值得一提的是，保险公司一般不主动理赔，必须由申请人主动提出申请。特殊情况下，特别是一些较大的集体交通事故，保险公司也可主动理赔。如2000年武汉"6·22"空难事故发生后，各大保险公司以最快的速度拿到遇难者名单，积极自查，落实理赔事宜，依照当时的意外保险条例，很快做出了为投保者全额赔偿10万元的决定，并通知受益人领取。

（二）理赔的调查和处理

一家效益颇好的投资公司，在单位领导的安排下，委托旅行社办理到外地春游业务。旅游期间，一群意气风发的白领青年聚在一起，一路上有说有笑，满眼春光，好不舒心惬意。谁知天有不测风云，在大家欲乘船过渡口时，突然小林说胸闷，支撑不住，瘫倒于地竟再也没有起来。医院经尸检结论是急性心肌梗塞导致猝死。

公司和旅行社在国内旅游合同中，明确约定，由旅行社为本次旅行的员工投保中国人寿的旅游责任险和人身意外险。并明确四元一份。投资公司支付的旅游费用中也明确包括了保险费用。可是当投资公司要求旅行社代为向保险公司索赔时，才知道旅行社并没有按合同约定为旅游团体购买旅游意外保险。旅行社门市部的负责人声称现在旅游意外保险并不是强制保险，投不投保的主动权在他们手中。

——摘自《新闻晚报》

◎问题：

1. 旅行社是否应该负责赔偿？

2. 旅行社有哪些违法行为？

理赔是保险公司对保险事故进行调查处理，核定后做出是否给予赔偿的过程。理赔关系到保险公司的信誉和保险当事人的切身利益。因此，保险公司对保险事故的处理，必须严肃认真地按以下程序进行。

1. 受理申请

保险公司在接到被保险人或受益人的理赔申请后，应立即受理，指定理赔人员负责查处，并明确责任范围。例如，2001年5月15日发布的《旅行社投保旅行社责任保险规定》，对旅游责任保险的责任范围和非责任范围做了明确的划分。

(1) 旅游责任保险的责任范围：①旅游者人身伤亡赔偿责任；②旅游者因治疗支出的交通、医药费赔偿责任；③旅游者死亡处理和遗体遣返费用赔偿责任；④对旅游者必要的施救费用，包括必要时近亲属探望需支出的合理的交通、食宿费用，随行未成年人的送返费用，旅行社人员和医护人员前往处理的交通、食宿费用，行程延迟需支付的合理费用等赔偿责任。

(2) 旅游责任保险的非责任范围：①旅游者在旅游行程中，由自身疾病引起的损失或损害，旅行社不承担赔偿责任；②由于旅游者个人过错导致的人身伤亡和财产损失，以及由此导致需支出的各种费用，旅行社不承担赔偿责任；③旅游者在自行终止旅行社安排的旅游行程后，或在不参加双方约定的活动而自行活动的时间内，发生的人身伤亡、财产损失，旅行社不承担赔偿责任。

2. 调查核实

调查活动包括审查申请人提供的各种证件、证明，理赔人员亲临事故现场进行实地考察，邀请专家对事故进行分析研究等。在运用上述方法进行调查时，主要应查明旅游保险合同、保险单及其他有关保险凭证是否有效，查明保险事故发生的事实和原因，还要查明事故造成损失的事实、损失的程度。在此过程中应注意防止被保险人、受益人弄虚作假。

3. 做出处理

保险公司的理赔人员根据调查核实的事实，提出赔偿或不赔偿或赔偿多少的具体意见，报经有关领导部门批准决定并执行，通知被保险人或受益人领取赔款从而结束理赔程序。

（三）理赔的仲裁和诉讼

若理赔申请人对保险公司做出的处理结果没有异议，可在接到通知后去保险公司办理手续，领取赔款。如果对保险公司的处理结果有不同意见，双方可先协商解决，协商不能达成协议时，理赔申请人可根据约定或仲裁协议向仲裁机构申请仲裁，无仲裁协议或当事人实现约定的解决方式为诉讼解决时，理赔申请人可向人民法院起诉。需要向人民法院起诉的旅游保险纠纷，必须经保险公司做出理赔处理后，理赔申请人才能向人民法院起诉。

旅游出险理赔之谜

王家伟（化名）和林绮（化名）于 2003 年底决定利用年假共赴西部旅行。行前王家伟丢失了身份证。为了不耽误已经计划好的行程，王家伟特意赶到旅行社，询问是否可以用哥哥王家诚（化名）的名义报名参加旅游活动。在征得旅行社同意后，夫妇俩交纳了各种活动费用，办理了登记手续，并在旅行社保险代理处购买了《境内旅游人身意外保险》，保险费用 22 元，保险金额 20 万元，保险期限为：自旅游团出发时起至旅行结束时止，保险受益人是法定受益人。由于王家伟以哥哥王家诚的名义参加旅行，在旅行社经办人员的指点下，家伟在保单被保险人的名字一栏里亦填写了王家诚。

王家伟和林绮随旅行团出游的第四天下午，王家伟在进入当地土堡时遭遇砖瓦坍塌，被当地人送往医院。当天晚上 9 点，王家伟治疗无效，停止呼吸，留下了身边悲痛欲绝的妻子。林绮回到家乡，经过 3 个多月的调整期后，在家人的陪同下持着王家伟意外死亡的证明到保险公司要求索赔，认为其应当给付保险金额 20 万元。

保险公司在核保过程中，了解到被保险人是王家诚，但真正的死者却是王家伟。2004 年 4 月，保险公司正式作出不予给付意外死亡保险金的决定。面对保险公司的拒赔通知，林绮一家非常愤怒，认为当时王家伟的冒名行为是经过旅行社同意的，投保也是在相关人员的指点下才填写哥哥王家诚的名字，不存在欺瞒的诚信问题。林绮和她的家人们走上了申诉之路。在多次上访后，索赔依然没有实质性进展。万般无奈之下，林绮把保险公司告上法院。

在辩护中，林绮的律师秦某认为：（1）王家伟用其兄长王家诚的身份证办理西部旅行手续是征得旅行社同意的，并且在填写若干附表资料时用的都是其本人的照片。因此，不存在欺诈问题；（2）王家伟的死亡属意外事故，在保险责任范围内，事故发生时间也在保险期限内，故被告保险公司应依照相关规定给付保险金20万元，并承担本案的全部费用。

——摘自《新闻晚报》，2005-11-21，作者：易无花

◎ 问题：

1. 旅行社应该负什么责任？

2. 保险公司应该负什么责任？

3. 投保人应该从中吸取什么教训？

【本章小结】

1. 旅游保险事故，是指在旅游中发生的，足以造成旅游者人身和财产损失的，能够引起保险人赔偿的事件。它的构成必须具备三个条件：①旅游保险事故必须是在旅游过程中发生的；②旅游保险事故必须是已经造成旅游者人身或财产损失达到一定程度的；③旅游保险事故必须能够引起保险人的赔偿。

2. 根据我国保险法规定，保险合同是指投保人与保险人约定保险权利义务关系的协议。因此，旅游保险合同成立必须具备保险合同主体、客体和内容这三个要素。旅游保险合同的主体包括保险人、投保人、被保险人、受益人；旅游保险合同的客体包括财产及其有关利益和人的寿命和身体；旅游保险合同的内容，即保险合同双方当事人的权利和义务。由于保险合同一般都是依照保险人预先拟定的保险条款订立的，因而在保险合同成立后，双方当事人的权利和义务就主要体现在这些条款上，包括：①当事人、关系人；②保险责任和责任免除；③保险期限；④保险费；⑤保险金额；⑥索赔申请。

3. 保险公司对保险事故的处理程序：①受理申请；②调查核实；③做出处理。

【复习思考题】

1. 简述旅游保险的概念、特点和种类。

2. 简述旅游意外保险与旅游责任保险的区别。

3. 简述旅游保险合同的内容。

【实务训练】

2007年4月，许明参加了当地旅行社组织的云南七日游。在旅行社交钱

办手续时，工作人员交给他一份某人寿保险公司签发的游客人身意外伤害保险单。许明不解地问："我并没有说要买这样的保险呀？"工作人员开导他："旅游虽然主要是游山玩水，但也存在一定风险。像这次，便有在西双版纳参加傣族泼水节的行程安排。虽然有众多美丽大方的傣家姑娘与游客互动泼水，令人开心，但人多地滑，万一不小心摔倒在地，弄成了什么骨折，岂不是很麻烦？如果游客花10元钱购买这种保险，就可由保险公司来承担相应的赔偿责任。因此，我社规定游客必须购买这种保险。"许明听了，不再吱声。

——摘自山西新闻网

◎ 问题：

许明是否应该购买这份保险？为什么？

【案例分析】

2007年9月，姚女士参加了中国康辉旅行社集团有限公司安排的30人成都、九寨沟、黄龙双飞五日游。9月9日，姚女士等游客乘坐大客车赶往景点的途中，由于雨天路滑、司机超速等原因，该客车从盘山道上翻下30米深的农田里，车内乘客不同程度受伤，姚女士在送往医院路上死亡。

事后，姚女士的爱人、父母等人将康辉旅行社告上法院，并索赔80余万元。康辉旅行社在法庭上认为，姚女士不是个人与旅行社签订的合同，发生事故是其他公司的车辆运营过失，所以无论从合同角度还是从侵权角度，康辉旅行社都不应当承担责任。

四川地区负责接待的奥飞旅行社认为，死者没有与其签订旅游合同，事故发生是车辆驾驶人的过失，所以他们也与案件无关，不同意承担赔偿责任。肇事车辆所有人暨运营方宝鸡秦龙运输集团公司提出，出事车辆是挂靠在其公司名下，他们在出事后已经花费了40余万元，不同意继续承担责任。

——摘自人民网，2007-6-14，作者：王阳

◎ 问题：

1. 康辉旅行社是否负有赔偿责任？

2. 作为异地旅行社奥飞旅行社是否负有赔偿责任？

3. 在此事件中负有赔偿责任的单位应当有哪些？

第八章 旅游出入境管理法规实务

【学习目标】

了解中国公民出入境管理制度。

掌握外国人入出境管理机关及其职责、旅游出入境检查制度。

熟悉中国旅游者出入境的权利义务及其法律责任。

【章首案例】

韩国人李某，是湖北黄石市某公司合资方请来的技术人员，李某所持的是旅游签证，准许停留期限为 30 天，但李某过期 13 天仍居留在黄石。

——摘自《楚天都市报》

◎问题：

1. 对李某应该怎样处罚？其法律依据是什么？

2. 李某应该怎样办理合法手续？

第一节 中国公民出入境管理

一、中国公民出入境管理法律依据

中国公民出入境管理是对中国公民出国（境）定居、探亲、访友、继承产业、留学、就业、旅游和其他非公务活动的申请，进行受理、依法审批、签发出境证件以及定居国外的中国公民回国定居等依法进行管理。

《中华人民共和国公民出境入境管理法》及《中华人民共和国公民出境入境管理实施细则》、《中华人民共和国海关法》、《中华人民共和国出境入境边防检查条例》、《中国公民自费出国旅游管理暂行办法》等法律、法规的相继颁布并实施，构建了我国公民出入境管理的法律制度体系。

二、中国公民出入境的证件

1. 护照

护照是主权国家政府发给本国公民出入国境和在国外居留、旅行等合法的身份证件，以证明该公民的国籍、身份和出国目的。根据护照的颁发对象和持照人员出国目的的不同，护照可分为外交护照、公务护照和普通护照，其中，普通护照又包括因公普通护照和因私普通护照。中国公民出境旅游应申请办理普通护照。

因公出境的中国公民使用的护照由外交部或外交部授权的地方外事部门颁发；因私出境的中国公民使用的护照、证件，由中国驻外国的外交代表机关、领事机关或外交部授权的其他驻外机关颁发。

2. 旅行证

是中国旅游者出入境的主要证件，由中国驻外的外交代表机关、领事机关或外交部授权的其他驻外机关颁发。旅行证分为一年一次有效和两年多次有效两种，由持证人保存、使用。需变更或加注旅行证的记载事项，应提供变更材料、加注事项的证明或说明材料向颁证机关提出申请。

3. 出入境通行证

即出入中国边境的通行证件，由省级公安厅（局）及其授权的公安机关签发。证件在有效期内一次或多次出入境有效。

4. 签证

签证是主权国家政府签证机构发给申请者出入该国国境或外国人进入该国，在该国停留、居住的许可证明，是附签在申请人出入境有效证件上的文字注明，也是一个国家对进入或经过本国的人员进行检查的合法性证明。中国公民凭有效护照或其他有效证件出入境，无须办理签证。但出国旅游要提前向前往国家（包括中途经过或停留国家）的驻华使、领馆（或使馆代办业务机构）办理签证，办好签证要特别注意有效期和停留期；需延长的，应按规定办理申请延长手续。

公安部、外交部、港务监督局和原发证机关各自对其发出的或者其授权的机关发出的护照和证件有权吊销、收缴或宣布作废，人民检察院、人民法院有权依法扣留上述证件，其他任何机关、团体和企业事业单位或者个人不得扣留证件。

三、中国旅游者出入境的权利义务及其法律责任

（一）中国旅游者出入境的权利

中国旅游者出入境的合法权益受中国法律保护，同时也受到前往国法律的保护。当今世界上许多国家为发展旅游业，对旅游者在旅游活动中最关心的安全、服务质量、发生意外事故得到法律保障等问题通过立法建立相应法律制度。签订双边和多边协定，规定外国旅游者应受到与本国公民同等的法律保护，并给予若干优惠，中国旅游者理应得到旅游目的地国家或地区法律的

保护。

中国旅游者出入境的权利包括：①旅游者持本人有效证件出入中国国境；②公安机关接受中国旅游者的出境申请应在规定时间内答复；③申请人有权查询规定时间没有审批结果的原因，受理部门应作出答复；④申请人认为不批准出境不符合法律规定，可向上一级公安机关申诉，受理机关应作出处理和答复；⑤旅游者本人保存、使用其护照，非经法定事由和特定机关，不受吊销、收缴和扣押；⑥旅游者的人身权依法受到法律保护。

（二）中国旅游者出入境的义务

中国旅游者出入境的义务包括：①应依法办理出入境证件；②从指定口岸或对外开放的口岸出入境，并向边检站出示中国护照或其他有效证件，填写出入境登记卡；③接受"一关四检"及其他检查；④遵守中国及前往国家的法律；⑤维护国家利益，不得有危害祖国安全、荣誉和利益的行为。

（三）中国旅游者出境限制

出境入境管理法规定有下列情形之一的，不批准出境：①刑事案件的被告人和公安机关或者人民检察院或者人民法院认定的犯罪嫌疑人；②人民法院通知有未了结民事案件的；③被判处刑罚正在服刑的；④正在被劳动教养的；⑤国务院有关机关认为出境后将对国家安全造成危害或者对国家利益造成重大损失的。

（四）法律责任

中国公民违反我国出境入境管理法规定，有下列情形之一的，由公安机关处以警告或者10日以下的拘留处罚；情节严重，构成犯罪的，依法追究刑事责任：①中国公民包括旅游者非法出境、入境的；②伪造、涂改、冒用、转让出境、入境证件的。

四、中国公民出国旅游管理制度

（一）出国旅游概述

出国旅游，广义上称为出境旅游，是指我国公民持有效护照或其他形式的出境证件前往其他国家或地区进行的旅行游览活动，包括边境游、港澳台游和出国游。前往地区的不同，其所持证件也不同。

根据旅游费用来源的不同，出国旅游可分为公费、自费和其他三种旅游类别。根据出境方式又可分为有组织的与非组织的两类。我国目前所指的出国旅游，特指中国公民自费出国旅游，由中国旅游企业组织中国公民以团队形式自费前往国外旅游，包括探亲、访友等其他短期因私出国事宜。

（二）中国公民出国旅游的方针

由于我国还是一个发展中国家，经济实力有限，国家不宜将外汇大量用于服务贸易出口，公费旅游、滞留不归等问题也对出国旅游业务的发展构成障碍，因此，我国政府参照国际上的一般做法，对开办公民自费出国旅游采取有计划、有组织、有控制发展的指导方针。有计划指国家根据全国入境旅游情况，包括创汇额和接待外国旅游者人数，并考虑国内市场的需求，制定出国旅游的年度计划，确定每年出国旅游的总量规模，以保证旅游业外汇收入的增长大于支出。有组织指现阶段，从国际国内的实际情况出发，公民出国旅游仍以团队形式进行，不办理散客出国旅游业务，要求整团出入国境。有控制指对出国旅游实行总量控制和配额管理，并对特许经营出国旅游业务的旅行社进行审批和数量控制。

为此，2002 年 5 月 27 日国务院发布了《中国公民出国旅游管理办法》，并于 2002 年 7 月 1 日起实施，它是规范旅行社组织经营中国公民出国旅游的一项重要行政法规。

（三）中国公民自费出国旅游的国家和地区

从 1983 年中国政府批准旅行社经办内地游客赴港澳探亲旅游以来，经过 20 多年的发展，我国出境旅游有了飞跃式的发展。到 2005 年初，经国务院批准的中国公民出境旅游目的地国家及地区，总数已经达到 100 多个，其中，已经公布的目的地国家及地区接待社名单并实施操作的已有 63 个。

随着我国加入 WTO 和我国国力的不断增强，我国公民自费出国旅游目的地国家和地区将不断扩大。

（四）出国旅游管理制度

1. 总量控制、配额管理制度

国家旅游局根据发展旅游业的基本方针、每年创汇情况和接待海外旅游者总量并考虑我国基本国情和公民的外汇支付能力，制定每年的出国旅游配额总量。根据"总量控制、入出挂钩"的原则，分配给有经营权的旅行社具体的出国配额，使核定下达给各地区、各组团社的出国旅游配额与其为入境旅游所作的贡献和招徕接待海外旅游者人数挂钩。配额制是国家对出国旅游实施管理的一项具体措施，通过国家旅游局统一印制"中国公民出国旅游团名单表（简称"名单表"），在下达本年度出国人数安排时，编号发给省、自治区、直辖市旅游局，由省、自治区、直辖市旅游局核发给组团社，在总量上进行宏观控制。具体做法是：国家旅游局根据上年度全国入境旅游的业绩、出国旅游目的地的增加情况和出国旅游的发展趋势，在每年的 2 月底以前确定本年度组织出国旅游的人数安排总量，并下达省、自治区、直辖市旅游局；省、自治区、直辖市旅游局，根据本行政区域各组团社上年度经营入境旅游的业绩、经营能力、服务质量，按照公平、公正、公开的原则，在每年的 3 月底以前核定各组团社本年度组织出国旅游的人数安排。

2. 组团社审批制度

组团社是指经国务院旅游行政部门批准,特许经营中国公民出国旅游业务的国际旅行社。根据国家开办公民自费出国旅游的方针政策,从国家长远利益出发,国家根据坚持入出挂钩,考虑地区合理分布,按市场需求循序渐进、动态管理的原则,对经营中国公民出国旅游的旅行社实行审批制度。

(1)申请组团社的条件:①取得国际旅行社资格满一年;②经营入境旅游有突出业绩;③经营期间无重大违法行为和重大服务质量问题。

(2)暂停或取消组团社业务经营资格的情形。为规范出国旅游旅行社的经营行为,保证服务质量,切实维护旅游者权益,《中国公民出国旅游管理办法》规定,有下列六种情形之一的,旅行社将被暂停或取消出国旅游业务经营资格:①入境旅游业绩下降的;②因自身原因,在一年内未能正常开展出国旅游业务的;③因出国旅游服务质量问题被投诉并经查实的;④有逃汇、非法套汇行为的;⑤以旅游名义弄虚作假,骗取护照、签证等出入境证件或者送他人出境的;⑥国务院旅游行政部门认定有影响中国公民出国旅游秩序的其他行为的。

未经国务院旅游行政部门批准取得出国旅游业务经营资格的,任何单位和个人不得擅自经营或者以商务、考察、培训等方式变相经营出国旅游业务。未经批准擅自经营或者以商务、考察、培训等方式变相经营出国旅游业务的,由旅游行政部门责令停止非法经营,没收违法所得,并处违法所得2倍以上5倍以下的罚款。

3. 出国旅游目的地审批制度

出国旅游目的地,是指我国政府批准、允许旅行社组织旅游团队前往进行旅行游览的国家和地区。出国旅游目的地国家和地区,由国家旅游局会同外交部、公安部提出,报国务院审批。开放中国公民出国旅游目的地的条件是:①对方是我国客源国,有利于双方旅游合作与交流;②政治上对我国友好,开展国民外交符合我国对外政策目标;③旅游资源有吸引力,具备适合我国旅游者的接待服务设施;④对我国旅游者在政治、法律等方面没有歧视性、限制性、报复性政策;⑤旅游者有安全保障,有良好的可进入性。

4. 以团队方式开展出国旅游制度

为保障参游人员的人身安全及合法权益,便于旅游服务质量的监督管理,防止旅游者非法滞留、涉足"三禁"(黄、赌、毒),我国规定公民自费出国旅游主要以团队形式进行,且每团派遣领队,暂不办理零星散客出国旅游。领队负责团队活动安排,代表组团社负责与境外接待社接洽,保证团队旅游服务质量,处理突发事宜。

（五）团队、组团社、公安机关的职责及法律责任

1. 团队责任

团队活动在领队的带领下进行，经国家开放口岸整团出入中国国境。出境前已确定需分团入境的，组团社应当事先向出入境边防检查总站或者省级公安边防部门备案；旅游团队出境后因不可抗力或者其他特殊原因确需分团入境的，领队应当及时通知组团社，组团社应当立即向有关出入境边防检查总站或者省级公安边防部门备案。

2. 组团社职责

按核定的配额人数组团，办理参游人员报名、收费手续，填写"名单表"；要求境外接待社按照团队活动计划安排旅游，不得安排参加色情、赌博、毒品以及危险活动。对于团队在境外遇到特殊困难和安全问题，领队必须及时向组团社和中国驻所在国的使领馆、旅游办事处报告，而该领队所属的组团社在接到领队的报告后，应当及时向国内旅游行政部门及公安部门报告。当发生旅游者在境外滞留不归时，领队人员应当及时向组团社和中国驻所在国的使领馆报告，组团社应当及时向公安机关和旅游行政部门报告；有关查询、遣返等事项，组团社应予以协助并负责垫付费用，事后向被遣返人员追偿，协助有关部门做好团队行李验收等管理工作。

因组团社或者其委托的境外接待社违约，使旅游者合法权益受到损害的，组团社应当依法对旅游者承担赔偿责任。

3. 公安机关职责

查验参游人员提交的"名单表"，确认组团社和参游人员的合法资格后，依照有关法律、法规办理出国旅游手续；并在法定期限内作出批准或不批准的决定，通知参游人员；参游人员经批准出境，由公安机关出入境管理部门颁发护照并附发出境登记卡。

4. 法律责任

团队未办理备案手续在境外分团的，入境后由边防检查站对组团社的有关责任人员按《中华人民共和国出境入境边防检查条例》有关规定处罚；对以自费出国旅游名义，弄虚作假，骗取出境证件，偷越国（边）境的，或者为组织、运送他人偷越国（边）境的，依照《中华人民共和国出境入境管理法》及《中华人民共和国出境入境管理实施细则》和《全国人大常务委员会关于严惩组织、运送他人偷越国（边）境犯罪的补充规定》的有关规定处罚。

（六）边境旅游

边境旅游是指经批准的旅行社组织和接待我国及毗邻国家的公民，集体从指定的边境口岸出入境，在双方政府商定的区域和期限内进行的旅游活动。我国边境地区的市、县，经中央政府批准，与相邻国家的边境地区之间开展的本

方居民有组织地前往对方旅游的业务，这种业务由经国家旅游行政部门批准的旅行社组织实施，双方旅游团经指定的口岸集体出入境，在中外双方的地方政府商定的区域和期限内旅游。由于这种旅游业务是跨越两国边境的并且主要是在双方边境地区旅游，所以称为边境旅游。

边境旅游能进一步扩大我国旅游业的对外开放，增进毗邻国家人民的交往和友谊；能带动相关行业，并提高旅游企业的经济效益；有利于边境地区的经济繁荣和社会稳定；有利于扩大对外影响、增强国际地位。

为了扩大边境旅游业务，促进边境旅游业的健康发展，经国务院批准，国家旅游局、外交部、公安部、海关总署联合发布施行了《边境旅游暂行管理办法》，对边境旅游做了明确的规定。

1. 主管部门

国家旅游局是边境旅游的主管部门，负责制定边境旅游的有关政策和管理办法，对边境旅游进行宏观管理，批准承办边境旅游的旅行社。边境省、自治区旅游局负责对本行政区域内的边境旅游业务的管理、监督、指导和协调，依据有关法规制定边境旅游管理的实施细则，定期向国家旅游局报告开展边境旅游情况。边境市、县旅游局在上级旅游主管部门的指导下，负责协调管理本地区的边境旅游活动。

2. 申办条件和审批程序

规定申请开办边境旅游业务的必备条件：经国务院批准对外国人开放的边境市、县；有国家正式批准对外开放的国家一二类口岸；口岸联检设施基本齐全；有旅游行政部门批准的可接待外国旅游者的旅行社，具备就近办理参游人员出入境证件的条件，具备交通条件和接待设施，同对方国家边境地区旅游部门签订了意向性协议。

3. 出入境手续

规定了我国公民参加边境旅游的办法和边境旅游的出入境手续。严禁公费参游，不准异地申办出境证件，严禁滞留不归或从事非法移民活动，严禁携带违禁品出入境。

第二节　外国人入出境管理

一、外国人入出境管理机关及其职责

1. 外国人入出境管理机关

中国政府在国外受理外国人入境、过境申请的机关，是中国的外交代表机关、领事机关和外交部授权的其他驻外机关。中国政府在国内受理外国人入境、过境、居留、旅行申请的机关，是公安部、公安部授权的地方公安机关和外交部、外交部授权的地方外事部门。

2. 外国人入出境管理机关的职责

（1）公安部、公安部授权的地方公安机关和外交部、外交部授权的地方外事部门，在国内受理外国人入境、过境、居留、旅行申请。对已经发出的签证、证件，有权吊销或者宣布作废。

（2）公安部和外交部在必要时，可以改变各自授权的机关所做出的决定。

（3）对非法入境、非法居留的外国人，县级以上公安机关可以拘留审查、监视居住或者遣送出境。

（4）公安机关外事民警执行任务时，有权查验外国人的护照和其他证件；查验时，应当出示自己的工作证件，有关组织或者个人有协助的责任。

二、外国旅游者入境证件

1. 护照

外国人的护照，由其所在国的外交或公安机关颁发。护照是一国公民出入境和在国外旅行、居留的证件，证明其国籍、身份及出国目的。除外交护照外，还有公务护照、普通护照，各国视情况颁发。凡入出中国国境的外国旅游者必须交验有效护照和其他有效证件。

2. 签证

外国人入出中国国境或过境，必须按规定到我国有关出入境管理机关办理签证手续。签证手续，实际上是一个国家实施有条件准许入境的措施。

（1）签证的种类。按照国际惯例，一般按护照种类发给相应签证，但也可发给高于或低于护照种类的签证。根据证件持有人是否享有外交特权和礼遇，分别给予外交、礼遇、公务或者普通签证；根据需要次数和时间限制，分为长期、短期签证，一般是一次出入境有效。有些国家为加强友好交往，在互惠原则的基础上，互免签证手续；也有许多双边条约，规定互免签证手续。

（2）外国旅游者申请我国签证的程序。须口头答复被询问的有关情况，并履行相关手续；提供有效证件；填写签证申请表；交近期2寸半正面免冠照片；交验中国旅游部门的接待证明（签证通知）；向法律规定的部门申请L字签证。

（3）我国普通签证的种类。我国普通签证，根据外国人申请来中国的事由，在签证上注明相应的汉语拼音字母，以表明签证的目的和性质。

D字签证，发给来中国定居的人员。

Z字签证，发给来中国任职或就业人员及其家属。

X字签证，发给来中国留学、进修、实习6个月以上的人员。

F字签证,发给来中国访问、考察、讲学、经商、进行科技文化交流及短期进修、实习等活动不超过6个月的人员。

L字签证,发给来中国旅游、探亲或因其他私人事务入境的人员,其中9人以上组团来中国旅游的,可以发给团体签证。

G字签证,发给经中国过境的人员。

C字签证,发给承担列车运输、航空、航海任务的国际列车乘务员、国际航空机组人员及国际航行船舶海员及其家属。

J-1字签证,发给来中国常驻的外国记者;J-2签证,发给临时来中国采访的外国记者。

(4)签证管理。国家旅游局、省级旅游局及特定的旅行社,依法行使到我国境内旅游的签证通知权。中国政府驻外使领馆和外交部授权的其他驻外机关、公安部及其授权的其他机关、外交部及其授权的其他机关是办理外国人签证事宜的部门。经授权的地方公安机关作为口岸签证机关,按法律规定的事宜,对在外事、旅游活动中确需来华而来不及在中国驻外机关申办签证的外国人办理签证的,申办人下飞机办理入境手续时,即可办理签证,这种方式俗称落地签证。

我国采取三种签证制度:通常情况下采取一次签证一次有效的方法,还有多次签证和免除签证。签证格式的内容包括:签证有效期、有效次数、停留期、入出境口岸、偕行人员等。外国旅游者应在签证有效期内,按照指定的入境口岸、交通工具和线路通行,非经许可,中途不得停留。

旅游者领取签证、证件后,需要申请变更或延期,如有效期的延长、增加偕行人员、增加不对外国人开放地点,法律是许可的,但应向证件发放机关申办,并办理下列手续:交验护照和签证、旅行证等证件;填写变更或延期申请表并提供与延期或变更有关的证明,缴纳规定的费用。

3. 旅行证

持有效证件的旅游者,可以前往我国规定对外开放的地区旅游,根据有关规定,此类地区称为甲类地区;已对外开放、控制开放的新增加开放地区为乙类地区;只准许去考察、进行技术交流、现场施工等公务活动的一般性对外开放地区为丙类地区,不对外国人开放的地区为丁类地区。前往乙、丙、丁类地区应办理旅行证。

旅行证,是指外国人前往我国不对外国人开放的地区旅行,必须向当地公安机关申请的旅行证件,由旅游者临时居留地或工作地的市、县公安局办理。申请人应交验护照或居留证件,提供旅行事由的有关证明,填写旅行申请表。外国人旅行证有效期最长为一年。如需延长有效期、增加不对外国人开放的地点、增加偕行人数,必须向公安局申请延期或变更。

我国法律规定对不办理外国人旅行证、未经批准前往不对外国人开放地的外国人，可以处警告或者 500 元以下罚款；情节严重的，并处限期出境。

旅行社还可以接受外国旅游者、华侨、港澳台同胞、外国华人的委托，代办中国入境、过境、居留、旅行等签证，代向海关办理申报、检验手续。

三、外国旅游者入出境的权利义务及其法律责任

（一）外国旅游者入出境的权利

外国旅游者享有入出境的下列合法权益并受中国法律保护：①人身自由不受侵犯；②非经人民检察院批准或人民法院决定，并由公安机关执行，不受逮捕；③根据双边或多边条约，按照互惠原则，免签签证的权利以及法律、法规规定的其他权利。

（二）外国旅游者入出境的义务

（1）外国旅游者入出中国国境应经过中国政府主管机关许可，持有效证件；

（2）在签证有效期内停留；

（3）在中国境内必须遵守中国法律、法规；

（4）不得危害中国国家安全、损害社会公共利益、破坏社会公共秩序。

（三）外国旅游者入出境的法律限制

1. 不准入境情形

根据中国法律规定，下列外国人包括旅游者，不准入境：

（1）被中国政府驱逐出境、未满不准入境年限的；

（2）被认为入境后可能进行恐怖、暴力、颠覆活动的；

（3）患有精神病、麻风病、艾滋病、性病、开放性肺结核病等传染病的；

（4）被认为入境后可能进行走私、贩毒、卖淫活动的；

（5）不能保障其在中国所需费用的；

（6）被认为入境后可能进行危害我国国家安全和利益的其他活动的。

2. 不准出境情形

根据中国法律规定，下列外国人包括旅游者，不准出境：

（1）刑事案件的被告人和公安机关或者人民检察院或者人民法院认定的犯罪嫌疑人；

（2）人民法院通知有未了结民事案件不能离境的；

（3）有其他违反中国法律的行为尚未处理，经有关主管机关认定需要追究的。

（四）外国旅游者入出境的法律责任

外国人包括外国旅游者，违反我国法律规定，有下列情形之一的，县以上

公安机关应对其处以警告、罚款或者 10 日以下拘留处罚；情节严重的，公安机关应对其处以限期出境或者驱逐出境；构成犯罪的，依法追究刑事责任：

（1）非法入出中国国境的；

（2）在中国境内非法居留或者停留的；

（3）未持有效旅行证件前往不对外国人开放的地区旅行的；

（4）伪造、涂改、冒用、转让入境、出境证件的。

第三节　旅游出入境检查制度

为维护国家主权、安全和社会秩序，有关国家机关有权对入出境游客的证件、行李物品等进行检查，以维护国家利益。我国有关法律规定了对入出境旅游者进行"一关四检"的检查制度，即海关、边防、安全检查以及卫生防疫和动植物检疫检查。

一、海关检查

海关，是国家的门户，是国家入出境管理机构。国务院设立海关总署，统一管理全国海关。海关检查，指海关在国境口岸依法对进出国境的人员、货物、运输工具、行李物品、邮递物品和其他物品执行监督管理、代收关税和查禁走私等任务时所进行的检查。我国海关在执行任务时贯彻既严格又方便的原则，既保卫国家的政治、经济利益，维护国家主权，又方便促进对外经济贸易和科技文化交往。

旅游者对其所带的行李物品，应当向海关申报，由海关查验行李物品并办理入出境物品征税或免税验收手续，通过海关检查，海关依法行使《中华人民共和国海关法》赋予的监管职能。

1. 旅游者办理行李申报手续

申报指进出境旅游者为履行海关法规定的义务，对其携运进出境的行李物品实际情况依法向海关所作的书面申请。旅游者首先在申报台前向海关递交"中华人民共和国海关进出境旅客行李物品申报表"或海关规定的其他申报单，如实申报其所携运进出境的行李物品。除此之外，进出境旅客对其携运的行李物品以其他任何方式或在其他任何时间、地点所作出的申明，海关均不视为申报。

申报手续应由旅客本人填写申报单证向海关办理。如果旅客委托旅行社办理申报手续应由旅客本人在申报单证上签字，接受委托办理申报手续的旅行社应当遵守海关法的各项规定。

2. 海关通道

　　在海关监管场所，海关在通道内设置专用申报台供旅客办理有关进出境行李物品的申报手续。经中华人民共和国海关总署批准实施双通道制的海关监管场所，海关设置"申报"通道（又称"红色通道"）和"无申报"通道（又称"绿色通道"）供进出境旅客选择通行。

　　在实施双通道制的海关监管场所，携带须向海关申报的行李物品的进出境旅客，以及不明海关规定或不知如何选择通道的旅客，应选择"申报"通道（"红色通道"）向海关办理申报手续。其他旅客可不向海关办理申报手续，选择"无申报"通道（"绿色通道"）入境或出境。

　　外国旅游者来中国，主要接受海关对其入境运输工具和行李物品的检查。在旅游实践中，旅游者不仅搭乘飞机、船舶或列车，而且在邻近国家之间，往往驾驶车辆、船舶等，因此各国都制定了对外国旅游者运输工具的监督和检查制度。入出中国国境的旅游者应将携带的符合规定的行李物品交海关检查。旅游者应填写"旅客行李申报表"一式两份，经海关查验行李物品后签章，双方各执一份，在旅游者回程时交海关查验核实。来我国居留不超过 6 个月的旅游者，携带海关认为必须复运出境的物品，由海关登记后放行，旅游者出境时必须将原物带出；旅游者携带的金银、珠宝、钻石等饰物入境，如准备携带出境，应向海关登记，由海关发给证明书，以便出境时海关凭证核对放行。入出国境的旅游者携带的行李物品符合纳税规定的，应照章纳税。

二、边防检查

　　各国为维护国家主权和安全，禁止非法出入境，便利入出境人员和交通运输畅通，都在对外开放的港口、机场、国境车站和孔道以及特许的进出口岸设立了边防检查站，对进出国境的人员和物品进行检查。

（一）出入境边防检查管理机构及职责

　　为维护中国主权、安全和社会秩序，便利一切离开、进入或者通过中国国境（边境）的中国籍、外国籍和无国籍人和交通运输工具通行，我国早在 1952 年 7 月 29 日就经由中央人民政府政务院批准实施了《出入国境治安检查暂行条例》，1965 年 4 月 30 日国务院又发布了《边防检查条例》。1995 年 9 月 1 日起我国开始施行《中华人民共和国出境入境边防检查条例》。

　　我国在对外开放的港口、航空港、车站和边境通道等口岸设立了出境、入境边防检查站，其工作由公安部主管。边防检查站的职责是：

　　（1）对出入境人员及其行李物品、交通运输工具及其载运的货物实施边防检查；

　　（2）按国家有关规定对出入境的交通运输工具进行监护；

　　（3）对口岸的限定区域进行警戒，维护出入境秩序；

（4）执行主管机关赋予的其他法律、行政法规规定的任务。

边防检查人员必须依法执行公务，任何组织和个人不得妨碍边防检查人员依法执行公务。出入境人员和交通工具，必须经对外开放的口岸或经主管机关特许的地点通行，接受边防检查、监护和管理。

（二）边防检查的主要内容

1. 对出入国境人员的检查

出入境人员必须按照规定填写出境、入境登记卡，向边防检查站交验本人的有效护照或者其他出境、入境证件，经查验核准后，方可出入境。边防检查站对有下列情形之一的出入境人员，有权阻止其出入境：①未持出境、入境证件的；②持用无效出境、入境证件的；③持用他人出境、入境证件的；④持用伪造或者涂改的出境、入境证件的；⑤拒绝接受边防检查的；⑥未在限定口岸通行的；⑦国务院公安部门、国家安全部门通知不准出境、入境的；⑧法律、行政法规规定不准出境、入境的。

出境、入境人员有下列情形之一的，边防检查站有权限制其活动范围、进行调查或移送有关机关处理：①有持用他人出境、入境证件嫌疑的；②有持用伪造或者涂改的出境、入境证件嫌疑的；③国务院公安部、国家安全部和省级公安机关、国家安全机关通知有犯罪嫌疑的；④有危害国家安全、利益和社会秩序嫌疑的。

2. 对运输工具及人员的检查

出入境的交通运输工具离抵口岸时，必须接受边防检查。对交通运输工具的入境检查，在最先抵达的口岸进行；出境检查，在最后离开的口岸进行。在特殊情况下，经主管机关批准，对交通运输工具的入境、出境检查，也可以在特许的地点进行。

边防检查站对处于下列情形之一的出境、入境交通运输工具，有权进行监护：

（1）离抵口岸的火车、外国船舶和中国客船在出境检查后到出境前、入境后到入境检查前和检查期间；

（2）火车及其他机动车辆在国（边）界线距边防检查站较远的区域内行驶期间；

（3）外国船舶在中国内河航行期间；

（4）边防检查站认为有必要进行监护的其他情形。

出入境交通运输工具有下列情形之一的，边防检查站有权推迟或者阻止其出境、入境：

（1）离抵口岸时，未经边防检查站同意，擅自出境、入境的；

（2）拒绝接受边防检查、监护的；

（3）被认为载有危害国家安全、利益和社会秩序的人员或者物品的；

（4）被认为载有非法出境、入境人员的；

（5）拒不执行边防检查站依法作出的处罚或者处理决定的；

（6）未经批准擅自改变出境、入境口岸的。

3. 对行李物品、货物的检查

边防检查站根据维护国家安全和社会秩序的需要，可以对出境、入境人员携带的行李物品和交通运输工具载运的货物进行重点检查。

出境、入境的人员和交通运输工具不得携带、载运法律、行政法规规定的危害国家安全和社会秩序的违禁物品；携带、载运违禁物品的，边防检查站应当扣留违禁物品，对携带人、载运违禁物品的交通工具负责人依照有关法律、行政法规的规定进行处理。

任何人不得非法携带属于国家秘密的文件、资料和其他物品出境，否则，边防检查站应予以收缴，对携带人依照有关法律、行政法规规定处理。出境、入境人员携带或者托运枪支、弹药，必须遵守有关法律、行政法规的规定，向边防检查站办理携带或托运手续；未经许可，不得携带、托运枪支、弹药出境、入境。

三、安全检查

中国海关和边防站，为保证国家安全和旅游者生命财产安全，禁止携带武器、凶器、爆炸物品。采用通过安全门使用磁性探测检查、红外线透视、搜身开箱检查等方法，对旅游者进行安全检查。

四、卫生检疫

为防止传染病由国外传入或由国内传出，保护人身健康，各国都制定了国境卫生检疫法。我国依据《中华人民共和国国境卫生检疫法》设立了国境卫生检疫机关，在入出境口岸依法对包括旅游者在内的有关人员及其携带的动植物和交通运输工具等实施传染病检疫、检测和卫生监督，只有经过检疫，由国境卫生检疫机关许可，才能入出境。

五、动植物检疫

为防止动物传染病、寄生虫病和植物危险性病、虫、杂草以及其他有害生物传入、传出国境，保护我国农、林、牧、渔业生产和人体健康，促进对外经济贸易的发展，履行国际义务，我国制定了《中华人民共和国进出境动植物检疫法》。在我国边境口岸设立的口岸动植物检疫站，代表国家对入出境的动物、动物产品；植物、植物产品及运载动植物的交通工具等执行检疫任务。旅游者应主动接受动植物检疫，并按有关规定入出境。

【本章小结】

1. 中国公民出入境证件有护照、旅行证、出入境通行证和签证。

2. 中国公民出国旅游可分为公费、自费和其他三种旅游类别。对开办公民自费出国旅游采取有计划、有组织、有控制发展的指导方针。出国旅游管理制度包括总量控制、配额管理制度、组团社审批制度、出国旅游目的地审批制度等。

3. 边境旅游是近几年发展很快的一种旅游形式，它有着十分重要的意义。

4. 外国人入出境管理机关是指中国政府在国外受理外国人入境、过境申请的机关。中国政府在国内受理外国人入境、过境、居留、旅行申请的机关，是公安部、公安部授权的地方公安机关和外交部、外交部授权的地方外事部门。外国人入出境管理机关履行相应的职责。

5. 我国有关法律规定了对入出境旅游者进行"一关四检"的检查制度，即海关、边防、安全检查以及卫生防疫和动植物检疫检查。

【复习思考题】

1. 中国公民出入境的证件有哪几类？
2. 中国旅游者出入境的权利、义务及法律责任有哪些？
3. 简述出国旅游管理制度。
4. 外国人入境的有效证件有哪几种？
5. 简述边境旅游及其意义。
6. 简述旅游出入境检查制度。

【实务训练】

请你办理个人出国旅游的相关手续。

【案例分析】

2002年3月，北京市民唐先生经某旅行社安排，参加了境外旅游。回国后，旅行社代办的一次性旅游护照按"规定"由旅行社收回。2006年，因要赴美国培训，唐先生重新申办了因私护照，但在申请签证时被拒。理由是有人利用唐先生4年前的旅游护照制作假护照并盗用他的相关身份资料申请了赴美签证。唐先生质询旅行社时获知，旅行社因工作失误已将他的护照丢失。虽然旅行社多次向美大使馆出具函件证明上述事实，但唐先生还是被拒签了。唐先生因此被解除了与美国公司的聘用合同，失去了良好的工作机会。

为此，唐先生向法院提起诉讼，要求某旅行社赔偿其所受的一切损失。

◎问题：

该旅行社是否应该承担唐先生的损失，为什么？

第九章 旅游交通法规

【学习目标】

掌握我国旅游交通运输中承运人和旅客的权利义务关系、承运人的法律责任。

熟悉运用本章知识解决旅游交通中发生的法律纠纷。

【章首案例】

3月11日，广西某旅游团队游客通过柳州甲旅行社组团到云南旅游，地接社为云南乙国际旅行社，由云南省某交通旅游公司负责旅游交通。3月16日，旅游团队游客从泸沽湖返回丽江途中发生车祸，游客所坐的旅游车冲出地基，翻滚下山坡60多米。司机、导游当场死亡，游客中5人重伤，3人轻伤。事故发生后，伤员被送进当地医院抢救。医院诊治确认，5位重伤员出现不同部位的骨折，需要做手术。丽江交警经调查认定，该起事故为旅游车驾驶员转向处置不当，导致旅游车冲出地基，酿成惨剧，是属于司机的责任事故。

3月21日，丽江旅游局召集了有云南省某交通旅游公司、云南乙旅行社等企业参加的事故协调会，并达成垫付客人医药费协议。不料，云南乙旅行社在接到当地交警的事故认定书后，认为既然交警明确此次交通事故是交通旅游公司旅游车的责任，不是旅行社的质量问题，那么没有理由让旅行社负责垫付客人医药费。

3月22日，乙旅行社工作人员开始"撤离"丽江，并拒绝交纳医药费，重伤者部分医疗费无着落，医院不用药，没有得到及时治疗。轻伤员返程时，也是自己掏腰包。

——改编自中国旅游律师网

◎问题：

1. 在旅游交通运输中应遵守哪些法规和基本原则？
2. 旅客在旅游交通运输中享有哪些权利，应承担哪些义务？
3. 运输企业在旅游交通运输中享有哪些权利，应承担哪些义务？
4. 旅游交通运输中承运人的法律责任是什么？

第一节　旅游交通法规概述

一、旅游交通

旅游交通是指旅游运输承运人为旅游者在旅行游览过程中提供所需运输服务的系列活动。旅游交通是现代旅游业的一个重要组成部分,是旅游业发展的先决条件。首先,它借助民用客机、旅客列车、旅游汽车等公共交通设施,承担旅游者及其行李在旅游客源地与目的地之间的运送任务,解决旅游者进出旅游目的地的对外交通问题。其次,它还要承担旅游者在旅游目的地内各交通站(场)、饭店、餐馆、景区(点)、商店、文体娱乐场所之间的运送任务,解决旅游者在目的地内的疏散问题。

旅游交通能调节旅游业的发展速度,促进旅游地的经济发展,是旅游业经济收入的重要来源,被人们称为旅游业的大动脉。

二、旅游交通法规概念和调整对象

(一) 旅游交通法规概念

旅游交通法规是调整旅游交通运输中产生的社会关系的法律规范的总称。

首先,旅游交通法规是由一系列的法律规范构成的整体,主要由航空、铁路、海上、内河等运输方面的规范以及旅游景区、景点的索道等特殊交通工具的运输规范构成。

其次,由于旅游交通具有涉外性,旅游交通法规体系中既包括国内旅游交通法规,又包括国际旅游交通规范。

再次,旅游交通运输中的法律关系主要分为两大类:一是旅游交通运输管理关系;二是旅游交通运输合同关系。

(二) 旅游交通运输法规的调整对象

(1) 国家旅游交通运输管理部门同旅游交通运输企业的关系;

(2) 旅游交通运输企业同旅游者之间的权利和义务关系;

(3) 旅游交通运输企业之间以及它们同相关旅游经营者之间的关系;

(4) 我国旅游交通运输管理部门同外国旅游交通运输经营者之间的关系;

(5) 旅游交通运输部门内部的关系。

2005年国庆期间,于小姐和朋友一起到海南旅游。在上海火车站进行安检时,工作人员发现于小姐一旅行包内有可疑物。经开包检查发现是罐装发胶,当场予以收缴。于小姐不服,认为这属于私人物品,又不是非法购买,铁路部门无权收缴，要求归还。

——摘自畅游天下网

◎问题：

于小姐的说法正确吗？该物品应怎么处理？

第二节　承运人和旅客之间的权利义务

一、承运人的主要权利和义务

我国合同法和交通运输法律、法规比较详细地规定了承运人和旅客之间的权利义务。

（一）旅游运输合同

1. 旅游运输合同的成立

旅游运输合同是指承运人将旅客或者行李物品从起运地点运输到约定地点，旅客、托运人或者收货人支付票款或者运输费用的协议。它包括客运合同、货运合同与多式联运合同三种形式。

旅游运输合同一旦成立，在承运人与旅客之间即确立起因旅游运输合同而产生的权利义务关系，双方必须按照合同规定和交通法律、法规的规定各自享有权利并履行相应的义务，如果一方由于自己的原因给对方造成损害，就应承担法律责任。根据旅游交通运输的实际情况，旅游运输合同的成立通常是通过两种途径。

（1）购票成立

在实际旅游运输业务中，旅客往往直接到机场、车站、码头等售票窗口购票，或者到它们所设立的售票点、代办点等处购票。这种由旅客尤其是散客的直接上门购票所产生的旅游运输合同关系，表面上看来，承运人与旅客之间并没有签订书面的正式协议，但承运人出具的运输凭证，旅客照章交费取得承运人签发的乘客票和行李票，即证明旅游运输合同的成立，成立的时间以承运人出具票据，旅客拿到票据时为依据。

乘客票和行李票是旅游运输合同成立的有力凭证，是一种高度简化形式的，非以双方签字形式出现的书面格式合同。

值得注意的是，乘客票除飞机票之外都是不记名的，可以自由转让，持有乘客票（除飞机票以外）的当事人虽然可能变更，但承运人不得据此不履行承运义务，否则应承担违约责任。

2000 年 5 月 28 日晚，刘某持国内某航空公司"长沙—石家庄"航班机票办理登机手续时，被告知航班取消。在航空公司安排下，刘某等3人改乘当晚"长沙—北京"（900元/张）抵达北京，并于23时30分乘坐硬座特快列车赶赴石家庄。刘某等3人办完公事，返回后与航空公司交涉未果，遂向当地人民法院起诉，要求该航空公司赔偿直接经济损失180元，并依据消费者权益保护法规定按原机票价赔偿900元。

——改编自中国航空法律网

◎问题：

航空公司是否应该赔偿？

（2）预约成立

按照旅游业的业务特点，旅客或者除旅客以外的第三人（如旅行社）可以通过信件、电报、电传、电子邮件等各种有效形式向承运人预定旅游交通运输服务。如果承运人对旅客或第三人的预定要约予以承诺，则旅游运输合同宣告成立，成立时间以承运人的承诺到达要约人时为依据。如果旅客不能按照约定前来取得运输凭证（乘客票和行李票），或者到期承运人不能向旅客提供约定运输服务均属于违约行为，应承担各自的违约责任。

2. 旅游运输合同的终止

旅游运输合同的终止即承运人与旅客之间的权利义务关系的消灭，一般有以下四种终止情形：

（1）正常终止

即旅客支付了票款或者运输费用，承运人按照约定旅游线路将旅客安全、快捷、舒适、正点送达约定地点。自旅客离开交通工具开始，旅游运输合同终止。

（2）延期终止

一般而言，旅游运输合同可以是定期的，也可以是不定期的，但旅客应当持有效客票乘运，在客票的乘运期间、乘运路段区间乘运。如果旅客因自己的原因不能按照客票记载的时间乘坐，应当在约定的时间内办理延期乘坐的变更手续，如果旅客超出客票所约定的乘运区间，应当向承运人补交客票款。在这种情形下，承运人与旅客之间形成新的旅游运输合同关系，旅游运输合同继续延续至新的旅游运输合同的终止。

（3）单方终止

单方终止是指在一方当事人实施了违法行为或者有严重违约行为，侵害运输合同另一方当事人利益时，对方依法有权单方面终止合同。

如果承运人或旅客严重违反了旅游运输合同的约定义务，另一方当事人有权终止合同关系。例如，承运人无法提供约定的交通工具，擅自变更交通线路，擅自增加不合理运输费用等，旅客可以终止合同，追究承运人的违约责任。

旅客如果在乘运期间实施各种违法犯罪行为，或者违反国家有关旅游交通法规的规定，承运人有权单方解除合同，将其驱逐，双方旅游运输合同关系终止。我国客运合同规定，旅客应当持有效客票乘运，如果旅客无票乘运、超程乘运、越级乘运或者持失效客票乘运，应当补交票款，承运人可以按照规定加收票款。旅客不交付票款的，承运人可以拒绝运输。旅客不得随身携带或者在行李中夹带易燃、易爆、有毒、有腐蚀性、有放射性以及有可能危及运输工具上人身和财产安全的危险物品或者其他违禁物品。旅客坚持携带或者夹带违禁物品，不听劝阻，承运人可以拒绝运输，终止旅游运输合同。

（二）承运人的主要权利

1. 收取运输费用与服务费的权利

承运人向旅客提供交通运输服务，有权要求旅客支付票款或运输费用。如果由于旅客的原因导致误机、漏乘、错乘、客票遗失、超程乘运、超级乘运等引起客票变更、补票、退票服务，承运人可按照规定合理、合法收取相应的服务费用。

我国铁路、公路、水路的旅客运输都明确规定，退票必须在一定时间内办理。各种情形的退票，均应收取退票费。团体旅客误机，客票作废，票款不退。

2. 拒载的权利

通常情况下，承运人不得无故拒绝旅客乘运的要求，但是旅客及其行李物品如果违反了有关旅游交通法规的规定，承运人可以拒绝其乘运，甚至可以驱逐旅客。

另外，《中国民用航空旅客、行李国内运输规则》也有载运限制的规定：

（1）对于无成人陪伴的儿童（指年龄满 2 周岁但不满 12 周岁的人）拒绝乘运。

（2）病残旅客、孕妇、盲人、聋人或犯人等特殊旅客，只有在符合承运人规定的条件（孕妇及病残者，须持有医疗单位出具的适宜乘机的证明）下经承运人预先同意并在必要时做出安排后方予载运，否则拒绝乘运。

（3）传染病患者、精神病患者或健康情况可危及自身或影响其他旅客安全的旅客，承运人不予承运。已购客票，按照退票处理。

（4）对违反政府法律、法令和民航规章的旅客，民航应拒绝其乘机，已购客票作废，票款不退。

3. 要求旅客赔偿的权利

如果旅客违反旅游运输合同的约定，例如旅客预定机座，在约定的期限内未能前来购买客票，给航空部门造成损失的，承运人有权要求其赔偿。在旅游运输过程中，旅客损害或破坏旅游交通工具、交通设施，旅游交通部门或企业有权要求其赔偿，情况严重的依法由司法机关处理。

（三）承运人的义务

1. 出具票据的义务

客票是航空旅客运输合同订立和运输服务的初步证据，如果承运人不出具客票，在航空旅客运输过程中一旦发生纠纷，就缺乏这种初步证据，故法律要求承运人出具客票。运输凭证分为：旅客运输凭证（客票）、行李运输凭证（行李票）和航空货物运单三种类别。

航空客票　记名式，只限客票上所列姓名的旅客本人使用，不得转让和涂改，否则客票无效，票款不退。

客票应当至少包括下列内容：承运人名称；出票人名称、时间和地点；旅客姓名；航班始发地点、经停地点和目的地点；航班号、舱位等级、日期和离站时间；票价和付款方式；票号；运输说明事项。

电子机票　纸质机票的电子形式，电子客票将票面信息存储在订座系统中，可以像纸票一样执行出票、作废、退票、换开、改转签等操作。

在国内航空运输中，承运人同意旅客不经其出票而乘坐民用航空器的，承运人无权援用航空法有关赔偿责任限制的规定。

在国际航空运输中，承运人同意旅客不经其出票而乘坐民用航空器的，或者客票不符合规定，承运人无权援用航空法有关赔偿责任限制的规定。

2. 保障人身、财产安全的义务

承运人应当保证其提供的旅游交通运输服务符合保障人身、财产安全的要求。对可能危及人身、财产安全的情形，应当向旅客作出真实的说明和明确的警示，并说明和标明正确使用或者接受服务的方法以及防止危害发生的方法。我国民航、铁路、公路、水运等部门和企业对旅客的安全乘运的要求与说明、旅客的安全检查，对旅客托运的行李物品数量、大小、包装、安检以及各类交通工具自身的适宜载运旅客所必须具备的天气、基本设施、基本服务条件等都作出了明文规定。

承运人在运输过程中，应当尽力救助患有急病、分娩、遇险的旅客。

2008 年 2 月 12 日下午 2 时 40 分，从深圳途经青岛飞往沈阳的 CZ6312 航班起飞不久，一位乘客心脏病发作，生命垂危。乘客中有名医生，他认为唯一的方法是尽快送往就近的医院进行抢救，而且要争取时间。此时，飞机刚飞到福州机场的上空，为抢救旅客的生命，机组人员作出决定立即备降最近的福州机场。因抢救及时，该乘客脱离了生命危险。

——改编自中国航空法律网

　　杨某乘坐 K776 次火车去旅游。5 时左右，他到 1 号和 2 号车厢的过道接听电话，由于该处车门没有锁闭，他从车上摔了出去，构成一级伤残。铁路部门称：1、2 号车厢间过道两边的门是开着的，但那是工作人员对信号用的，去该过道需要经过一扇关着的玻璃门，旁边有一块"旅客止步"的警示牌，因此杨某应自己承担责任。

——摘自中国交通事故律师网

◎问题：
铁路部门是否应赔偿杨某的损失？为什么？

　　3. 提供正点、快捷、舒适运输服务的义务
　　承运人应当按照客票载明的时间和班次运输旅客。旅游者的旅游活动包括旅行与游览，其中游览是目的，旅行是实现游览这一目的的手段。与一般旅行者相比较，旅游者的旅游活动具有更强的计划性和连贯性。旅游运输作为旅游者与旅游目的地的沟通桥梁，做到正点、快捷、舒适运输，有利于旅游活动的正常开展，否则会影响旅游活动的进程，从而会导致旅游者与旅行社之间的合同履行方面的纠纷，给旅游者与旅游经营者都带来损失。
　　4. 承运人应向旅客及时告知有关不能正常运输的重要事由和安全运输应当注意的事项
　　因为天气、道路、机械故障、空中管制等多种原因，列车和航班延误的情况时有发生。承运人对延误现象的发生即使没有过错，也应及时旅行通知义务，便于旅客做相应的准备。

　　二、旅客的权利和义务

　　（一）旅客的权利
　　1. 接受旅游交通服务，并享有按规定应有的其他服务的权利
　　旅客有权享用约定的交通工具，交通运输部门不得擅自改变交通运输的班次、运输起止时间，交通工具的类型、档次等。在交通运输期间，旅客有权享受交通部门提供的一切免费的或者收费的服务和设施设备。如游客因飞机晚点长时间候机时，有享受航空公司提供的免费餐的权利。
　　2. 安全权
　　安全权在这里是指旅客在接受旅游交通运输企业的服务时所享有的人身、

财产安全不受损害的权利。对于所有的游客来说，在旅游交通运输中，首先考虑的便是运输服务的安全，如果这方面存在问题，轻则使身体某一部位受到伤害，重则导致残疾甚至死亡。安全权包括两方面内容，一是人身安全权，二是财产安全权。

3. 享有按规定免费携带行李物品的权利

我国民航、铁路、公路、水运旅客运输对旅客随身携带的行李物品的免费重量有不同的规定，在规定的范围内，旅客享有的此项权利，任何人和单位不得干预。

（1）民航规定：每一全票的旅客免费托运行李限额为头等舱 40 公斤，公务舱 30 公斤，经济舱 20 公斤。按折扣票价购票，公务舱 20 公斤，经济舱 15 公斤。婴儿票无免费行李额。

（2）铁路规定：大人 20 公斤，小孩 10 公斤，外交人员 35 公斤。

（3）公路规定：大人 10 公斤，小孩 5 公斤。

（4）轮船规定：大人 30 公斤，小孩 15 公斤。

4. 享有按规定购买优惠票的权利

客运票是旅客乘坐旅游交通工具的具有法律效力的凭证。我国民航、铁路、公路、水运的客票分为不同的档次，不同等级的客票的价款不同。对于不同的购票主体，享有不同的购票优惠。

5. 享有按规定获得赔偿的权利

由于承运人的违约造成的违约责任以及由于承运人的原因导致的旅客人身或财产的损失等侵权行为，旅客享有按规定获得赔偿的权利。

（二）旅客的义务

旅客负有遵守运输合同的义务和旅游交通运输法定的义务，主要有以下方面：

1. 旅客应该支付票款或运输费用

旅客应当支付票款或运输费用，获取运输票据，持有效客票承运。

铁路法第十四条规定："旅客乘车应当持有效车票。对无票乘车或者持失效车票乘车的，应当补收票款，并按照规定加收票款；拒不交付的，铁路运输企业可以责令下车。"所谓"有效车票"，是指铁路车站出售的有规定乘车期限、上下车站和发车时间的车票。旅客持失效车票或者无票乘车，实际上是一种侵害铁路运输企业合法权益的行为。依照我国民法规定，实施侵权行为的加害人，应当承担相应的法律责任。通常情况下，铁路运输企业可以根据有关规章的规定补收票款，并加收一定的票款。加收票款的具体数额一般由国务院铁路主管部门规定。如果由于旅客的原因导致的误机、漏乘、错乘、客票遗失、超程乘运、超级乘运等引起客票变更、补票、退票服务，还应按照规定支付相应的服务费用。

旅客因自己的原因不能按照客票载明的时间乘机的,应当在约定时间内办理退票或者变更手续。逾期办理的,承运人可以不退票款,并不再承担运输义务。

2. 按照规定在购票、托运行李物品时,出具相应的证明的义务

3. 旅客携带或者托运的行李物品不得夹带违禁物品以及其他危险物品

铁路法第四十八条规定:"禁止旅客携带危险品进站上车。铁路公安人员和国务院铁路主管部门规定的铁路职工,有权对旅客携带的物品进行运输安全检查。实施运输安全检查的铁路职工应当佩戴执勤标志。"

违禁物品包括武器、易燃、易爆、有毒、有腐蚀性、有放射性、可聚合物质、磁性物质。旅客也不得携带国家法律、法规和规章禁止携出、携入或者过境的物品。旅客乘坐飞机不得在交运的行李物品中夹带机密文件、保密资料、技术资料、外交信袋、证券、货币、易碎物品、流质物品,以及贵重物品如金银、首饰、手表、照相机等,不得携带小动物以及其他妨碍公共卫生、秩序和容易损坏飞机、污染环境的物品。

4. 旅客托运行李物品应仔细阅读运输单或者托运单上的各项声明、说明,应认清、理解并认真填写各项要求填写的内容。

5. 旅客乘机、车、船应接受相关的客票检查、行李检查,甚至身份检查。

6. 旅客在运输中应当按照约定的限量携带行李。超量携带行李的,应办理托运手续。

第三节 旅游交通运输中的法律责任

一、航空运输中承运人的法律责任

(一)航空承运人的法律责任构成条件

承运人的责任主要包括:承运人对旅客人身伤亡的责任;承运人对旅客随身携带物品的责任;承运人对旅客托运行李的责任;承运人对延误旅客、行李运输的责任;关于国内航空运输承运人的赔偿责任;关于国际航空运输承运人的赔偿责任;承运人责任的免除或者减轻的规定等六个方面的问题。

航空承运人承担法律责任的构成条件:

1. 承运人承担民事责任的对象仅限于旅客人身及旅客携带的行李、物品或者货物

因为旅客是与承运人签订了航空运输合同而被运输的人,而不是旅客以外的其他人。通常情况下,旅客即是运输客票的持票人;但承运人同意某人不经其出票而登机时,该乘机人员虽不持有客票但仍是旅客。承运人仅对发生在民

用航空器上或者在其上下民用航空器过程中的事件造成的旅客人身伤亡、行李物品或者货物的损失或延误承担责任。

2. 承运人承担民事责任的范围有限

承运人承担民事责任的范围仅限于旅客的人身伤亡、行李物品或者货物的损失或延误，不包括旅客精神上的痛苦。

3. 承运人承担民事责任的前提

承运人承担民事责任的前提条件是旅客的人身伤亡、旅客携带的行李物品或者货物的损失或延误是因发生在民用航空器上或者在其上、下民用入空器过程中的事件造成的

"事件"与旅客的人身伤亡存在着因果联系。这里所称的"事件"，是指发生在民用航空器上或者发生在旅客上、下民用入空器过程中，与航空运输操作或者航空运输服务有关的，造成旅客人身伤亡、行李物品或者货物的损失或延误的任何事情。既包括航空运输过程中发生的航空事故如飞机坠毁；也包括尚未构成事故的航空事件，如空中颠簸；还包括与航空运输风险无关的事件，如某旅客在飞机上被劫机者杀害，又如因承运人的受雇人或代理人的不当行为而引起的旅客受伤。

4. 承运人的责任期间限制

（1）人身伤亡、旅客随身携带物品毁灭、遗失或者损坏。承运人对旅客人身伤亡、旅客随身携带物品毁灭、遗失或者损坏的责任期间是"在民用航空器上或者在旅客上、下民用航空器的过程中"，凡在该期间以外造成的人身伤亡、旅客随身携带物品毁灭、遗失或者损坏，承运人不承担责任。

2004年9月4日，某旅行社工作人员伍某将三名游客物品交到广州市某航空公司托运至武汉，在《航空货运单》上填写了有关内容：始发站，目的站，收货人，计费重量，货物品名，付款总额为100元。在该货运单上伍某没有填写"运输声明价值"及"运输保险价值"。在武汉机场提货时发现伍某托运的物品发生了破损。伍某要求按实际损失赔偿，航空公司认为应按货单注明的价值赔偿。对赔偿数额协商未果，伍某遂诉至法院。

——改编自中国航空法律网

◎问题：

航空公司应如何赔偿？

（2）旅客、行李迟延运输是在"航空运输中"。"航空运输中"是承运人的责任期间，承运人仅对在其责任期间造成的旅客、行李迟延运输负责，而不对在此期间外因其他运输方式的延误造成的损失负责。"延误"是指承运人未

能按照运输合同约定的时间将旅客、行李运抵目的地。运输合同约定的时间，一般指承运人的班机时刻表或者机票载明的旅客抵达目的地的时间。此外，从国际航空司法实践看，航班的撤销也作延误处理。

依照上述规定，承运人只有因延误造成旅客损失时才承担责任，如果延误没有造成旅客任何损失，承运人就不承担责任。法律之所以作如此规定，首先，并不是所有的延误都可能造成损失，有时虽然发生延误，但并未造成实际损失，这时承运人不承担责任。其次，并不是一出现延误就会给每个旅客或托运人造成实际损失。这就要求旅客或者托运人负责举证其某项损失是由延误造成的，并列举出延误所造成损失的具体款项。再次，损失是指因延误而给旅客或者托运人造成的实际经济损失，不包括造成的精神损失，如给旅客造成的身体上的不便、不适等。

（3）托运的行李毁灭、遗失或者损坏在航空运输期间。航空运输期间是指在机场内、民用航空器上或机场外降落的任何地点，托运行李处于承运人掌管之下的全部期间。承运人应当对发生在航空运输期间的造成旅客托运行李的毁灭、遗失或者损坏的事件承担责任；如果托运行李的毁灭、遗失或者损坏完全是由于托运行李本身的自然属性、质量或者缺陷造成的，承运人不承担责任。

胡先生于 2006 年 9 月 22 日预订了某航空公司的电子客票，准备在第二天由北京飞往香港，在预订客票时，登记了自己的联系电话。9 月 23 日 7 时，胡先生到达首都国际机场，并办理了登机手续。胡先生到达登机口时，航空公司的工作人员告知，该航班起飞时间延误，但未告知具体起飞时间。胡先生回到机场候机厅的座椅上休息。9 时 48 分，胡先生再次来到登机口，询问航班起飞时间，但是，工作人员告知，这趟航班登机验票工作已经结束，飞机的舱门已经关闭，胡先生已经失去登机的可能，其所购机票也不能改签或退票。胡先生将该航空公司告上法院，要求航空公司赔偿自己的机票款及税款损失共计3172 元。航空公司辩称，航班延误是事实，但是，该航班并没有更改登机口，其间，还进行了三次机场大区域的广播提示，为此，他们强调，航空公司已经尽到了合理的提醒义务，不同意赔偿胡先生的损失。

——摘自中国航空法律网

◎问题：

胡先生的要求是否合理？为什么？

（二）航空运输承运人的赔偿责任限额

承运人责任限制制度是指发生重大的航空事故时，作为责任人的承运人即航空公司一般情况下可以根据法律的规定，将自己的赔偿责任限制在一定范围内的法律制度。根据这一制度，当航空运输过程中发生旅客人身伤亡及行李物品灭失、损坏的损失数额没有超出法定责任限额时，承运人的责任限制在一定数额。因此，赔偿责任限制制度是通过法律或者行政法规规定承运人的最高赔偿责任限额，将承运人的责任限制在一定数额范围内，以达到保护承运人利益、使承运人不致因过度赔偿而破产的目的。当然，赔偿责任限制制度不仅考虑到对承运人利益的保护，也要考虑到对合同对方当事人利益的保护，这种对合同对方当事人利益的保护，一般体现在允许合同对方当事人另行约定高于法定责任限额的赔偿责任限额。一旦发生损失且损失额较大时，承运人将要在双方约定的赔偿责任限额的范围内承担责任。

1. 国内航空运输承运人的赔偿责任限额

所谓国内航空旅客运输，是指根据航空旅客运输合同，运输的始发地、约定经停地和目的地都在中华人民共和国境内的航空旅客运输。

承运人按照我国《国内航空运输旅客身体损害赔偿暂行规定》应当承担赔偿责任的，对每名旅客的最高赔偿金额为人民币 7 万元。此外，旅客可以自行决定向保险公司投保航空运输人身意外伤害险。此项保险金额的给付，不得免除或减少承运人应当承担的赔偿金额。

承运人如能证明旅客死亡或者受伤是不可抗力或旅客本人健康状况造成的，承运人不承担赔偿责任；此外，如果承运人能证明旅客死亡或受伤是由旅客本人的过失或故意行为造成的，可以减轻或免除其赔偿责任。

2. 国际航空运输承运人的赔偿责任限额

（1）对每名旅客的赔偿责任限额为 16600 计算单位①；但是，旅客可以同承运人书面约定高于本项规定的赔偿责任限额。

（2）对托运行李或者货物的赔偿责任限额，每公斤为 17 计算单位。

（3）对每名旅客随身携带的物品赔偿责任限额为 322 计算单位。

无论是在国内航空运输中，还是在国际航空运输中的赔偿责任限制，只要能够证明在航空运输中的损失是由承运人的故意或重大过失造成的，那么承运人无权援用上述赔偿责任限制制度，即承运人不仅无权援用法定的赔偿责任限额，同时也无权援用约定的赔偿责任限额。也就是说，在这种情况下，承运人将承担无限责任。

---

① 计算单位是指国际货币基金组织规定的特别提款权，其人民币数额为法院判决之日、仲裁机构裁决之日或者当事人协议之日，按照国家外汇主管机关的国际货币基金组织的特别提款权对人民币的换算办法计算得出的人民币数额。

（三）承运人责任的免除或者减轻规定

1. 索赔人的过错

《中华人民共和国民用航空法》第一百二十七条规定："在旅客、行李运输中，经承运人证明，损失是由索赔人的过错造成或者促成的，应当根据造成或者促成此种损失的过错的程度，相应免除或者减轻承运人的责任。旅客以外的其他人就旅客死亡或者受伤提出赔偿请求时，经承运人证明，死亡或者受伤是旅客本人的过错造成或者促成的，同样应当根据造成或者促成此种损失的过错的程度，相应免除或者减轻承运人的责任。"

"索赔人"主要是指旅客或者代理人，如果旅客在航空运输中死亡，索赔人即为旅客的继承人或其代理人。"旅客以外的其他人"是指旅客的代理人、继承人或该继承人的代理人。

所谓"过错"是指行为人的故意或过失的行为或者不行为。如旅客在托运行李时负有申报危险品的义务而没有申报；旅客的代理人在代旅客提取行李时不慎将行李摔坏等。飞机发生空中颠簸时，承运人通知旅客系好安全带，但某旅客不听乘务员的吩咐而未系安全带造成撞伤。在这种情况下，可以免除承运人的责任。又如旅客将活动物作为一般行李托运，未向承运人申明。承运人将一活的动物延误时间过长而导致其死亡。在这种情况下，应当根据旅客的过错程度相应减轻承运人的责任，使双方分摊因其共同过错造成的损失。

2. 承运人采取了一切必要措施或者根本不可能采取相应措施

如果承运人能够履行其举证责任，证明其本人或者其受雇人、代理人已经采取了一切必要措施以避免损失的发生，或者根本不可能采取相应措施，可以不承担责任。具体来讲，承运人在以下两种情况下不承担责任：

其一，承运人或其受雇人、代理人已经采取了一切必要措施避免损失的发生。例如，在航班因飞机机械原因延误的情况下，承运人为旅客安排住宿以及交通、通信条件，或者为旅客安排其他航空公司的航班。

其二，延误时承运人不可能采取必要措施或阻止延误的发生。无法控制、无法预料的原因一般包括天气条件、航空器的机械故障、机组人员或机械人员罢工、航空器的操作等。

在旅客运输中，承运人如果不能证明延误是由于天气条件、机械损坏等无法控制的原因造成的，或者不能证明承运人本人或者其受雇人、代理人已经以应有的勤勉采取了一切合理的正常的必要措施确保航班的正点起飞和准点到达，就应当对因延误引起的损失承担责任，包括：旅客在等待另一航班过程中的支出和特殊费用；旅客误乘下一经停地点航班的损失；旅行社购买另一航空公司机票而额外支出的票款。

二、铁路运输中承运人的法律责任

(一) 铁路承运人的法律责任构成条件

1. 承运人承担民事责任的对象

承运人承担民事责任的对象仅限于旅客人身及旅客携带的行李、物品或者货物。"旅客"是指持有效车票凭证乘车的人员以及按照国务院铁路主管部门有关规定免费乘车的儿童；此外，经铁路运输企业同意，根据铁路货物运输合同，随车护送货物的人，也被视为旅客。

2. 承运人承担民事责任的范围

承运人承担民事责任的范围仅限于旅客的人身伤亡、自带行李或者货物的损失或延误。

3. 承运人承担民事责任的前提条件

承运人承担民事责任的前提条件为造成损失的事件是铁路运输企业的违约行为造成的。

4. 承运人的责任期间

承运人的责任期间限制在"铁路旅客运输中"，即自旅客经检票进站至行程终点出站时止。

(二) 铁路承运人承担法律责任的形式

1. 因铁路运输企业的原因导致乘客未能按时乘车的责任形式

旅客到铁路车站购买车票，铁路旅客运输合同即告成立。旅客凭车票有权要求铁路运输企业按照票面载明的日期、车次及时安排旅行。铁路运输企业也有义务按照票面的规定，组织旅客旅行，并为乘客提供条件，把旅客及时运送到旅行目的地。

由于客观情况的变化，有时旅客并不能按时乘车。一是旅客自身的原因，如情况发生变化，放弃或改变了旅行计划，也可能是由于各方面的原因，发生了误车等情况；二是铁路运输企业的原因，如列车晚点、车次取消等。如果属于铁路运输企业的原因导致乘客不能按时乘车，铁路运输企业应承担违约责任，即退还全部票款或安排改乘到达相同目的地站的其他列车。在这种情况下，旅客改乘列车，铁路运输企业不得收取任何费用。

2006 年 8 月 24 日凌晨，某次列车驶进西安站，乘客们到车厢门口排队，列车员开始说，"先下后上"。可是等车上的乘客刚刚下车完，列车员突然关闭车门，不让上车。凌晨 3 时 15 分，该次列车没拉西安的一名乘客，驶离了西安火车站。致使 100 人全部滞留车站。铁路部门最后的解释是：由于暑运高峰，该次列车到西安站后已经超员 100%，没办法让西安站的旅客上车。乘客刘某换乘也无法及时赶到目的地，要求铁路部门赔偿自己因延误造成的一笔业务损失 1 万元。

——改编自中国交通事故律师网

◎问题：

铁路运输企业是否应该赔偿刘某的损失？

2. 导致乘客人身伤亡、财产损失的责任形式

承运人应当对运输过程中旅客的伤亡承担损害赔偿责任，但伤亡是旅客自身健康原因造成的或者承运人证明伤亡是旅客故意、重大过失造成的除外。对运输过程中货物的毁损、灭失承担损害赔偿责任，但承运人证明货物的毁损、灭失是因不可抗力、货物本身的自然性质或者合理损耗以及托运人、收货人的过错造成的，不承担损害赔偿责任。

铁路运输过程中旅客自带物品毁损、灭失的，承运人有过错的，应当承担损害赔偿责任。但承运人能证明货物的毁损、灭失是由于不可抗力、货物本身的自然性质或者合理损耗以及托运人、收货人的过错造成的，不承担损害赔偿责任。

铁路运输企业应当按照合同约定的期限或者国务院铁路主管部门规定的期限，将货物、包裹、行李运到目的站；逾期运到的，铁路运输企业应当支付违约金。铁路运输企业逾期 30 日仍未将货物、包裹、行李交付收货人或者旅客的，托运人、收货人或者旅客有权按货物、包裹、行李灭失向铁路运输企业要求赔偿。

铁路运输企业应当对承运的货物、包裹、行李自接受承运时起到交付时止的灭失、短少、变质、污染或者损坏，承担赔偿责任。托运人应当如实填报托运单，铁路运输企业有权对填报的货物和包裹的品名、重量、数量进行检查。经检查，申报与实际不符的，检查费用由托运人承担；申报与实际相符的，检查费用由铁路运输企业承担，因检查对货物和包裹中的物品造成的损坏由铁路运输企业赔偿。

（三）限额赔偿和保价运输

1. 限额赔偿

限额赔偿是指在发生铁路责任赔偿事故时，铁路运输企业按照实际责任赔偿，但最高不超过国务院铁路主管部门规定的限额；如果实际损失低于限额，则按实际损失赔偿。

如果损失是由于运输企业的故意或者重大过失造成的，不适用赔偿限额的规定，按照实际损失赔偿；

托运人或者旅客根据自愿申请办理保价运输的，按照实际损失赔偿。但最高不超过保价额。未按保价运输承运的，按照实际损失赔偿，但最高不超过国务院铁路主管部门规定的赔偿限额；对每名旅客人身伤亡的赔偿责任限额为人民币 4 万元，自带行李损失的赔偿责任限额为人民币 800 元。铁路运输企业和旅客可以书面约定高于上述规定的赔偿责任限额。

2. 保价运输

保价运输是指旅客、托运人在托运货物、行李和包裹时，可以按照货物、行李和包裹的实际价值向铁路运输企业申明价格，并按照申明的价格支付相应的运输费用。在发生损坏时，铁路按照申明的价格进行赔偿。托运人或者旅客根据自愿可以向保险公司办理货物运输保险，保险公司按照保险合同的约定承担赔偿责任。

托运人或者旅客根据自愿，可以办理保价运输，也可以办理货物运输保险；也可以两者都不办理。托运人不得以任何方式强迫旅客办理保价运输或者货物运输保险。

（四）时效

旅客或者其继承人向铁路运输企业要求赔偿的请求，应当自事故发生之日起 1 年内提出，铁路运输企业应当自接到赔偿请求之日起 30 日内答复。

（五）铁路运输免责事由

不可抗力；

货物或者包裹、行李中的物品本身的自然属性，或者合理损耗；

托运人、收货人或者旅客的过错。

【本章小结】

本章阐述了旅游交通运输中的主要内容。在旅游交通运输中，承运人和旅客都享有权利并承担义务。航空运输和铁路运输承运人在违约或损害旅客人身和财产利益的情况下应承担赔偿的法律责任。

【复习思考题】

1. 航空运输承运人享有哪些权利，承担哪些义务？
2. 铁路运输承运人享有哪些权利，承担哪些义务？
3. 旅客在交通运输中有哪些权利义务？
4. 航空运输承运人的法律责任有哪些？
5. 铁路运输承运人的法律责任有哪些？

【案例分析】

5月10日,大地旅行社接到一单海南三日游的业务。该团队的出团时间是5月17日,乘早晨7点多武汉飞海口的航班,地接社是南疆旅行社。当导游带团在6点赶到机场并办好登机卡后,由于飞机机械故障原因,直到中午1点多还没有起飞的迹象。当旅客提出要求解决午饭问题后,未得到机场工作人员满意答复,引起旅客不满,于是游客取消了该行程。

由于该行程的取消,上海大地旅行社首先要支付南疆旅行社一笔违约金,同时还要支付旅游团队一笔违约金,因为旅行社与游客签订的是包价旅游合同。大地旅行社认为,我们退团就是因为航空公司航班延误引起的,这个损失当然由航空公司来赔。2002年8月,大地旅行社将航空公司推上了被告席,要求被告赔偿因未履行承运合同造成原告的经济损失共计人民币6800元。

航空公司认为,我们的赔偿义务只对旅客,大地旅行社没有权利提出赔偿。航空公司用来证明自己观点的证据则是当初的机票。在这些机票上都打上了旅行团乘客的姓名。而没有出现过旅行社的名字。

大地旅行社却指出,航空客运合同关系不能只凭机票上的名字确定,还应看谁是机票的真正购买者。当初购买航班机票的不是个人,而正是大地旅行社。大地旅行社在得到了对方确认后,才用一张支票购买到了十个人的往返机票。因此,大地旅行社认为实际上已经和航空公司形成了一种合同关系。

——改编自中国航空法律网

◎问题:

1. 航空公司对谁构成违约?为什么?

2. 航空公司在出现航班延误时负有哪些义务?

3. 大地旅行社是否有权要求航空公司赔偿损失?

第十章　食品卫生法规实务

【学习目标】

了解食品卫生法规的基本知识。

掌握法律、法规对食品卫生管理、食品卫生监督和食物中毒及处理的相关规定和要求。

熟悉在实践中正确处理相关案件的方法。

【章首案例】

一天，某省卫生执法监督所接区疾控中心检验报告，某中学第二食堂（以下简称二食堂）餐具监测所检项目不符合 GB14934—94 食（饮）具消毒卫生标准。依据此违法事实，执法所立案调查。通过进一步的调查发现，二食堂无消毒柜，无保洁柜，对从业人员询问得知其消毒方法就是将碗筷清洗后放在水中煮一下捞起后再用凉水冲洗，然后放在操作台上备用。

——改编自湖北旅游网

◎问题：

该食堂的行为违反了《中华人民共和国食品卫生法》哪些规定？该如何处罚？

第一节　食品卫生管理

一、食品卫生概述

食品是指经过加工、制作并用于销售的供人们食用或者饮用的制品。食品卫生法规定，食品必须符合国家法律、行政法规和国家标准、行业标准的质量安全规定，满足保障身体健康、生命安全的要求，不存在危及人体健康和生命安全的不合理的危险，不得超出有毒有害物质的限量要求。食品质量安全指标包括标准规定的理化指标、感官指标、卫生指标和标签标识。

自 1995 年 10 月 30 日第八届全国人民代表大会常务委员会第十六次会议通过《中华人民共和国食品卫生法》以来，我国已经先后修订和通过《食品卫生通则》,《食品生产加工企业质量安全监督管理实施细则(试行)》,《国务院关于加强食品等产品安全监督管理的特别规定》等有关规范食品卫生的法律、法规和部门规章以及一些政策性文件。湖北省也相继出台了《湖北省实施〈中华人民共和国食品卫生法〉办法》、《食品卫生行政处罚办法》、《湖北省食品卫生许可证发放管理办法》、《湖北省食品卫生行政处罚办法》等。

二、食品卫生管理

(一)食品生产经营管理部门

1.管理部门

县(含县级市)以上人民政府应当加强对食品卫生工作的领导。省卫生行政部门主管全省食品卫生监督管理工作;县以上卫生行政部门主管本行政区域内的食品卫生监督管理工作;各有关部门在各自的职责范围内负责食品卫生管理工作。具体来说,县级以上人民政府对本行政区域内的食品安全负总责,统一领导、协调本地区的食品安全监督管理工作,为食品安全监督管理工作提供必要的条件和保障。县级以上工商行政管理部门负责流通环节的食品质量安全监督管理工作。流通环节的食品卫生安全监督管理和行业管理工作分别由县级以上卫生、商务行政管理部门按照相关法律、法规的规定执行。卫生、商务行政管理部门应当依法加强食品卫生安全监督管理和商务行业管理工作。县级以上食品药品监督管理、质量技术监督、农业等部门在各自的职权范围内依法履行食品安全监督管理职责,相互间及时通报信息、移交案件。

2.管理部门职责

县级以上地方人民政府应当将产品安全监督管理纳入政府工作考核目标,对本行政区域内的产品安全监督管理负总责:①统一领导、协调本行政区域内的监督管理工作,建立健全监督管理协调机制,加强对行政执法的协调、监督;②指挥产品安全突发事件应对工作,依法组织查处产品安全事故;③建立监督管理责任制,对各监督管理部门进行评议、考核。

质检、工商和药品等监督管理部门应当在所在地同级人民政府的统一协调下,依法做好产品安全监督管理工作。在履行各自产品安全监督管理职责时,行使下列职权:①进入生产经营场所实施现场检查;②查阅、复制、查封、扣押有关合同、票据、账簿以及其他有关资料;③查封、扣押不符合法定要求的产品,违法使用的原料、辅料、添加剂、农业投入品以及用于违法生产的工具、设备;④查封存在危害人体健康和生命安全重大隐患的生产经营场所。

农业、卫生、质检、商务、工商、药品等监督管理部门应当建立生产经营者违法行为记录制度,对违法行为的情况予以记录并公布;对有多次违法行为记录的生产经营者,吊销许可证照。发生产品安全事故或者其他对社会造成严重影响的产品安全事件时，农业、卫生、质检、商务、工商、药品等监督管理部门必须在各自职责范围内及时作出反应，采取措施，控制事态发展，减少损失，依照国务院规定发布信息，做好有关善后工作。

（二）食品生产经营企业的卫生管理

1. 食品生产企业的卫生管理

食品生产加工企业应当符合法律、法规和国家产业政策规定的企业设立条件；必须具备和持续满足保证产品质量安全的环境条件和相应的卫生要求；必须具备保证产品质量安全的生产设备、工艺装备和相关辅助设备，具有与产品质量安全相适应的原料处理、加工、包装、贮存和检验等厂房或者场所。生产加工食品需要特殊设备和场所的，应当符合有关法律、法规和技术规范规定的条件。

食品生产加工企业所用的原材料、食品添加剂（含食品加工助剂）等应当符合国家有关规定。不得违反规定使用过期的、失效的、变质的、污秽不洁的、回收的、受到其他污染的食品原材料或者非食用的原辅料生产加工食品。使用的原辅材料属于生产许可证管理的，必须选购获证企业的产品。食品生产加工企业必须采用科学、合理的食品加工工艺流程，生产加工过程应当严格、规范，防止生物性、化学性、物理性污染，防止待加工食品与直接入口食品、原料与半成品、成品交叉污染，食品不得接触有毒有害物品或者其他不洁物品。

食品生产加工企业必须具有与食品生产加工相适应的专业技术人员、熟练技术工人、质量管理人员和检验人员。从事食品生产加工的人员必须身体健康、无传染性疾病和影响食品质量安全的其他疾病，并持有健康证明；检验人员必须具备相关产品的检验能力，取得从事食品质量检验的资质。

2. 食品经营企业的卫生管理

食品经营者依法取得所需证照后，方可从事经营活动，并对其销售的食品质量安全负责。食品经营者经营食品时，应当查验其食品与标识是否真实一致，并符合下列要求：①有食品质量检验或检疫、检测合格证明；②定型包装食品有中文标明的食品名称、制造者的名称和地址、生产日期或分装日期、保质期等内容。需要事先让消费者知晓的事项，应当以适当的方式予以标明；③实行食品质量安全市场准入制度的食品，必须加贴食品质量安全市场准入标志；④食品经营者销售散装食品或自行分装食品的，应当向消费者明示食品名称、产地、生产企业、生产日期或分装日期、保质期；⑤国家和省对食品有其他特殊规定的，按其执行。

在具体经营中还要按照以下几点执行：

（1）食品经营者不得经营具有伪造或冒用产地、厂名、厂址、生产许可证、卫生许可证、质量认证标志等标识的食品，不得伪造、涂改食品的生产日期或分装日期、保质期。食品经营者在经营活动中，不得掺杂、掺假，不得以假充真、以次充好，不得以不合格食品冒充合格食品，不得进行引人误解的虚假宣传，不得销售超过保质期或变质的食品，不得销售法律、法规禁止销售的其他食品。

（2）食品经营者应当建立并执行食品进货检查验收制度，对初次交易的食品生产者或供货者，应当验明其营业执照、生产许可证、卫生许可证，并保存其复印件。验明后每年复核不少于一次。

（3）食品经营者对购进的食品应当按批次向食品生产者或供货者索取食品质量检验或检疫、检测合格证明。

（4）食品经营者应当建立并执行食品进货台账制度，记录供货人、购进时间、食品名称和数量及保质期等事项。食品经营者从事批发业务的，应当建立并执行食品批发销售台账制度，记录购货人、购货时间、食品名称和数量及保质期等事项。

（5）食品经营者应当建立并执行食品质量管理制度，根据食品保质期限，定期检查待销售食品、库存食品的质量状况，及时清理过期、变质食品。

（6）食品经营者应当建立并执行食品质量承诺制度，保证其提供的食品符合相应的食品卫生、质量标准或要求。

（7）食品经营者应当建立并执行不合格食品退市制度，对不合格食品以及法律、法规禁止经营的食品，应当立即停止销售，并采取销毁等措施予以处理。对已经售出的严重危害人身安全的食品，在营业场所内公示，并选择能够覆盖销售范围的新闻媒体予以公告，通知购货人立即停止销售、食用，负责将该食品召回、销毁。

（三）食品生产经营人员健康管理

1. 食品生产经营人员健康管理依据

食品卫生法第二十六条规定："食品生产经营人员每年必须进行健康检查，新参加工作或临时参加工作的食品生产经营人员必须进行健康检查，取得健康证明后方可参加工作。凡患有痢疾、伤寒、病毒性肝炎等消化道传染病（包括病原携带者），活动性肺结核，化脓性或者渗出性皮肤病以及其他有碍食品卫生的疾病的，不得参加接触直接入口食品的工作。"

2. 对食品生产经营人员健康的规定

（1）食品生产经营企业的从业人员应接受健康检查，取得体检合格证明后才能从事食品生产、加工和销售。凡确认患有：①肝炎（病毒性肝炎和带菌者）；②活动性肺结核；③肠伤寒和肠伤寒带菌者；④细菌性痢疾和痢疾带菌者；⑤化脓性或渗出性脱屑性皮肤病；⑥其他有碍食品卫生的疾病或疾患的人员，均不得从事食品生产工作。

（2）食品从业人员上岗前，要接受卫生培训教育。

（3）食品从业人员的个人卫生要求：①上岗时，要做好个人卫生，防止污染食品；②进车间前，必须穿戴整洁统一的工作服、帽、靴、鞋，工作服应盖住外衣，头发不得露出帽外，并把手洗净；③直接与原料、半成品、成品接触的人员不准戴耳环、戒指、手镯、项链、手表，不准化浓妆、染指甲、喷洒香水进入车间。

（4）车间内不得带入、存放个人生活用品。

　　某市卫生局食品卫生监督员在某农贸市场进行巡回监督检查，发现鲜猪肉经营户吴某的妻子无健康证参加鲜肉销售，食品卫生监督员当即要求吴妻停止参与经营，并指出若要参与经营必须先体检，补办健康证后方可上岗。同时对吴某宣传了食品卫生法的有关规定，进行了耐心地帮助教育，要求其履行法律义务。

——改编自湖北旅游网

◎问题：

如何看待该卫生监督员的处理？

（四）食品标识管理

1. 产品标识

产品标识是指用于识别产品及其质量、数量、特征、特性和使用方法所做的各种表示的统称。产品标识可以用文字、符号、数字、图案以及其他说明等表示。

2. 产品标识制度

（1）产品应当具有标识。

食品均应具有产品标识，根据产品的特点难以附加标识的裸装食品，可以不附加产品标识。

（2）对产品标识要求：①产品标识应当标注在产品或者产品的销售包装上；②限期使用的产品，在产品或者产品的包装上应当标注生产日期和安全使用期或者失效日期；③产品标识所用文字应当为规范中文。可以同时使用汉语拼音或者外文，汉语拼音和外文应当小于相应中文；④产品标识应当有产品名称。产品名称应当表明产品的真实属性。国家标准、行业标准对产品名称有规定的，应当采用国家标准、行业标准规定的名称；国家标准、行业标准对产品名称没有规定的，应当使用不会引起用户、消费者误解和混淆的常用名称或者俗名；⑤产品标识应当有生产者的名称和地址。

第二节　食品卫生监督

一、食品卫生监督部门及职责

（一）食品卫生监督实行分级管理

省卫生行政部门管辖中央在地方和省属食品生产经营企业的食品卫生监督工作；省辖市卫生行政部门直接管辖所在市区食品生产经营企业的食品卫生监督工作。对下级卫生行政部门未依法处理或处理不当的违反食品卫生法律、法规的案件，上级卫生行政部门有权纠正并直接处理。县级以上地方人民政府卫生行政部门在管辖范围内行使食品卫生监督职责。

铁道、交通行政主管部门设立的食品卫生监督机构，行使国务院卫生行政部门会同国务院有关部门规定的食品卫生监督职责。

（二）食品卫生监督部门的职责

（1）进行食品卫生监测、检验和技术指导；

（2）协助培训食品生产经营人员，监督食品生产经营人员的健康检查；

（3）宣传食品卫生、营养知识，进行食品卫生评价，公布食品卫生情况；

（4）对食品生产经营企业的新建、扩建、改建工程的选址和设计进行卫生审查，并参加工程验收；

（5）对食物中毒和食品污染事故进行调查，并采取控制措施；

（6）对违反本法的行为进行巡回监督检查；

（7）对违反本法的行为追查责任，依法进行行政处罚；

（8）负责其他食品卫生监督事项。

二、食品卫生监督程序

食品卫生监督员对食品生产经营者进行巡回监督检查时，应出示监督证件，根据法律、法规、规章以及卫生规范的规定进行监督检查。

食品卫生监督员进行巡回监督检查，应制作现场监督笔录，笔录经被监督单位负责人或有关人员核实无误后，由食品卫生监督员和被监督单位负责人或有关人员共同签字，修改之处由被监督单位负责人或有关人员签名或者印章覆盖。被监督单位负责人或有关人员拒绝签字的，食品卫生监督员应在笔录上注明拒签事由，同时记录在场人员姓名、职务等。

食品卫生监督员在巡回监督检查过程中或监督检查完毕后，应当根据情况提出指导意见。实施行政处罚时，应遵守行政处罚法、卫生部制定的《食品卫生行政处罚办法》和有关卫生行政处罚程序的规定。

某县医院电话报告称于某日晚接诊 4 名患者，疑是因在"××夜宵"进餐，造成食物中毒。县卫生局接到报告后，经询问患者后立案调查。

卫生局执法人员在"××夜宵"经营场所内检查发现，该处主营餐饮业，其经营场所未悬挂《食品卫生许可证》，其店内从事餐饮服务的 4 名人员均不能出示健康证，经询问证实其未取得《食品卫生许可证》且从业人员未取得有效健康证明。执法人员现场查获并封存"雪碧"饮料瓶装液体约 4500ml，经询问证实其为"××夜宵"购回的液体燃料，因服务员误将其当成饮料提供给顾客饮用造成 4 人中毒。县卫生局依法将该瓶液体燃料作证据予以登记保存。

——选自湖北旅游网

◎问题：

"××夜宵"的行为违反了什么规定？该如何处理？

第三节　食物中毒及处理

一、食物中毒

食物中毒是指人摄入了含有生物性、化学性有毒有害物质后或把有毒有害物质当作食物摄入后所出现的而非传染性的急性或亚急性疾病，属于食源性疾病的范畴。食物中毒既不包括因暴饮暴食而引起的急性胃肠炎、食源性肠道传染病（如伤寒）和寄生虫病（如囊虫病），也不包括因一次大量或者长期少量摄入某些有毒有害物质而引起的以慢性毒性为主要特征（如致畸、致癌、致突变）的疾病。

引起食物中毒的原因有很多，其中最主要、最常见的原因就是食物被细菌污染，据我国近年有关食物中毒的统计资料表明，细菌性食物中毒占食物中毒总数的 50% 左右，而动物性食品是引起细菌性食物中毒的主要食品，其中肉类及熟肉制品居首位，其次有变质禽肉、病死畜肉以及鱼、奶、剩饭等。

二、食物中毒调查处理

发生食物中毒的单位和接收病人进行治疗的单位，除采取抢救措施外，应当根据国家有关规定，及时向所在地卫生行政部门报告。县级以上地方人民政府卫生行政部门接到报告后，应当及时进行调查，并采取控制措施，查明原因，提出改进措施，以免同类事件再次发生。

卫生行政部门接到食物中毒或食品污染事故报告后，应当及时组织人员赴现场进行调查处理，并可采取下列临时控制措施：

(1) 封存造成食物中毒或可能导致食物中毒的食品及其原料；

(2) 封存被污染的食品用工具及用具，责令进行清洗消毒。

必要时，负责调查处理的卫生行政部门应当及时通知中毒食品或污染食品的来源地和流向地的卫生行政部门。

对食物中毒及食品污染事故进行调查时，其采样数量不受常规采样数量限制，并实行无偿采样。食物中毒及食品污染事故的调查应制作调查笔录，笔录应由食品卫生监督员和被调查者签字。

食物中毒或食品污染事故调查后，调查人员应及时对调查材料、检验结果及其他证据材料进行整理分析，并写出调查报告。卫生行政部门应认真审查食物中毒或食品污染事故的全部证据材料，认为证据不足的，及时补齐或补正；事实清楚、证据确凿充分的，依照食品卫生法及有关规定予以处理。

【本章小结】

本章主要介绍了有关食品卫生方面的主要法律、法规要求。重点对食品卫生的含义，食品生产经营管理部门及其职能，食品生产经营企业的卫生管理以及食品生产经营企业的人员健康的要求、食品标识、卫生监督和食物中毒及其之后的处理，做了详细介绍。

【复习思考题】

1. 食品生产经营管理部门的职责是什么？

2. 食品生产经营企业的卫生管理的法规要求有哪些？

3. 食品生产经营企业人员健康的要求是什么？

4. 什么是食品标识？

5. 简述加强食品卫生监督的意义。

6. 食物中毒后如何处理？

【实务训练】

主题：对食品生产卫生过程的一次调查

方式：实地取证

目的：加强对食品生产过程卫生状况的了解，以及明确加强食品生产过程卫生监督的重要性。

◎问题：

如何正确做到卫生生产？

【案例分析】

某市卫生监督员在检查某歌舞厅时发现该歌舞厅未取得公共场所"卫生许可证"擅自营业，违反了《公共场所卫生管理条例》规定。执法过程中，执法人员向当事人出示了执法证件，填写了行政处罚决定书，将行政处罚决定书当场交付当事人且告知了当事人申请复议或提起诉讼的权利，并听取了当事人的陈述和申辩。在违法事实确凿的情况下，卫生监督员根据行政处罚法和《公共场所卫生管理条例实施细则》的相关规定，对当事人当场作出罚款 800元的处罚决定。

当事人对处罚采取不理不睬的态度，既不缴纳罚款，也不申请复议和提起诉讼。卫生监督员多次到该歌舞厅督促当事人履行处罚决定，但当事人仍然拒不履行。卫生局向区人民法院申请强制执行。法院审查后裁定如下：申请人市卫生局作出的当场行政处罚决定书，本院准予强制执行，申请执行受理费 50元，由该歌舞厅负担；本裁定为终审裁定，裁定书下达后，该歌舞厅交了罚款800 元和加缴处罚款 5640 元，该案至此结案。

——改编自湖北旅游网

◎问题：

卫生行政部门罚款的方式是否合理？为什么？

第十一章 娱乐场所法规实务

【学习目标】

  了解娱乐场所设立的条件。

  理解娱乐场所经营的要求。

  了解娱乐场所的监管内容。

【章首案例】

容留他人吸毒，KTV 停业整顿

2006 年 3 月 5 日，福州市鼓楼警方开出新《娱乐场所管理条例》实施以来的福州第一张罚单：责令"豪乐门自助 KTV"停业整顿 3 个月，俱乐部负责人戴某也因容留他人吸食毒品被刑事拘留。据了解，4 日凌晨 2 时 40 分许，鼓楼警方在鼓楼公安分局副局长的带领下，例行巡查豪乐门自助 KTV，发现 KTV 内一片漆黑，但隐约听见有音乐声传出。民警初步判断，该 KTV 为逃避检查，故意关闭场所灯光。警方进入一查，果然发现二楼一包厢内，有 10 余名男女，随着高分贝音乐，疯狂摇头。种种迹象表明，这伙青年可能吸食了 K 粉。警方当即控制整个包厢，要求配合检查。经尿检，有 7 人呈阳性（6 男 1 女），此外，警方还从包厢的沙发下，搜出吸食摇头丸的容器、吸管和装有毒品的塑料袋，共抓获 9 名涉嫌吸毒人员。

——改编自《荆门晚报·法制天地》

◎ **问题：**

1. 本案中的娱乐场所存在哪些违法行为？

2. 按照新的《娱乐场所管理条例》该如何进行处罚？

健康高雅的娱乐活动丰富了人们的旅途生活，也能让游客在异国他乡感受到高雅文化的魅力，而低俗下流的娱乐活动则往往容易滋生犯罪行为。国际上，不少国家、地区将娱乐场所定性为"风俗"或"风化"行业，出于预防犯罪、净化娱乐业环境的目的，在政策取向上采取严格管理、限制发展的态度。

近年来，娱乐场所也出现了一些突出问题：一是娱乐场所内聚众吸食、贩卖新型毒品的现象比较严重。一些不法分子利用娱乐场所引诱、教唆他人吸食、贩卖 K 粉、摇头丸等新型毒品；一些娱乐场所的经营者、管理人员放任、纵容、容留吸贩毒的违法犯罪行为，导致娱乐场所内聚众吸贩毒问题日益突出。二是一些娱乐场所存在消防安全隐患，威胁人民群众生命财产安全。娱乐场所具有人员密集、易燃可燃材料多的特点，火灾危险性本身就较大。再加上一些娱乐场所经营者为了追求利润，经常超过额定人数接纳消费者；还有些娱乐场所经营者不切实履行消防安全责任，锁闭、封堵、占用疏散通道或者安全出口，致使火灾一旦发生往往造成群死群伤。三是一些娱乐场所存在扰民现象，影响周边群众的正常生活。此外，一些娱乐场所内卖淫嫖娼、赌博等违法犯罪活动也时有发生。因此，有必要对娱乐场所设定较为严格的法律制度。新的《娱乐场所管理条例》在 2006 年 3 月 1 日正式实施，进一步规范了娱乐场所的经营行为。

第一节　娱乐场所的设立

娱乐场所，是指以营利为目的，并向公众开放，消费者自娱自乐的歌舞、游艺等场所。县级以上人民政府文化主管部门负责对娱乐场所日常经营活动的监督管理；县级以上公安部门负责对娱乐场所消防、治安状况的监督管理。

一、不得开办娱乐场所及不得在娱乐场所内从业的人员

（1）曾犯有组织、强迫、引诱、容留、介绍卖淫罪，制作、贩卖、传播淫秽物品罪，走私、贩卖、运输、制造毒品罪，强奸罪，强制猥亵、侮辱妇女罪，赌博罪，洗钱罪，组织、领导、参加黑社会性质组织罪的；
（2）因犯罪曾被剥夺政治权利的；
（3）因吸食、注射毒品曾被强制戒毒的；
（4）因卖淫、嫖娼曾被处以行政拘留的。

二、娱乐场所不得设立的地点

（1）居民楼、博物馆、图书馆和被核定为文物保护单位的建筑物内；
（2）居民住宅区和学校、医院、机关周围；
（3）车站、机场等人群密集的场所；
（4）建筑物地下一层以下；
（5）与危险化学品仓库毗连的区域。

三、娱乐场所设立的其他事项

（1）娱乐场所的边界噪声，应当符合国家规定的环境噪声标准。

（2）娱乐场所的使用面积，不得低于国务院文化主管部门规定的最低标准；设立含有电子游戏机的游艺娱乐场所，应当符合国务院文化主管部门关于总量和布局的要求。

（3）外国投资者可以与中国投资者依法设立中外合资经营、中外合作经营的娱乐场所，不得设立外商独资经营的娱乐场所。

四、娱乐场所设立的申请、审批、登记与变更

1. 申请

设立娱乐场所，应当向所在地县级人民政府文化主管部门提出申请；设立中外合资经营、中外合作经营的娱乐场所，应当向所在地省、自治区、直辖市人民政府文化主管部门提出申请。申请设立娱乐场所，应当提交投资人员、拟任的法定代表人和其他负责人等关于上述规定情形的书面声明。申请人应当对书面声明内容的真实性负责。

2. 审批

受理申请的文化主管部门应当就书面声明向公安部门或者其他有关单位核查，公安部门或者其他有关单位应当予以配合；经核查属实的，文化主管部门应当依据本条例的规定进行实地检查，作出决定。予以批准的，颁发娱乐经营许可证，并根据国务院文化主管部门的规定核定娱乐场所容纳的消费者数量；不予批准的，应当书面通知申请人并说明理由。有关法律、行政法规规定需要办理消防、卫生、环境保护等审批手续的，从其规定。文化主管部门审批娱乐场所应当举行听证。有关听证的程序，依照《行政许可法》的规定执行。

3. 登记

申请人取得娱乐经营许可证和有关消防、卫生、环境保护的批准文件后，方可到工商行政管理部门依法办理登记手续，领取营业执照。娱乐场所取得营业执照后，应当在 15 日内向所在地县级公安部门备案。

4. 变更

娱乐场所改建、扩建营业场所或者变更场地、主要设施设备、投资人员，或者变更娱乐经营许可证载明的事项的，应当向原发证机关申请重新核发娱乐经营许可证，并向公安部门备案；需要办理变更登记的，应当依法向工商行政管理部门办理变更登记。

第二节　娱乐场所的经营

一、国家倡导弘扬民族优秀文化，规定娱乐场所内的娱乐活动不得含有下列内容

（1）违反宪法确定的基本原则的；

（2）危害国家统一、主权或者领土完整的；

（3）危害国家安全，或者损害国家荣誉、利益的；

（4）煽动民族仇恨、民族歧视，伤害民族感情或者侵害民族风俗、习惯，破坏民族团结的；

（5）违反国家宗教政策，宣扬邪教、迷信的；

（6）宣扬淫秽、赌博、暴力以及与毒品有关的违法犯罪活动，或者教唆犯罪的；

（7）违背社会公德或者民族优秀文化传统的；

（8）侮辱、诽谤他人，侵害他人合法权益的；

（9）法律、行政法规禁止的其他内容。

二、娱乐场所及其从业人员不得实施下列行为，不得为进入娱乐场所的人员实施下列行为提供条件

（1）贩卖、提供毒品，或者组织、强迫、教唆、引诱、欺骗、容留他人吸食、注射毒品；

（2）组织、强迫、引诱、容留、介绍他人卖淫、嫖娼；

（3）制作、贩卖、传播淫秽物品；

（4）提供或者从事以营利为目的的陪侍；

（5）赌博；

（6）从事邪教、迷信活动；

（7）其他违法犯罪行为。

娱乐场所的从业人员不得吸食、注射毒品，不得卖淫、嫖娼；娱乐场所及其从业人员不得为进入娱乐场所的人员实施上述行为提供条件。

丽江足浴性敲诈

游客陈先生讲述了自己一次至今心有余悸的丽江之旅。那晚，舟车劳顿之后陈先生双腿特别疲劳，就和一个朋友商量来个足浴。他看到了一家规模很大看似很正规的足浴店，那规模和外装修绝对是一流的，一问价格，去包房洗脚和按摩，138 元一位。心想洗脚还能开包房才 138 元，价格还行。陈先生就和朋友每人要了个包间，他在床上刚坐稳就有个穿着暴露的年轻女子推门而入，二话没说直接扑了过来，陈先生当时吓傻了，让她快出去。结果她说已经晚了，必须给 1500 元才能了事。她喊了一声，就从门外进来三个彪形大汉，一看人多，又是在外地人生地不熟，陈先生就自认倒霉，后来在讨价还价中，付了 700 元后才逃命似的离开这家恐怖的足浴店。他那个朋友不久也跑了出来，被讹了 100 元。

——改编自腾讯网，转自《京华时报》

◎ 问题：

1. 该娱乐场所存在哪些违法行为？
2. 该案例对旅行社导游的工作有何启示？

三、娱乐场所经营设施及经营范围规定

（1）歌舞娱乐场所应当按照国务院公安部门的规定，在营业场所的出入口、主要通道安装闭路电视监控设备，并应当保证闭路电视监控设备在营业期间正常运行，不得中断。歌舞娱乐场所应当将闭路电视监控录像资料留存 30 日备查，不得删改或者挪作他用。

（2）歌舞娱乐场所的包厢、包间内不得设置隔断，并应当安装展现室内整体环境的透明门窗。包厢、包间的门不得有内锁装置。

（3）营业期间，歌舞娱乐场所内亮度不得低于国家规定的标准。

（4）娱乐场所使用的音像制品或者电子游戏应当是依法出版、生产或者进口的产品。歌舞娱乐场所播放的曲目和屏幕画面以及游艺娱乐场所的电子游戏机内的游戏项目，不得含有本条例禁止的内容；歌舞娱乐场所使用的歌曲点播系统不得与境外的曲库连接。

（5）游艺娱乐场所不得设置具有赌博功能的电子游戏机机型、机种、电路板等游戏设施设备，不得以现金或者有价证券作为奖品，不得回购奖品。

（6）娱乐场所提供娱乐服务项目和出售商品，应当明码标价，并向消费者出示价目表；不得强迫、欺骗消费者接受服务、购买商品。

（7）娱乐场所应当在营业场所的大厅、包厢、包间内的显著位置悬挂含有禁毒、禁赌、禁止卖淫嫖娼等内容的警示标志，未成年人禁入或者限入标志。标志应当注明公安部门、文化主管部门的举报电话。

四、娱乐场所安全设施及管理规定

（1）娱乐场所的法定代表人或者主要负责人应当对娱乐场所的消防安全

和其他安全负责。娱乐场所应当确保其建筑设施符合国家安全标准和消防技术规范，定期检查消防设施状况，并及时维护、更新。娱乐场所应当制定安全工作方案和应急疏散预案。

（2）营业期间，娱乐场所应当保证疏散通道和安全出口畅通，不得封堵、锁闭疏散通道和安全出口，不得在疏散通道和安全出口设置栅栏等影响疏散的障碍物。娱乐场所应当在疏散通道和安全出口设置明显指示标志，不得遮挡、覆盖指示标志。

（3）任何人不得非法携带枪支、弹药、管制器具或者携带爆炸性、易燃性、毒害性、放射性、腐蚀性等危险物品和传染病病原体进入娱乐场所。迪斯科舞厅应当配备安全检查设备，对进入营业场所的人员进行安全检查。

（4）娱乐场所应当建立巡查制度，发现娱乐场所内有违法犯罪活动的，应当立即向所在地县级公安部门、县级人民政府文化主管部门报告。

五、娱乐场所用工规定

（1）娱乐场所不得招用未成年人；招用外国人的，应当按照国家有关规定为其办理外国人就业许可证。

（2）娱乐场所应当与从业人员签订文明服务责任书，并建立从业人员名簿；从业人员名簿应当包括从业人员的真实姓名、居民身份证复印件、外国人就业许可证复印件等内容。娱乐场所应当建立营业日志，记载营业期间从业人员的工作职责、工作时间、工作地点；营业日志不得删改，并应当留存60日备查。

（3）娱乐场所应当与保安服务企业签订保安服务合同，配备专业保安人员；不得聘用其他人员从事保安工作。

（4）营业期间，娱乐场所的从业人员应当统一着工作服，佩戴工作标志并携带居民身份证或者外国人就业许可证。

（5）从业人员应当遵守职业道德和卫生规范，诚实守信，礼貌待人，不得侵害消费者的人身和财产权利。

六、娱乐场所对接纳未成年人的规定

歌舞娱乐场所不得接纳未成年人。除国家法定节假日外，游艺娱乐场所设置的电子游戏机不得向未成年人提供。

七、娱乐场所营业时间规定

每日凌晨2时至上午8时，娱乐场所不得营业。

刘先生周末和几个朋友去迪厅"放松一下",本来想玩到凌晨 1 时迪厅关门就回家。但因为太高兴了,最后有两个朋友喝醉了。于是刘先生找到老板商量,希望能在包房内玩一晚上,老板二话没说就答应了。

◎问题:

该娱乐场所存在哪些违规经营问题?该如何处罚?

第三节 娱乐场所的监督管理

文化主管部门、公安部门和其他有关部门的工作人员依法履行监督检查职责时,有权进入娱乐场所。娱乐场所应当予以配合,不得拒绝、阻挠。文化主管部门、公安部门和其他有关部门的工作人员依法履行监督检查职责时,需要查阅闭路电视监控录像资料、从业人员名簿、营业日志等资料的,娱乐场所应当及时提供。

文化主管部门、公安部门和其他有关部门应当记录监督检查的情况和处理结果。监督检查记录由监督检查人员签字归档。公众有权查阅监督检查记录。

文化主管部门、公安部门和其他有关部门应当建立娱乐场所违法行为警示记录系统;对列入警示记录的娱乐场所,应当及时向社会公布,并加大监督检查力度。

文化主管部门、公安部门和其他有关部门应当建立相互间的信息通报制度,及时通报监督检查情况和处理结果。

任何单位或者个人发现娱乐场所内有违反《娱乐场所管理条例》行为的,有权向文化主管部门、公安部门等有关部门举报。文化主管部门、公安部门等有关部门接到举报,应当记录,并及时依法调查、处理;对不属于本部门职责范围的,应当及时移送有关部门。

上级人民政府文化主管部门、公安部门在必要时,可以依照《娱乐场所管理条例》的规定调查、处理由下级人民政府文化主管部门、公安部门调查、处理的案件。下级人民政府文化主管部门、公安部门认为案件重大、复杂的,可以请求移送上级人民政府文化主管部门、公安部门调查、处理。

文化主管部门、公安部门和其他有关部门及其工作人员违反《娱乐场所管理条例》规定的,任何单位或者个人可以向依法有权处理的本级或者上一级机关举报。接到举报的机关应当依法及时调查、处理。娱乐场所行业协会应当依照章程的规定,制定行业自律规范,加强对会员经营活动的指导、监督。

【本章小结】

本章围绕新颁布的《娱乐场所管理条例》，对娱乐场所的设立、经营与监管制度进行了概述与总结。

【复习思考题】

1. 哪些地点不得设立娱乐场所？

2. 国家倡导弘扬民族优秀文化，禁止在娱乐场所内进行的娱乐活动有哪些？

3. 娱乐场所的营业时间是如何规定的？

【案例分析】

一美国游客在北京旅游期间，到一娱乐城蹦迪，结果由于被蹦床压伤，影响其在中国的旅游行程。公安部门经过调查发现，该娱乐城设施有安全隐患，未能及时检修，因而导致意外伤害事故。经查，该娱乐城未办理许可证和工商执照。

◎问题：

1. 娱乐场所是否允许外国游客进入？

2. 娱乐场所的设施安全隐患导致人身伤害该承担什么责任？

3. 按照《娱乐场所管理条例》，该娱乐城应受何处罚？

第十二章　旅游资源管理法规实务

【学习目标】

　　了解旅游资源管理的相关法律、法规的基本框架。

　　掌握风景名胜区、自然保护区和文物管理的基本内容。

　　理解旅游资源保护在旅游资源法规中的重要性。

【章首案例】

　　2003 年 1 月 19 日，武当山遇真宫突发大火，经过两个多小时的扑救，大火终于被扑灭，但遇真宫几乎被烧毁殆尽。遇真宫位于武当山下武当北路，是武当山著名景点之一。元末明初时，著名道士、武当拳祖师张三丰结庵于此。明永乐十五年（1417 年），明成祖朱棣为张三丰钦定规制创建此宫。遇真宫同时也是武当武术发源地，对研究当时的历史、文化、政治等有很高价值。据调查，遇真宫失火原因为责任事故，武当山旅游经济特区文物局和文管所负责人将遇真宫使用权转让给一家私立"武当山陈逵影视武术学校"，主要保卫责任人对遇真宫的安全检查管理不到位，致使遇真宫大殿及其厢房因武校入住人员违规搭接照明线路及灯泡而引发火灾。经法院审理宣判，文物局和文管所负责人、主要保卫责任人因失职造成珍贵文物损毁罪，因为用电不当而酿造这场火灾的武校教练和教员则犯过失损毁文物罪，分别受到相应处罚。然而，已有近 600 年历史的武当山遇真宫却不复存在了。

——摘自新华网，2003-1-24，作者：杨兴国、詹国强

　◎问题：

　1. 为什么要通过法律手段来保护和管理旅游资源？

　2. 旅游资源保护的重要性是什么？

第一节　风景名胜区法规实务

　　为了加强对风景名胜区的管理，有效保护和合理利用风景名胜资源，2006 年 9 月 6 日国务院第 149 次常务会议通过了《风景名胜区条例》，自 2006 年 12 月 1 日起实施。

一、风景名胜区的设立

风景名胜区是指具有观赏、文化或科学价值，自然景观、人文景观比较集中，环境优美，具有一定规模和范围，可供人们游览或进行科学、文化活动的区域。

设立风景名胜区，应当有利于保护和合理利用风景名胜资源。新设立的风景名胜区与自然保护区不得重合或者交叉；已设立的风景名胜区与自然保护区重合或者交叉的，风景名胜区规划与自然保护区规划应当相协调。

我国风景名胜区分为国家级风景名胜区和省级风景名胜区。自然景观和人文景观能够反映重要自然变化过程和重大历史文化发展过程，基本处于自然状态或者保持历史原貌，具有国家代表性的，可以申请设立国家级风景名胜区；具有区域代表性的，可以申请设立省级风景名胜区。

二、风景名胜区的规划

（一）风景名胜区规划的编制与审批

"长江三峡第一景"——峡口风景区，隶属于长江三峡风景名胜区宜昌管理局，是宜昌市首批国家4A级风景名胜区。峡口风景区，融自然风光和人文景观于一体，经过20多年的开发建设，已建成并开放了三游洞、嫘祖庙、桃花村、白马洞、龙泉洞、仙人溪等9大景区，年接待游客近百万人次。

目前，景区内资源保护和管理滞后，无法做到资源的合理开发和持续利用。如这边开发景点接待游客，那边炮声隆隆开山炸石；下游建着天然浴场，上游排放超标污水；本来风景如画的坝上平湖，却成了嘈杂喧闹的船厂码头。因缺乏统一规划，景区内的下牢溪5公里的河段就建有17个游泳池，30多家餐馆，美丽绝伦的下牢溪惨不忍睹。"长江三峡第一景"再也不能默默无闻了。

——摘自湖北宜昌市规划局网站

◎问题：
怎样对峡口风景区进行总体规划？

国家级风景名胜区规划由省、自治区人民政府建设主管部门或者直辖市人民政府风景名胜区主管部门组织编制；其总体规划，由省、自治区、直辖市人民政府审查后，报国务院审批；其详细规划，由省、自治区人民政府建设主管部门或者直辖市人民政府风景名胜区主管部门报国务院建设主管部门审批。

省级风景名胜区规划由县级人民政府组织编制；其总体规划，由省、自治区、直辖市人民政府审批，报国务院建设主管部门备案；其详细规划，由省、自治区人民政府建设主管部门或者直辖市人民政府风景名胜区主管部门审批。

编制风景名胜区规划，应当采用招标等公平竞争的方式选择具有相应资质等级的单位承担；应当按照经审定的风景名胜区范围、性质和保护目标，依照国家有关法律、法规和技术规范；应当广泛征求有关部门、公众和专家的意见，必要时应当进行听证。

风景名胜区规划报送审批的材料应当包括社会各界的意见以及意见采纳的情况和未予采纳的理由。

（二）风景名胜区规划的实施

风景名胜区规划经批准后，风景名胜区内的单位和个人应当遵守风景名胜区规划，服从规划管理。风景名胜区规划未经批准的，不得在风景名胜区内进行各类建设活动。

经批准的风景名胜区规划不得擅自修改。确需对风景名胜区总体规划中的风景名胜区范围、性质、保护目标、生态资源保护措施、重大建设项目布局、开发利用强度以及风景名胜区的功能结构、空间布局、游客容量进行修改的，应当报原审批机关批准；对其他内容进行修改的，应当报原审批机关备案。风景名胜区详细规划确需修改的，应当报原审批机关批准。政府或者政府部门修改风景名胜区规划对公民、法人或者其他组织造成财产损失的，应当依法给予补偿。

风景名胜区总体规划的规划期届满前 2 年，规划的组织编制机关应当组织专家对规划进行评估，作出是否重新编制规划的决定。在新规划批准前，原规划继续有效。

三、风景名胜区的保护、利用和管理

（一）风景名胜区的保护

第一，风景名胜区内的景观和自然环境，应当根据可持续发展的原则，严格保护，不得破坏或者随意改变。风景名胜区内的居民和游览者应当保护风景名胜区的景物、水体、林草植被、野生动物和各项设施；风景名胜区管理机构应当建立健全风景名胜资源保护的各项管理制度，应当对风景名胜区内的重要景观进行调查、鉴定，并制定相应的保护措施。

第二，风景名胜区内开展的各类经营和建设项目应当遵照有关法律、法规的规定。

风景名胜区内的建设项目应当符合风景名胜区规划，并与景观相协调，不得破坏景观、污染环境、妨碍游览。在风景名胜区内进行建设活动的建设单位、施工单位，应当制定污染防治和水土保持方案，并采取有效措施，保护好周围景物、水体、林草植被、野生动物资源和地形地貌。

在风景名胜区内设置和张贴商业广告、举办大型游乐活动、从事改变水资源和水环境自然状态以及其他影响生态和景观的活动，应当经风景名胜区管理机构审核后，依照有关法律、法规的规定报有关主管部门批准。

在风景名胜区内禁止从事开山、采石、开矿、开荒、修坟立碑等破坏景观、植被和地形地貌的活动；禁止修建储存爆炸性、易燃性、放射性、毒害性、腐蚀性物品的设施；禁止乱扔垃圾和在景物或者设施上刻画、涂污；禁止违反风景名胜区规划，在风景名胜区内设立各类开发区和在核心景区内建设宾馆、招待所、培训中心、疗养院以及与风景名胜资源保护无关的其他建筑物，已经建设的应当按照风景名胜区规划逐步迁出。在国家级风景名胜区内修建缆车、索道等重大建设工程，项目的选址方案应当报国务院建设主管部门核准。

第三，国家建立风景名胜区管理信息系统，对风景名胜区规划实施和资源保护情况进行动态监测。

（二）违反《风景名胜区管理条例》的法律责任

（1）在景物和设施上刻画、涂污或者在风景名胜区内乱扔垃圾的，由风景名胜区管理机构责令恢复原状或者采取其他补救措施，处50元的罚款；刻画、涂污或者以其他方式故意损坏国家保护的文物、名胜古迹的，按照《治安管理处罚条例》的有关规定予以处罚。

（2）个人在风景名胜区内进行开荒、修坟立碑等破坏景观、植被、地形地貌活动的，由风景名胜区管理机构责令停止违法行为、限期恢复原状或者采取其他补救措施，没收违法所得，并处1000元以上1万元以下的罚款。

（3）在风景名胜区内从事禁止范围以外的建设活动，未经风景名胜区管理机构审核的，由风景名胜区管理机构责令停止建设、限期拆除，对个人处2万元以上5万元以下的罚款，对单位处20万元以上50万元以下的罚款。

《无极》剧组在云南香格里拉县三江并流国家重点风景名胜区千湖山碧沽天池拍摄，破坏了碧沽天池周围部分高山草甸，修建了长约100米的砂石路面和长约20米的木条道路，搭建了"海棠精舍"临时建筑物，留下了一地垃圾。8月11日，《无极》剧组被处以9万元罚款，香格里拉县分管副县长因负有领导责任被免职。由于现行《风景名胜区管理暂行条例》处罚条款不明确、处罚力度不够，各地都把地方人大制定的风景名胜区管理法规作为处罚依据。对《无极》剧组的处罚即是根据《云南省风景名胜区管理条例》的相关规定，即使只有9万元，也已经是罚款标准的上限了。

——摘自新华网，2006-8-11，作者：杜宇

◎问题：

按新条例规定，应该怎样处罚《无极》剧组？

（4）施工单位在施工过程中，对周围景物、水体、林草植被、野生动物资源和地形地貌造成破坏的，由风景名胜区管理机构责令停止违法行为、限期恢复原状或者采取其他补救措施，并处 2 万元以上 10 万元以下的罚款；逾期未恢复原状或者采取有效措施的，由风景名胜区管理机构责令停止施工。

（5）未经风景名胜区管理机构审核，在风景名胜区内进行下列活动的，由风景名胜区管理机构责令停止违法行为、限期恢复原状或者采取其他补救措施，没收违法所得，并处 5 万元以上 10 万元以下的罚款；情节严重的，并处 10 万元以上 20 万元以下的罚款：①设置、张贴商业广告；②举办大型游乐等活动；③改变水资源、水环境自然状态的活动；④其他影响生态和景观的活动。

（6）有下列行为之一的，由风景名胜区管理机构责令停止违法行为、恢复原状或者限期拆除，没收违法所得，并处 50 万元以上 100 万元以下的罚款：①在风景名胜区内进行开山、采石、开矿等破坏景观、植被、地形地貌的活动的；②在风景名胜区内修建储存爆炸性、易燃性、放射性、毒害性、腐蚀性物品的设施的；③在核心景区内建设宾馆、招待所、培训中心、疗养院以及与风景名胜资源保护无关的其他建筑物的。

　　庐山莲花洞森林公园内的莲花洞风景区拥有世界自然遗产和文化遗产双重遗产身份，某单位去年看到报道，一些党员干部未经任何部门批准，在该景区兴建私家别墅。该单位受此"启发"打算向有关部门申请在另一处风景名胜区的核心景区内建一培训中心。

——摘自新浪网，2005-1-18

◎ 问题：

某单位的申请能否被批准？为什么？

（7）风景名胜区管理机构有下列行为之一的，由设立该风景名胜区管理机构的县级以上地方人民政府责令改正；情节严重的，对直接负责的主管人员和其他直接责任人员给予降级或者撤职的处分：①超过允许容量接纳游客或者在没有安全保障的区域开展游览活动的；②未设置风景名胜区标志和路标、安全警示牌等标牌的；③从事以营利为目的的经营活动的；④将规划、管理和监督等行政管理职能委托给企业或者个人行使的；⑤允许风景名胜区管理机构的工作人员在风景名胜区内的企业兼职的；⑥审核同意在风景名胜区内进行不符合风景名胜区规划的建设活动的；⑦发现违法行为不予查处的。

（8）在国家级风景名胜区内修建缆车、索道等重大建设工程，项目的选址方案未经国务院建设主管部门核准，县级以上地方人民政府有关部门核发选址意见书的，对直接负责的主管人员和其他直接责任人员依法给予处分。

（9）国务院建设主管部门、县级以上地方人民政府及其有关主管部门有下列行为之一的，对直接负责的主管人员和其他直接责任人员依法给予处分：①违反风景名胜区规划在风景名胜区内设立各类开发区的；②风景名胜区自设立之日起未在 2 年内编制完成风景名胜区总体规划的；③选择不具有相应资质等级的单位编制风景名胜区规划的；④风景名胜区规划批准前批准在风景名胜区内进行建设活动的；⑤擅自修改风景名胜区规划的；⑥不依法履行监督管理职责的其他行为。

第二节 自然保护区法规实务

自 1956 年在广东鼎湖山建立第一个自然保护区以来，我国的自然保护区经历了数量从无到有、规模从小到大、功能从单一到综合的历程。据统计，截至 2006 年 10 月 26 日，全国共建立自然保护区 2349 个，总面积 150 万平方公里，约占陆地国土面积的 15％。1994 年国务院颁布的我国第一部自然保护区专门法规《自然保护区条例》，为自然保护区的建设和管理提供了有力的法律依据。

一、自然保护区概述

（一）自然保护区的概念

自然保护区是指对有代表性的自然生态系统、珍稀濒危野生动植物物种的天然集中分布区和有特殊意义的自然遗迹等保护对象所在的陆地、陆地水体或者海域，依法划出一定面积予以特殊保护和管理。

根据我国《自然保护区条例》的规定，符合下列条件之一者，应当建立自然保护区：①典型的自然地理区域、有代表性的自然生态系统区域以及已经遭受破坏但经保护能够恢复的同类自然生态系统区域；②珍稀、濒危野生动植物物种的天然集中分布区域；③具有特殊保护价值的海域、海岸、岛屿、湿地、内陆水域、森林、草原和荒漠；④具有重大科学文化价值的地质构造，著名溶洞、化石分布区，冰川、火山、温泉等自然遗迹；⑤经国务院或者省、自治区、直辖市人民政府批准，需要予以特殊保护的其他自然区域。

（二）自然保护区的分类

1. 国家级自然保护区

在国内外有典型意义、在科学上有重大国际影响或者有特殊科学研究价值的自然保护区，列为国家级自然保护区。

国家级自然保护区的建立，由自然保护区所在的省、自治区、直辖市人民政府或者国务院有关自然保护区行政主管部门提出申请,经国家级自然保护区评审委员会评审后,由国务院环境保护行政主管部门进行协调并提出审批建议,报国务院批准。

2. 地方级自然保护区

除列为国家级自然保护区以外,其他具有典型意义或者重要科学研究价值的自然保护区列为地方级自然保护区。地方级自然保护区实行分级管理,具体办法由国务院有关自然保护区行政主管部门或者省、自治区、直辖市人民政府根据实际情况规定,报国务院环境保护行政主管部门备案。

截至2007年8月,我国共设立国家级自然保护区303个,其中有吉林长白山,四川卧龙、九寨沟、黄龙和亚丁,广东鼎湖山和车八岭,贵州梵净山和茂兰,福建武夷山,内蒙古锡林格勒草原、赛罕乌拉和达赉湖,新疆博格达峰,湖北神农架,江苏盐城滩涂,云南西双版纳,浙江天目山和南麂列岛,黑龙江丰林、五大连池和兴凯湖,广西山口红树林,甘肃白水江、河南宝天曼,陕西佛坪,西藏珠穆朗玛峰等28个被列入联合国教科文组织世界生物圈保护网络。

此外,联合国教科文组织创立了新保护项目——地质公园。自2000年到2007年,我国共批准建立了138个国家地质公园,其中已经有20处被联合国教科文组织评为了世界地质公园。其中2004年的第一批有安徽黄山、江西庐山、河南云台山和嵩山、云南石林、广东丹霞山、湖南张家界、黑龙江五大连池8个;2005年的第二批有浙江雁荡山、福建泰宁、内蒙古克什克腾、四川兴文4个;2006年的第三批有雷琼火山群公园(海南海口石山火山群、广东湛江湖光岩、广西北海涠洲岛)、山东泰山、北京房山(含河北部分)、黑龙江牡丹江镜泊湖、河南济源王屋山—黛眉山和南阳伏牛山6个;2007年的第四批有四川自贡、江西龙虎山2个。

二、自然保护区管理制度

(一) 自然保护区管理机构及职责

1. 自然保护区管理机构

国家级自然保护区,由其所在地的省、自治区、直辖市人民政府有关自然保护区行政主管部门或者国务院有关自然保护区行政主管部门管理。地方级自然保护区,由其所在地的县级以上地方人民政府有关自然保护区行政主管部门管理。

有关自然保护区行政主管部门应当在自然保护区内设立专门的管理机构,

配备专业技术人员，负责自然保护区的具体管理工作。

县级以上人民政府环境保护行政主管部门有权对本行政区域内各类自然保护区的管理进行监督检查；县级以上人民政府有关自然保护区行政主管部门有权对其主管的自然保护区的管理进行监督检查。

2. 自然保护区管理机构的职责

自然保护区管理机构的主要职责有：①贯彻执行国家有关自然保护的法律、法规和方针、政策；②制定自然保护区的各项管理制度，统一管理自然保护区；③调查自然资源并建立档案，组织环境监测，保护自然保护区内的自然环境和自然资源；④组织或者协助有关部门开展自然保护区的科学研究工作；⑤进行自然保护的宣传教育；⑥在不影响保护自然保护区的自然环境和自然资源的前提下，组织开展参观、旅游等活动。

（二）自然保护区的功能分区与管理

1. 核心区

核心区是指自然保护区内保存完好的天然状态的生态系统内珍稀、濒危动植物的集中分布地，通常禁止任何单位和个人进入。除依法批准外，也不允许进入从事科学研究活动。因科学研究的需要，必须进入核心区从事科学研究观测、调查活动的，应当事先向自然保护区管理机构提交申请和活动计划，并经省级以上人民政府有关自然保护区行政主管部门批准；其中，进入国家级自然保护区核心区的，必须经国务院有关自然保护区行政主管部门批准。

2. 缓冲区

缓冲区是在核心区外围划定的一定面积的区域，只准进入从事科学研究、观测活动，禁止在其中开展旅游和生产经营活动。因教学科研的目的，需要进入自然保护区的缓冲区从事非破坏性的科学研究、教学实习和标本采集活动的，应当事先向自然保护区管理机构提交申请和活动计划，经自然保护区管理机构批准。

3. 实验区

实验区是指在缓冲区的外围区域划定的区域，可以进入从事科学试验，教学实习，参观考察，旅游以及驯化、繁殖珍稀、濒危野生动植物等活动。在国家级自然保护区的实验区开展参观、旅游活动的，由自然保护区管理机构提出方案，经省、自治区、直辖市人民政府有关自然保护区行政主管部门审核后，报国务院有关自然保护区行政主管部门批准；在地方级自然保护区的实验区开展参观、旅游活动的，由自然保护区管理机构提出方案，经省、自治区、直辖市人民政府有关自然保护区行政主管部门批准。

（三）违反《自然保护区条例》的法律责任

（1）违反本条例规定，有下列行为之一的单位和个人，由自然保护区管理机构责令其改正，并可以根据不同情节处以 100 元以上 5000 元以下的罚款：①擅自移动或者破坏自然保护区界标的；②未经批准进入自然保护区或者在自然保护区内不服从管理机构管理的；③经批准在自然保护区的缓冲区内从事科学研究、教学实习和标本采集的单位和个人，不向自然保护区管理机构提交活动成果副本的。

（2）在自然保护区进行砍伐、放牧、狩猎、捕捞、采药、开垦、烧荒、开矿、采石、挖沙等活动的单位和个人，除可以依照有关法律、行政法规规定给予处罚外，由县级以上人民政府有关自然保护区行政主管部门或者其授权的自然保护区管理机构没收违法所得，责令停止违法行为，限期恢复原状或者采取其他补救措施；对自然保护区造成破坏的，可以处以 300 元以上 10000 元以下的罚款。

（3）自然保护区管理机构违反规定，拒绝环境保护行政主管部门或者有关自然保护区行政主管部门监督检查，或者在被检查时弄虚作假的，由县级以上人民政府环境保护行政主管部门或者有关自然保护区行政主管部门给予 300元以上 3000 元以下的罚款。

（4）自然保护区管理机构有下列行为之一的，由县级以上人民政府有关自然保护区行政主管部门责令限期改正；对直接责任人员，由其所在单位或者上级机关给予行政处分：①未经批准在自然保护区开展参观、旅游活动的；②开设与自然保护区保护方向不一致的参观、旅游项目的；③不按照批准的方案开展参观、旅游活动的。

（5）自然保护区管理人员滥用职权、玩忽职守、徇私舞弊，构成犯罪的，依法追究刑事责任；情节轻微，尚不构成犯罪的，由其所在单位或者上级机关给予行政处分。

（6）违反规定，造成自然保护区重大污染或者破坏事故，导致公私财产重大损失或者人身伤亡的严重后果，构成犯罪的，对直接负责的主管人员和其他直接责任人员依法追究刑事责任。

第三节　文物保护法实务

我国旅游资源管理和保护的法规建设工作中，文物保护方面走在了前列。早在 1961 年国务院就颁发了《文物保护管理暂行条例》；1982 年 11 月 19 日公布《中华人民共和国文物保护法》；2002 年 10 月 28 日第九届全国人民代表大会常务委员会第三十次会议通过了《中华人民共和国文物保护法修正案》，也即通常所说的新文物保护法。

一、文物的法律保护

（一）文物的概念及范围

文物是指人们在各个时期生产、生活和斗争中遗留下来的，具有历史、科学和艺术价值的遗物和遗迹。根据我国《文物保护法》的规定，下列文物受国家保护：

（1）具有历史、艺术、科学价值的古文化遗址、古墓葬、古建筑、石窟寺和石刻、壁画；

（2）与重大历史事件、革命运动或者著名人物有关的以及具有重要纪念意义、教育意义或者史料价值的近代现代重要史迹、实物、代表性建筑；

（3）历史上各时代珍贵的艺术品、工艺美术品；

（4）历史上各时代重要的文献资料以及具有历史、艺术、科学价值的手稿和图书资料等；

（5）反映历史上各时代、各民族社会制度、社会生产、社会生活的代表性实物，具有科学价值的古脊椎动物化石和古人类化石同文物一样受国家保护。

（二）文物的分类

1. 可移动文物和不可移动文物

不可移动文物是指古文化遗址、古墓葬、古建筑、石窟寺、石刻、壁画、近代现代重要史迹和代表性建筑等不可迁移保存的文物，根据它们的历史、艺术、科学价值，可以分别确定为全国重点文物保护单位，省级文物保护单位，市、县级文物保护单位。可移动文物是指历史上各时代重要实物、艺术品、文献、手稿、图书资料、代表性实物等可迁移保存的文物，分为珍贵文物和一般文物；珍贵文物分为一级文物、二级文物、三级文物。

2. 馆藏文物和民间收藏文物

馆藏文物是指博物馆、图书馆和其他文物收藏单位收藏的文物。民间收藏文物是指文物收藏单位以外的公民、法人和其他组织收藏的文物。

截至2007年，我国国务院确定和公布的历史文化名城共有110座，其中1982年公布24座，1986年公布38座，1994年公布37座，2001—2007年增补11座；我国的35处世界遗产中，绝大多数也属于历史文物类，其中文化遗产25处，自然与文化双重遗产4处。

（三）文物的法律保护

1. 文物工作方针

文物工作贯彻"保护为主、抢救第一、合理利用、加强管理"的方针。

2. 文物所有权

中华人民共和国境内地下、内水和领海中遗存的一切文物，属于国家所有。古文化遗址、古墓葬、石窟寺属于国家所有。国家指定保护的纪念建筑物、古建筑、石刻、壁画、近代现代代表性建筑等不可移动文物，除国家另有规定的以外，属于国家所有。国有不可移动文物的所有权不因其所依附的土地所有权或者使用权的改变而改变。中国境内出土的文物（国家另有规定的除外），国有文物收藏单位以及其他国家机关、部队和国有企业、事业组织等收藏、保管的文物，国家征集、购买的文物，公民、法人和其他组织捐赠给国家的文物等可移动文物，属于国家所有。国有可移动文物的所有权不因其保管、收藏单位的终止或者变更而改变。属于集体所有和私人所有的纪念建筑物、古建筑和祖传文物以及依法取得的其他文物，其所有权受法律保护，文物的所有者必须遵守国家有关文物保护的法律、法规的规定。

3. 文物保护义务

一切机关、组织和个人都有依法保护文物的义务。

4. 文物保护机构

国务院文物行政部门主管全国文物保护工作，地方各级人民政府负责本行政区域内的文物保护工作。县级以上人民政府有关行政部门在各自的职责范围内，负责有关的文物保护工作；县级以上人民政府承担文物保护工作的部门对本行政区域内的文物保护实施监督管理。

二、文物管理制度

（一）不可移动文物管理制度

1. 不可移动文物的保护范围和管理机构

不可移动文物包括全国重点文物保护单位、省级文物保护单位、市级和县级文物保护单位以及历史文化名城、历史文化街区和村镇等。

由县级以上人民政府核定各级文物保护单位，划定必要的保护范围，作出标志说明，建立档案，并区别情况分别设立专门机构或者专人负责管理。市级和县级文物保护单位，分别由所在的市、自治州和县级人民政府核定公布，并报省、自治区、直辖市人民政府备案；省级文物保护单位，由省、自治区、直辖市人民政府核定公布，并报国务院备案；国务院文物行政部门在省、市、县级文物保护单位中，选择具有重大历史、艺术、科学价值的确定为全国重点文物保护单位，或者直接确定为全国重点文物保护单位，报国务院核定公布。全国重点文物保护单位的保护范围和记录档案，由省、自治区、直辖市人民政府文物行政部门报国务院文物行政部门备案。

保存文物特别丰富并且具有重大历史价值或者革命纪念意义的城市，由国务院核定公布为历史文化名城；保存文物特别丰富并且具有重大历史价值或者革命纪念意义的城镇、街道、村庄，由省、自治区、直辖市人民政府核定公布为历史文化街区、村镇，并报国务院备案。

2. 不可移动文物的修缮、保养、转让、抵押、拆除、重建

国有不可移动文物由使用人负责修缮、保养；非国有不可移动文物由所有人负责修缮、保养。国有不可移动文物不得转让、抵押。建立博物馆、保管所或者辟为参观游览场所的国有文物保护单位，不得作为企业资产经营。非国有不可移动文物不得转让、抵押给外国人。依法拆除的国有不可移动文物中具有收藏价值的壁画、雕塑、建筑构件等，由文物行政部门指定的文物收藏单位收藏。不可移动文物已经全部毁坏的，应当实施遗址保护，不得在原址重建。因特殊情况需要在原址重建的，由省、自治区、直辖市人民政府文物行政部门征得国务院文物行政部门同意后，报省、自治区、直辖市人民政府批准；全国重点文物保护单位需要在原址重建的，由省、自治区、直辖市人民政府报国务院批准。

3. 不可移动文物的利用

使用不可移动文物，必须遵守不改变文物原状的原则，负责保护建筑物及其附属文物的安全，不得损毁、改建、添建或者拆除不可移动文物。复制、拍摄、拓印不可移动文物，不得对不可移动文物造成损害。修复不可移动文物，不得改变其原状。

（二）馆藏文物管理制度

1. 馆藏文物的分级设档

博物馆、图书馆和其他文物收藏单位对收藏的文物，必须区分文物等级，设置藏品档案，建立严格的管理制度，并报主管的文物行政部门备案。县级以上地方人民政府文物行政部门应当分别建立本行政区域内的馆藏文物档案；国务院文物行政部门应当建立国家一级文物藏品档案和其主管的国有文物收藏单位馆藏文物档案。

2. 馆藏文物的取得

文物收藏单位可以通过下列方式取得文物：①购买；②接受捐赠；③依法交换；④法律、行政法规规定的其他方式。

3. 馆藏文物的借用、调拨、交换和出售

国有文物收藏单位之间因举办展览、科学研究等需借用馆藏文物的，应当报主管的文物行政部门备案；借用馆藏一级文物，应当经国务院文物行政部门批准。非国有文物收藏单位和其他单位举办展览需借用国有馆藏文物的，应当报主管的文物行政部门批准；借用国有馆藏一级文物，应当经国务院文物行政

部门批准。文物收藏单位之间借用文物的最长期限不得超过三年。文物行政部门和国有文物收藏单位的工作人员不得借用国有文物，不得非法侵占国有文物。

国务院文物行政部门可以调拨全国的国有馆藏文物。省、自治区、直辖市人民政府文物行政部门可以调拨本行政区域内其主管的国有文物收藏单位馆藏文物；调拨国有馆藏一级文物，应当报国务院文物行政部门备案。国有文物收藏单位可以申请调拨国有馆藏文物。未经批准，任何单位或者个人不得调取馆藏文物。

经省、自治区、直辖市人民政府文物行政部门批准，并报国务院文物行政部门备案，已经建立馆藏文物档案的国有文物收藏单位，其馆藏文物可以在国有文物收藏单位之间交换；交换馆藏一级文物的，必须经国务院文物行政部门批准。

借用、调拨、交换的文物必须严格保管，不得丢失、损毁。依法借用、调拨、交换国有馆藏文物，取得文物的文物收藏单位可以对提供文物的文物收藏单位给予合理补偿。国有文物收藏单位出借、调拨、交换文物所得的补偿费用，必须用于改善文物的收藏条件和收集新的文物，不得挪作他用；任何单位或者个人不得侵占。

禁止国有文物收藏单位将馆藏文物赠与、出租或者出售给其他单位、个人。

4. 馆藏文物的被盗抢、丢失、损毁与修复

馆藏文物被盗、被抢或者丢失的，文物收藏单位应当立即向公安机关报案，并同时向主管的文物行政部门报告。馆藏一级文物损毁的，应当报国务院文物行政部门核查处理。其他馆藏文物损毁的，应当报省、自治区、直辖市人民政府文物行政部门核查处理；省、自治区、直辖市人民政府文物行政部门应当将核查处理结果报国务院文物行政部门备案。修复馆藏文物，不得改变馆藏文物的原状；复制、拍摄、拓印馆藏文物，不得对馆藏文物造成损害。

（三）民间收藏文物管理制度

1. 民间收藏文物的取得

文物收藏单位以外的公民、法人和其他组织可以收藏通过下列方式取得的文物：①依法继承或者接受赠与；②从文物商店购买；③从经营文物拍卖的拍卖企业购买；④公民个人合法所有的文物相互交换或者依法转让；⑤国家规定的其他合法方式。

2. 民间收藏文物的购买、销售、拍卖

文物收藏单位以外的公民、法人和其他组织收藏的文物可以依法流通，但除经批准的文物商店、经营文物拍卖的拍卖企业外，其他单位或者个人不得从

事文物的商业经营活动。国家禁止出境的文物，不得转让、出租、质押给外国人。

文物商店应当由国务院文物行政部门或者省、自治区、直辖市人民政府文物行政部门批准设立，依法进行管理。文物商店销售的文物，在销售前应当经省、自治区、直辖市人民政府文物行政部门审核；对允许销售的，省、自治区、直辖市人民政府文物行政部门应当作出标识。

依法设立的拍卖企业经营文物拍卖的，应当取得国务院文物行政部门颁发的文物拍卖许可证。拍卖企业拍卖的文物，在拍卖前应当经省、自治区、直辖市人民政府文物行政部门审核，并报国务院文物行政部门备案；省、自治区、直辖市人民政府文物行政部门不能确定是否可以拍卖的，应当报国务院文物行政部门审核。

文物商店购买、销售文物，拍卖企业拍卖文物，应当按照国家有关规定作出记录，并报原审核的文物行政部门备案。文物行政部门在审核拟拍卖的文物时，可以指定国有文物收藏单位优先购买其中的珍贵文物。购买价格由文物收藏单位的代表与文物的委托人协商确定。文物商店不得从事文物拍卖经营活动，不得设立经营文物拍卖的拍卖企业；经营文物拍卖的拍卖企业也不得从事文物购销经营活动，不得设立文物商店。禁止设立中外合资、中外合作和外商独资的文物商店或者经营文物拍卖的拍卖企业。文物行政部门的工作人员、文物收藏单位均不得举办或者参与举办文物商店或者经营文物拍卖的拍卖企业。

银行、冶炼厂、造纸厂以及废旧物资回收单位，应当与当地文物行政部门共同负责拣选掺杂在金银器和废旧物资中的文物。拣选文物除供银行研究所必需的历史货币可以由人民银行留用外，应当移交当地文物行政部门。移交拣选文物，应当给予合理补偿。公安、海关、工商行政管理部门依法没收的重要文物，应当移交给文化行政管理部门。

（四）违反文物保护法的法律责任

（1）有下列行为之一，构成犯罪的，依法追究刑事责任：①盗掘古文化遗址、古墓葬的；②故意或者过失损毁国家保护的珍贵文物的；③擅自将国有馆藏文物出售或者私自送给非国有单位或者个人的；④将国家禁止出境的珍贵文物私自出售或者送给外国人的；⑤以牟利为目的倒卖国家禁止经营的文物的；⑥走私文物的；⑦盗窃、哄抢、私分或者非法侵占国有文物的；⑧应当追究刑事责任的其他妨害文物管理行为。

（2）有下列行为之一，尚不构成犯罪的，由县级以上人民政府文物主管部门责令改正，造成严重后果的，处 5 万元以上 50 万元以下的罚款；情节严重的，由原发证机关吊销资质证书：①擅自在文物保护单位的保护范围内进行建设工程或者爆破、钻探、挖掘等作业的；②在文物保护单位的建设控制地带内进行建设工程，其工程设计方案未经文物行政部门同意、报城乡建设规划部门批准，对文物保护单位的历史风貌造成破坏的；③擅自迁移、拆除不可移动文物的；④擅自修缮不可移动文物，明显改变文物原状的；⑤擅自在原址重建已全部毁坏的不可移动文物，造成文物破坏的；⑥施工单位未取得文物保护工程资质证书，擅自从事文物修缮、迁移、重建的。

（3）有下列行为之一的，由县级以上人民政府文物主管部门责令改正，没收违法所得，违法所得1万元以上的，并处违法所得2倍以上5倍以下的罚款；违法所得不足1万元的，并处5000元以上2万元以下的罚款：①转让或者抵押国有不可移动文物，或者将国有不可移动文物作为企业资产经营的；②将非国有不可移动文物转让或者抵押给外国人的；③擅自改变国有文物保护单位的用途的。

（4）买卖国家禁止买卖的文物或者将禁止出境的文物转让、出租、质押给外国人，尚不构成犯罪的，由县级以上人民政府文物主管部门责令改正，没收违法所得，违法经营额1万元以上的，并处违法经营额2倍以上5倍以下的罚款；违法经营额不足1万元的，并处5000元以上2万元以下的罚款。

（5）未经许可，擅自设立文物商店、经营文物拍卖的拍卖企业，或者擅自从事文物的商业经营活动，尚不构成犯罪的，由工商行政管理部门依法予以制止，没收违法所得、非法经营的文物，违法经营额5万元以上的，并处违法经营额2倍以上5倍以下的罚款；违法经营额不足5万元的，并处2万元以上10万元以下的罚款。

（6）有下列情形之一的，由工商行政管理部门没收违法所得、非法经营的文物，违法经营额5万元以上的，并处违法经营额1倍以上3倍以下的罚款；违法经营额不足5万元的，并处5000元以上5万元以下的罚款；情节严重的，由原发证机关吊销许可证书：①文物商店从事文物拍卖经营活动的；②经营文物拍卖的拍卖企业从事文物购销经营活动的；③文物商店销售的文物、拍卖企业拍卖的文物，未经审核的；④文物收藏单位从事文物的商业经营活动的。

（7）文物行政部门、文物收藏单位、文物商店、经营文物拍卖的拍卖企业的工作人员，有下列行为之一的，依法给予行政处分，情节严重的，依法开除公职或者吊销其从业资格；构成犯罪的，依法追究刑事责任：①文物行政部门的工作人员违反本法规定，滥用审批权限、不履行职责或者发现违法行为不予查处，造成严重后果的；②文物行政部门和国有文物收藏单位的工作人员借用或者非法侵占国有文物的；③文物行政部门的工作人员举办或者参与举办文物商店或者经营文物拍卖的拍卖企业的；④因不负责任造成文物保护单位、珍贵文物损毁或者流失的；⑤贪污、挪用文物保护经费的。

【本章小结】

本章介绍了旅游资源管理的三个专门法律、法规，《风景名胜区管理条例》、《自然保护区条例》和《文物保护法》；概述了风景名胜区和自然保护区的开发、利用与保护制度，以及对以历史文物为代表的人文旅游资源的利用和保护制度。

【复习思考题】

1. 何谓风景名胜区？
2. 自然保护区按利用和保护功能的不同可以分为哪些区域？
3. 新《中华人民共和国文物保护法》中规定了哪些文物管理制度？

【实务训练】

一国内旅游团来到湖北神农架自然保护区参观游览，在景点游览时，地陪导游发现一位游客游览时总是往草丛、树林里绕行，两眼四处张望，似乎在寻找什么。经询问得知，他是一位老中医，听说神农架自然保护区内草药资源丰富，生长着富有传奇色彩、疗效奇特的"四个一"、"三十六还阳"等民间草药，想采摘一点带回家。当地陪导游以在自然保护区内不能私自采药劝阻时，游客对导游说："我采的不多，再说只要你为我保密，别人不会知道的。"

◎问题：

如果你是那位导游，你该如何处理？

【案例分析】

2003 年 9 月 5 日，国内多家报刊、电视、网络媒体报道了湖北省博物馆相关负责人因文物受损而被法院受审的消息，文物保护一度成为百姓议论的话题。1998 年 10 月 20 日，某装饰公司在未办理施工许可证、工程质量监理手续和消防许可证，同时在既未提供又未审定施工图纸的情况下，仅据馆方美工部的一张文物陈列效果图，就用粉笔在地上放大样后直接施工，违规操作。馆领导、驻场人员及美工部员工均未提出监督整改意见。同年 12 月底，博物馆有关负责人完工后未对工程进行验收和审计的情况下，安排文物进柜布展，该编钟馆也于 1999 年 1 月开馆。2000 年 2 月 6 日上午 10 时许，国家一级文物青铜器"九鼎八簋"壁龛顶上一块重达 50kg 的玻璃垮塌，将其中两鼎两簋砸损，致使"文物损失严重，不可修复"，使国家利益遭受重大损失。该"九鼎八簋"于 1978 年同曾侯乙编钟一起出土于曾侯乙古墓，乃铸成于战国早期的楚式青铜礼器，距今已有 2400 余年了。成套出土的"九鼎八簋"极为罕见，而楚式"九鼎八簋"世界仅此一套，因而该"九鼎八簋"被鉴定为国家一级文物。2003 年 9 月至 12 月，事件相关责任人在武汉受审，受到了法律的惩罚。

——改编自《楚天都市报》，2003-9-4；《南方都市报》，2003-9-15

◎问题：

1. 根据我国 2002 年通过的《文物保护法修正案》以及相关法律，案例中的湖北省博物馆领导和驻场人员、湖北省博物馆美工部员工、某装饰公司负责人应该被判定为什么罪？受到哪些处罚？

2. 结合个人经历和体会，谈谈旅游工作人员应如何加强旅游资源管理和保护工作？

第十三章　旅游纠纷及处理

【学习目标】

理解旅游纠纷的含义、旅游投诉的含义。

了解旅游纠纷的类别、解决旅游纠纷的主要程序、处理旅游投诉的程序。

掌握做到事前防范、依法经营、合法维权的相关法律依据。

【章首案例】

张某携其4岁的小孩参加了武汉某旅行社组织的"长江三峡精华三日游"。根据双方合同约定,张女士交纳大人旅游费880元,小孩440元,旅行社提供全程交通、住宿、餐饮、景点第一门票及游览期间导游服务。第二日上午,旅行社工作人员在长途汽车站接待了张女士及其他散客旅游者,将其送上开往宜昌的捷龙快巴。张女士到达宜昌后,随地接社宜昌西陵旅行社按照合同标准游览了长江三峡。在游览途中,张女士得知同一旅游行程,其他旅行社组团的小孩收费每人90元。从宜昌返汉时,旅行社没有为其小孩安排车位。为此,张女士向省旅游质监所投诉:①武汉组团社在游览过程中没有导游随行,属未征得自己许可,将其转给了西陵旅行社,按双方签订合同第七条,要求旅行社退回费用,并承担旅游总费用10%的转团违约金。②旅行社对小孩的收费高出其他旅行社几倍以上,属于暴利欺诈行为,并且不给小孩安排车位,违反合同约定旅游标准,要求武汉旅行社说明小孩费用明细。被投诉方旅行社的辩解:①张女士的长江三峡游属于散客旅游,组团社操作均不派全陪导游,而是委托地接旅行社负责其旅游行程,不存在转团操作,因此没有违约。②公司旅游报价在各种媒体及出游合同上都有标明,况且每家旅行社的服务质量和档次不一,行程安排各具特色,所以收费标准各有差异,不存在暴利欺诈。

——摘自湖北旅游网

◎ **问题:**

1. 旅行社是否存在违约行为?为什么?

2. 旅行社是否存在暴利欺诈行为?

3. 返程时旅行社未给小孩安排座位,该如何处理?

第一节　旅游纠纷概述

一、旅游纠纷的含义和类别

(一) 旅游纠纷的含义

所谓旅游纠纷，也称旅游争议，是指旅游法律关系当事人之间，由于一方或双方违反法律规定而引发的关于双方旅游权利、义务的矛盾和争执。具体是指旅游经营单位与国家机关、法人、旅游者之间，旅游经营单位内部机构之间以及旅游者与旅游者之间，在与旅游经营单位有关的旅游活动过程中所发生的矛盾和冲突。当上述矛盾和冲突申诉到国家行政机关或起诉到国家审判机关进行处理时，就形成了旅游纠纷案件。通常所说的旅游纠纷是广义上的旅游纠纷，它包括旅游纠纷和旅游案件两个方面。

旅游纠纷的产生源于旅游活动当事人关于旅游权利义务的矛盾。实际生活中多以旅游者对旅行社团的投诉为主，如：

(1) 旅游者对吃、住、行不满意。旅游者在旅游时住的酒店、乘坐的交通工具、吃饭的档次比旅行社承诺的标准低。

(2) 旅游者对日程、景点"缩水"不满意。旅行社减少参观的景点，或者将路途时间算成旅游时间。

(3) 旅游者对随意转团、拼团不满意。当消费者到达景点后，导游将团队转给当地的旅行社，再次收费。有的导游为减少费用，甚至把自己带的团队和其他旅行社的团队拼成一个团。

(4) 旅游者对变相收费、重复收费不满意。以聘请当地车辆、人员等理由，再次向消费者重复收取费用，或者以增加景点为由向消费者收费，牟取暴利。

(5) 对强制收费不满意。旅行社强制消费者参加自费项目，如不交钱，就在服务方面大打折扣，百般刁难消费者。

(6) 旅游者对景点的环境不满意。对人文环境不满意：景点旅游车任意改变路线、强行拉客、强行收取过路费、强行兜售物品、设一些圈套游艺骗取钱财，有的饭店、宾馆向各种阶层的消费者出示不同的价目表。对自然环境不满意：景点内外到处是烟蒂、碎纸、饮料瓶等垃圾，与景致形成极大反差。

(7) 对不公平格式条款不满意。旅行社为了减少或免除自身义务，将合同条款设订成模糊条款。

(8) 对误导宣传不满意。旅行社对景点的设施、参观的项目夸大宣传，误导消费者。

（9）对引诱购物不满意。景点购物店以"超低价"、"攀老乡"、"仿名牌"、"免关税"、"保佑"、"祈福"、"中奖"、"拍照免门票"等形式诱导消费者。

（10）对旅游安全不满意。在消费者所住的宾馆、酒店，财物被盗的事件屡屡发生。在有些景点的售货点，不情愿购物的消费者会遭到谩骂甚至殴打。

（二）旅游纠纷的类别

从纠纷的具体内容看，常见的旅游纠纷有：旅游合同纠纷、旅游购物纠纷、旅游交通纠纷、旅游保险纠纷、旅游住宿纠纷以及酒店食品卫生纠纷等；

从纠纷的程度看，包括旅游纠纷和旅游案件两个方面；

从发生纠纷的主体看，可以分为旅游者和经营者之间的纠纷、旅游经营者之间的纠纷、旅游者以及经营者与管理部门之间的纠纷等；

从纠纷的权利内容看，可以分为有关财产关系的纠纷和有关人身关系的纠纷；

从纠纷双方主体的国籍看，可以分为国内旅游纠纷和涉外旅游纠纷。

二、解决旅游纠纷的主要程序

旅游纠纷解决程序是指化解和消除旅游纠纷的各种方法和步骤的制度总和。根据我国法律规定和旅游纠纷的实际情况，处理旅游纠纷的程序分为非诉讼程序和诉讼程序。

（一）解决旅游纠纷的非诉讼程序

1. 协商

协商是指在旅游纠纷发生后，按照法律和通行惯例，双方当事人在平等自愿的基础上，就所发生的纠纷进行磋商和谈判，双方互谅互让，达成和解，以"私了"的形式解决纠纷的方式。旅游者和旅游经营者通过协商解决双方的纠纷是比较直接的方法，它适宜一般的旅游消费争议的解决。

2. 请求消费者协会或消费者委员会调解

调解是第三方居中对旅游纠纷主体进行排解疏导、说服教育，以促使双方当事人互谅互让，最终解决纠纷的机制。消费者协会和消费者委员会是专门为保护消费者利益成立的社会团体组织，它承担在发生消费者权益纠纷时进行调解的职能。在发生旅游消费争议后，如果旅游者与旅游经营者协商不成，可以到消费者协会或者消费者委员会请求调解。

3. 向旅游质量监督管理部门投诉

旅游消费争议较大，若消费者协会或消费者委员会又调解不成的，可以向旅游质量监督站申诉。尤其是旅游者与旅行社之间因为旅行社提供的旅游服务质量引起的纠纷，旅游者可以向质监所提起保证金赔偿请求。

4. 根据与经营者达成的仲裁协议，提请仲裁机构仲裁

这里要注意的是，仲裁机构只对有仲裁协议的旅游消费争议进行仲裁。仲裁协议可以是在旅游纠纷发生前达成的，也可以是在旅游纠纷发生后达成的。通过仲裁解决争议的一个好处是，处理争议的程序不如诉讼复杂，仲裁是"一裁终局"，不像诉讼，还有上诉程序。仲裁终局的案件，若当事人有证据证明仲裁决定的做出违反法定程序或者仲裁员有违法受贿行为可以提起诉讼请求认定仲裁无效，否则当事人不能再就同一纠纷提起诉讼。

（二）诉讼程序

在协商、调解、投诉、仲裁都不能解决旅游消费争议的情况下，只有通过诉讼途径来解决问题。旅游者可以以旅游经营者为被告提起民事诉讼，也可以因为对旅游行政部门的行政行为不满提起行政诉讼。诉讼是解决旅游纠纷的最终途径。

一般来说，发生旅游纠纷，可先与旅行社沟通，协商解决；协商不成，可向旅游质量监督管理部门或消费者委员会投诉，亦可向人民法院提起诉讼。旅游者向法院提起诉讼并已被法院受理的案件，消费者委员会、质监所将不再受理。因旅行社故意或过失未达到或违反合同约定的服务质量标准，造成旅游消费者经济损失的，在投诉中消费者可向旅行社提出索赔，投诉索赔是合理合法的。

诉讼解决方法的优越性在于：

（1）有利于节约时间，减少损失，使被非法侵害的权利得到及时补救；

（2）诉讼对旅行社也有社会督促的间接作用，减少和避免违约行为的发生；

（3）可以最终求得双方都更为满意的结论和赔偿金额。

诉讼的受理、审理机关是人民法院，人民法院的判决或者裁定具有国家的权威性和公正性，即可以避免旅游消费者漫天要价，也可以避免旅行社逃避其应该承担的相应责任，可以最终求得双方都更为满意的结论和赔偿金额。

李先生一家三口随某旅行社去青岛旅游，旅游期间旅行社擅自改变原定行程，将第二天的游览项目"石老人"海滨浴场提前到当天下午进行。李先生的妻子张某换上泳衣，站在海滨浴场的海岸边让女儿照相时，一个浪头打来将其卷入海水中，并不幸溺水身亡。旅行社导游当时未在现场。李先生与家人将旅行社告上法庭。李先生认为：旅行社作为专业组织，应及时提醒游客注意安全，却未尽到警示义务，加之擅自改变行程，旅行社应对其妻张某的死亡承担全部责任，赔偿医疗费、误工费、精神损失费、交通费等共计31万余元，并返还原告旅游费960元。旅行社认为其导游已尽到提醒义务，张某死亡是其擅

自下海所致。

——改编自湖北旅游网

◎问题：

你认为此案该如何处理？

第二节　旅游投诉法规实务

1991 年 6 月 1 日由国家旅游局发布，并于 1991 年 10 月 1 日起实施的《旅游投诉暂行规定》（以下简称《投诉规定》），其宗旨是：保护旅游者、旅游经营者的合法权益，及时、公正处理旅游投诉，维护国家声誉。这是我国第一部明确规定旅游投诉和投诉程序的具有行政法性质的部门规章，旅游投诉制度得以建立。此后，相继颁布的《旅行社质量保证金暂行规定》、《旅行社质量保证金赔偿暂行办法》、《全国旅游质量监督管理机构组织与管理暂行办法》、《旅行社质量保证金赔偿试行标准》等规范性文件，逐渐完善了我国的旅游投诉制度，为规范旅游投诉和投诉管理，及时、有效地处理在中国境内发生的旅游纠纷，提供了有力的法律制度保障。

一、旅游投诉概述

旅游投诉，是指旅游者、海外旅行商、国内旅游经营者为维护自身和他人的旅游合法权益，对损害其合法权益的旅游经营者和有关服务单位，以书面或口头形式向旅游行政部门提出投诉，请示处理的行为。

（一）旅游投诉主体的条件

（1）投诉者是与本案有直接利害关系的旅游者、海外旅行商、国内旅游经营者和从业人员。只有与旅游纠纷有直接利害关系的人才可以提起旅游投诉，其必须与旅游投诉案件的处理结果有直接联系。

（2）有明确的被投诉者、具体的投诉请求和事实根据。旅游者投诉必须有明确的投诉对象，投诉的请求也必须明确具体，还要有相关的证据以证明事实的存在。

（3）属于《旅游投诉暂行规定》所列的旅游投诉范围。

（二）旅游投诉者与被投诉者

1. 旅游投诉者的权利与义务

旅游投诉者有权了解投诉的处理情况；有权请示调解；有权与被投诉者和解；有权放弃或者变更投诉请求。按旅游投诉规定的条件、范围投诉，按投诉要求向旅游投诉管理机关递交诉状，并按被投诉者数提出副本。递交投诉状确有困难的，可以口诉，由旅游投诉管理机关记入笔录，并由本人签字。

暑假期间，何先生和某国际旅行社签订了赴北京的旅游合同。出团前 1 天，何先生突患重感冒，卧床不起，何先生家人希望旅行社全额退还何先生交纳的旅游团款，取消旅游行程。旅行社表示，机票已经购买了，如果何先生临时取消行程必须承担机票损失，并承担相应的违约责任。经测算，何先生将损失 80% 的旅游团款。

——改编自湖北旅游网

◎问题：

此案该如何处理？

2. 旅游被投诉者的权利义务

旅游被投诉者有权与投诉者自行和解；有权依据事实，反驳投诉请求，提出申辩，请求保护其合法权益。被投诉者在接到通知之日起 30 天内作出书面答复；应当协助旅游投诉机关调查核实旅游投诉，提供证据，不得妨碍调查工作；确有过错并损害投诉者利益的，应主动赔礼道歉，赔偿损失，争取与投诉者自行和解。

王女士到某旅行社报名参加东南亚旅游，工作人员向她推荐旅游时间、线路、服务标准，王女士接受了工作人员的推荐。王女士交付旅游团款，旅行社出具旅游发票后，旅行社工作人员告知王女士，每一位旅游者在境外必须参加自费项目，费用不得低于 1500 元，旅游者必须自行前往上海浦东机场，如需旅行社接送，费用由旅游者自己支付，办护照的费用也由旅游者直接交给公安部门。王女士认为旅行社工作人员有意隐瞒事实真相，存在欺诈行为。

◎问题：

这起纠纷症结何在？对旅游合同的双方有何启示？

（三）旅游投诉管理机构及其职责

1. 旅游投诉管理机构

旅游投诉管理机构是县级以上（含县级）旅游行政部门设立的旅游投诉管理机关。旅游行政主管部门依法设置的旅游投诉管理机关是一个内部工作机构，具体负责旅游投诉工作，代表设置它的旅游行政主管部门办理投诉案件，作出投诉决定。但它不具有独立的行政机关法人地位，不能以自己的名义来作出任何行政行为。所作出的投诉处理决定的后果应由设立它的行政机关承担。

我国旅游投诉管理机关依其职责不同，分为国家旅游行政主管部门（即国家旅游局）设立的国家旅游投诉管理机关和县级以上（含县级）地方旅游行政主管部门设立的地方旅游投诉管理机关。它们分别依据其职责范围管理旅游投诉工作。

2. 国家旅游投诉管理机关的职责

（1）制定全国旅游投诉管理的规章制度并组织实施；

（2）指导、监督、检查地方旅游行政部门的旅游投诉管理工作；

（3）对收到的投诉，可以直接组织调查并作出处理，也可以转送有关部门处理；

（4）受理对省、自治区、直辖市旅游行政部门作出的投诉处理决定不服的复议申请；

（5）表彰或者通报地方旅游投诉处理工作，组织交流投诉管理工作的经验与信息；

（6）管理旅游投诉的其他事项。

3. 地方旅游投诉管理机关的职责

（1）贯彻国家的旅游投诉规章制度；

（2）受理本辖区内的旅游投诉；

（3）受理对下一级旅游投诉管理机关作出的投诉处理决定不服的复议申请；

（4）协助上一级旅游投诉管理机关报告辖区内重大旅游投诉的调查处理情况；

（5）建立健全本地区旅游投诉管理工作的表彰或通报制度；

（6）管理本地区内旅游投诉的其他事项。

（四）旅游投诉时效

国家旅游局 1991 年颁布实施的《投诉规定》规定：向旅游投诉机关请求合法权益的投诉时效期间为 60 天，投诉时效从投诉者知道或应知道权利被侵害时算，有特殊情况的，旅游投诉管理机关可以延长投诉时效期间。

（五）旅游投诉管辖

1. 级别管辖

级别管辖就是上下级旅游投诉管理机关处理投诉案件权限划分。根据《投诉规定》，国家旅游投诉管理机关管辖的是在全国范围内有重大影响或者地方旅游投诉管理机关处理有困难的重大投诉案件。地方旅游投诉管理机关管辖本辖区内的投诉案件。

2. 地区管辖

地区管辖就是指某一投诉应归何地旅游投诉管理机关处理的权限划分。《投诉规定》确定了三个标准，即被投诉者所在地、损害行为发生地或者损害结果发生地。

（1）被投诉者所在地。被投诉者是公民的，其所在地是他长久居住的场所；若是法人，则以其主要办事机构所在地为住所。

（2）损害行为发生地。指导致投诉人人身、财产权利或其他权利受到损害的被投诉人的过错行为发生地。

（3）损害结果发生地。指被投诉人的过错行为对投诉人的人身、财产权利或其他权利产生损害后果的显现地。

上述三个标准，没有先后次序之分，完全由投诉者自愿选择，即只要投诉者自愿，被投诉人所在地、损害行为发生地或损害结果发生地的旅游投诉管理机关，有权管辖该旅游投诉案件。为解决两个甚至更多管辖权发生冲突，《投诉规定》还规定，跨行政区的旅游投诉，由被投诉所在地、损害行为发生地或者损害结果发生地的旅游投诉受理机关协商确定管理机关；或者由一级旅游投诉受理机关协调指定管理机关。

（六）发生旅游纠纷后的投诉途径

向旅游质量监督管理部门、旅游行政部门（对质量保证金赔偿支付有异议，由市旅游局裁定）或工商部门投诉。国家旅游局在全国各省及主要旅游城市都设立了旅游质监所或质监机构，其职责就是受理并处理好辖区范围内的旅游服务质量投诉案件。消费者在旅行过程中遇到旅游服务质量问题，自己合法权益受损，可以立即前往当地旅游质量监督部门投诉。如果消费者已旅行回来，可到组团社所在地的旅游质量质监所投诉，递交投诉状。投诉者向旅游投诉机关投诉，应当向其递交书面投诉状。确有困难的，可以口诉，由旅游行政管理机关笔录，并由本人签字。

质监所在接到消费者的投诉状后，经审核，将在7个工作日内作出是否受理的决定并通知消费者。质监所决定受理后，在1个工作日内转给被投诉单位，要求在30日内与投诉人协商解决，并将有关结果书面答复质监所。消费者向法院提起诉讼并已被法院受理的案件，消费者委员会、质监所将不再受理。

（七）旅游投诉受理与处理工作要求

旅游投诉处理工作实行首问责任制。针对旅游者和旅游经营者对机关内设机构职责分工和办事程序不了解、不熟悉的实际问题，而采取的一项便民工作制度。该制度规定旅游者和旅游经营者来时，被询问的在岗值班的工作人员即为首问责任人。这要求首问责任人对旅游者和旅游经营者提出的问题或要求，无论是否是自己职责（权）范围内的事，都要给旅游者和旅游经营者一个满意的答复。对职责（权）范围内的事，若手续完备的，首问责任人要在规定的时限内予以办结；若手续不完备的，要做好登记，并一次性告知其办事机关的全部事项和所需的文书材料，让其补办手续后按登记顺序尽快办结，不让旅游者和旅游经营者跑第三趟。对非职责（权）范围内的事，首问责任人也要热情接待，并根据旅游者和旅游经营者来访事由，负责引导来访者到本单位相应部门，让来访者方便、快捷地找到经办人员并及时办事。对不遵守首问制造成不良影响的，要给予相应处理。

受理和处理旅游投诉的要求：有理有节，耐心细心用心，合情合理合法。

受理和处理旅游投诉的目标宗旨：维护旅游者和旅游经营者的合法权益。

二、旅游投诉的受理

（一）旅游投诉受理的概念及其特征

旅游投诉受理，是指投诉者向有管辖权的旅游投诉管理机关提出投诉，旅游投诉管理机关经审查认定为符合立案条件，予以立案的行政行为。

旅游投诉受理的特征：①投诉受理应当符合旅游投诉的立案条件，并属于受理机关的管辖范围；②受理与否的决定是旅游投诉管理机关所作出的具体行政行为。

（二）各类旅游投诉受理范围

1. 旅行社质量保证金赔偿案件受理范围

（1）旅行社自身过错未达到合同约定的服务质量标准的；

（2）旅行社服务未达到国家标准或者行业标准的；

（3）旅行社破产造成旅游者预交旅行费损失的。

下列情形不适用保证金赔偿案件的审理：

（1）旅行社因不可抗力因素不能履行合同的；

（2）旅游者在旅游期间发生人身财物意外事故的；

（3）《旅行社质量保证金赔偿暂行办法》第四条规定情形之外的其他经济纠纷；

（4）超过规定的时效和期间的（向质监所请求保证金赔偿的时效期限为90天）；

（5）司法机关已经受理的。

2. 一般旅游投诉案件受理范围

（1）认为旅游经营者不履行合同或协议的；

（2）认为旅游经营者没有提供价质相符的旅游服务的；

（3）认为旅游经营者故意或过失造成投诉者行李物品破损或丢失的；

（4）认为旅游经营者故意或过失造成投诉者人身伤害的；

（5）认为旅游经营者欺诈投诉者，损害投诉者利益的；

（6）旅游经营单位职工私自收受回扣和索要小费的；

（7）其他损害投诉者利益的。

（三）旅游投诉管理机关管辖范围

（1）对旅游经营者的投诉，由所在地的旅游质监机构负责受理；

（2）旅游质监机构之间对旅游投诉管辖有争议的，由上一级旅游质监机构指定受理。

（四）投诉者是与本案有直接利害关系的旅游者、海外旅行商、国内旅游经营者和从业人员。只有与旅游纠纷有直接利害关系的人才可以提起旅游投诉，其必须与旅游投诉案件的处理结果有直接联系

（五）有明确的被投诉者，具体的投诉请求和事实根据

旅游者投诉必须有明确的投诉对象，投诉的请求也必须明确具体，还要有相关的证据以证明事实的存在。

（六）满足投诉时效要求

当事人向旅游投诉机关请求保护其合法权益的投诉时效期间为 60 天，投诉时效从投诉者知道或应知道权利被侵害时起算，有特殊情况的，旅游投诉管理机关可以延长投诉时效期间。

（七）投诉人递交符合投诉规定的投诉状及相应的副本

投诉者应当向旅游质监所递交投诉状，投诉状应记明以下事项：

（1）投诉者的姓名、性别、国籍、职业、年龄、单位（团队）名称及地址；

（2）被投诉者的单位名称或姓名、所在地、导游名称；

（3）投诉请求和根据事实与理由；

（4）证据（旅游合同、团队运行计划表、参团交费发票等）。

递交书面投诉状确有困难的，可以口诉，但口诉材料应由本人签字。对来访或电话投诉的，应当有完整记录或录音。

（八）受理时效

投诉管理机关接到投诉状或口头投诉，应该首先对投诉状进行审查，经审查，应在 7 个工作日内做出是否受理的决定，不予受理的，说明理由。7 个工作日的起算应从收到投诉状或口头投诉的次日开始。

三、旅游投诉的处理程序

旅游投诉的处理程序，是指旅游投诉管理机关受理投诉案件后，调查核实案情，促进纠纷解决或作出处理决定所必须经过的程式和顺序。

（一）审核及登记

1. 审核

电话投诉：电话能解决则在接电话中解决；电话一时解决不了，需要协商解决，责成企业与游客协商，使投诉可以得到尽快解决。如游客对该企业的处

理结果不满，仍可向质监所投诉。

书面投诉：质监所将对书面资料进行审核。如投诉人资料不足，通知投诉人补充资料。在资料收齐的当天决定是否受理。无论受理与否，应在7个工作日内通知投诉人。

不属质监所受理范围的：如系电话投诉，可直接告之投诉人有关受理部门的电话或联系方式；如系书面投诉应将投诉材料转送有关部门处理，并通知投诉人。

2. 登记

旅游质监机构应指定专人负责接受投诉并进行初审，统一造册登记，在1个工作日内报质监机构领导审批。

（二）立案审批

立案审批要坚持案件分等级管理的原则，一般性的投诉案件质监机构领导在1个工作日内作出是否立案的审批意见（受理、不予受理、移送处理等），交承办人员办理；由政府或相关部门、上级主管部门直接批转来的投诉案件以及质监机构研究认为重要的投诉案件均应报主管局领导批示，质监机构根据领导审批意见组织办理。

（三）处理

承办人在收到领导审批意见后，1个工作日内作以下处理：

（1）根据领导审批意见作立案登记后，应在1个工作日内向投诉者送达《旅游投诉受理通知书》；向被投诉者送达《旅游投诉立案通知书》及投诉书副本，被投诉者应当在接到通知之日起30日内做出书面答复。被投诉者的书面答复应当载明以下事项：被投诉事由；调查核实过程；基本事实与证据；责任及处理意见。

收到被投诉者的书面答复后，应进行复查或取证；被投诉者逾期不答复的，不影响投诉的处理。

（2）按管辖权限需转下级旅游质监机构处理的，承办人员填写《旅游投诉转办通知书》下转处理，限期回复处理结果；需转上级或相关旅游质监机构处理的，填写《旅游投诉移送函》请求处理；

（3）对不予受理的案件，应告知投诉者。

（四）双方自行协商

投诉后，游客或旅游企业仍有选择自行协商的权力，自行协商的最长期限是30天。协商成功，游客接受旅游企业的处理方案，旅游企业将协商结果报质监所备案，质监所结案。

2001年5月，吴某参加某旅行社组织的长江三峡精华三日游。按旅游合同约定，旅游者交纳660元每人，为全包价旅游，可享受全程导游服务及交通、餐饮、住宿各方面的服务。该团抵达宜昌，在码头上船时，该团导游甲某要吴某与其朋友二人跟随另一团队导游乙上船。上船后，吴某发现，导游甲在没有征求自己同意的情况下，已安排自己跟随另一团队游览三峡，并与原来团队完全分离。吴某在跟随第二个团队游览时，导游乙几乎全程不见踪影，不作导游讲解；无法实现合同就餐标准，而被迫自行就餐；游览行程不合理，导致其在凌晨一点，才乘车返汉，整夜未眠，疲于奔波。吴某以旅行社擅自将其转团为由，直接向湖北省旅游局质量监督管理所投诉，要求旅行社赔偿其相应损失，承担违约责任。

——改编自湖北旅游网

◎问题：

本案该如何处理？

（五）调解

调解是指旅游投诉管理机关主持投诉双方通过和解解决纠纷，达成协议的行为。旅游投诉管理机关处理投诉案件，对能够调解的投诉案件，协商不成的案件，召集当事人双方进行质证、调解，应在查明事实、分清责任的基础上进行调解，促使投诉者与被投诉者互相谅解，自愿达成协议。并制作《旅游投诉调解书》，经当事人各方签字或盖章后即可结案。旅游投诉中的调解协议在加盖了旅游投诉管理机关的公章后，其效力应该等同于旅游投诉管理机关所作出的处理决定。调解成功，双方接受质监所的协调方案，质监所结案。

（六）作出书面处理决定

1. 调解结案

对不属旅行社质保金赔付范围的旅游投诉案件，只有进行调解，不能作出旅游投诉处理决定书，但应告知投诉者原因及建议。

2. 裁定结案

调解不成的投诉案件，如属旅行社质保金赔付范围的旅游投诉案件，质监所在重新核实案情的基础上15日内作出处理决定，并以书面形式通知双方当事人。在调查核实，事实清楚，证据充分的基础上，依据有关法律、法规和规章，分别作出以下处理：

（1）属于被投诉者的过错，可以决定由被投诉者承担责任，责令被投诉者向投诉者赔礼道歉或赔偿损失，并承担全部或部分调查处理投诉费用。其中，对适用保证金赔偿的案件应制作《旅行社质量保证金赔偿决定书》并报所属旅游局主管负责人核准签发。其他案件则应制作《旅游投诉处理决定书》报领导核准签发；

（2）属于投诉者与被投诉者的共同过错，应由双方各自承担相应的责任。双方各自承担责任的方式，可以由双方当事人自行协商确定，也可以由投诉管理机关决定。并制作《旅行社质量保证金赔偿决定书》或《旅游投诉处理决定书》；

（3）撤销立案

属于投诉者自身过错或不可抗力因素的，以及双方自愿协商解决后写出书面撤诉申请的，应撤销立案，通知投诉者并说明理由，并向投诉者送达《旅游投诉撤销立案通知书》。对投诉者无理投诉、故意损害被投诉者权益的，可以责令投诉者向被投诉者赔礼道歉，或者依据有关法律、法规，承担赔偿责任。

（4）属于其他部门的过错，可以决定转送有关部门处理。

旅游投诉管理机关作出的处理决定应当制作旅游投诉处理决定书，加盖公章后在 15 日内通知投诉者和被投诉者。

（七）《旅游投诉处理决定书》

《旅游投诉处理决定书》是指旅游投诉管理机关对投诉作出处理决定的书面文书。旅游投诉管理机关作出的处理决定应当用《旅游投诉处理决定书》在 15 日内通知投诉者和被投诉者。如果投诉者或被投诉者对处理决定或行政处罚决定不服，可以在收到通知书之日起 15 日内，向处理机关的上一级旅游投诉管理机关申请复议；对复议决定不服的，可以在接到决定之日起 15 日内，向人民法院起诉。逾期不申请复议，也不向人民法院起诉，又不履行处理决定和处罚决定的，由作出决定的投诉管理机关申请人民法院依法强制执行。

（八）行政处罚及其他处罚

旅游投诉管理机关作出投诉处理决定时，可以依据有关法律、法规、规章的规定，对损害投诉者权益的旅游经营者给予行政处罚。没有规定的，由旅游投诉管理机关按照《旅游投诉暂行规定》，单独或者合并给予以下处罚：①警告；②没收非法收入；③罚款；④限期或停业整顿；⑤吊销旅游业务经营许可证及有关证件；⑥建议工商行政管理部门吊销工商营业执照。

旅游投诉管理机关所作出的行政处罚应当载入投诉处理决定书，对于投诉处理中所涉及直接责任人的行政处罚，由其所在单位根据有关规定处理。

（九）处理时限

（1）适用保证金赔偿的案件从受理之日起 90 天内审理终结。特殊原因经上级质监机构批准可延长审理 30 天；

（2）其他案件从受理之日起一般在 45 天内作出处理决定。

（十）申请复议时效

投诉人或者被投诉人对旅游投诉管理机关作出的处理决定或者行政处罚不

服的,可以直接向人民法院起诉,也可以在接到处理决定通知书之日起 15 日内,向处理机关的上一级旅游投诉管理机关申请复议:对复议决定不服的,可以在接到复议决定之日起 15 日内,向人民法院起诉。逾期不申请复议,也不向人民法院起诉,又不履行处理决定和处罚决定的,由作出决定的投诉管理机关申请人民法院强制执行或者依法强制执行。

（十一）执行

如质监所作出由旅行社承担赔偿责任的处理决定时,旅行社应按处理决定自行赔偿游客的损失。旅行社不承担或无力承担赔偿责任时,质监所可以作出动用该旅行社质量保证金支付赔偿的决定,并书面通知双方。

（十二）结案与归档

1. 结案

质监所收取双方回函,填写处理结果,结案。质监所受理投诉中牵涉保证金赔偿案件,应当在受理日内审理终结;有特殊原因的,经上级质监所批准,可以延长审理 30 日。

2. 归档

投诉案件审理终结,承办人应填写《旅游投诉案件结案审批表》(附件),交质监机构领导审定。最后交专门管理档案的人员做好结案登记工作,归入档案。

【本章小结】

1. 旅游纠纷的基本含义,旅游纠纷的类型,解决旅游纠纷的主要程序。
2. 旅游投诉相关知识:旅游投诉的含义,旅游投诉的受理要件及旅游投诉的处理程序。

【复习思考题】

1. 简述旅游纠纷的类别和解决旅游纠纷的主要程序。
2. 简述旅游投诉的受理要件。
3. 简述旅游投诉的处理程序。
4. 旅游消费者在什么情况下可以获得双倍赔偿?

【实务训练】

厦门游客林某于去年 5 月初看到某旅行社的"贵昆一线空调全卧旅游专列"广告后,到某旅行社报名,缴纳团款人民币 2000 余元,并与旅行社签订了旅游合同。旅程即将结束时,林某发现,旅行社的广告标明 5 月 26 日 11 时抵达厦门,合同附件、旅游行程表又无抵厦具体时间,而实际上是 5 月 27 日上午才回到厦门，整整推迟了一天。返厦后，林某向质监所投诉。该旅行社辩称：广告标明的抵厦时间是旅行社的笔误，按常识，游客从旅游行程表上可以推测出。

◎问题：

广告是否可视为合同的一部分？旅行社是否应承担违约责任？

【案例分析】

赵先生及同事 6 人参加某旅行社组织的黄山五日游。按旅游协议所定的游览行程、交通、住宿等标准，旅游者每人交纳旅游费 880 元。然而，在旅游协议的履行过程中，该旅行社原承诺的山上住宿 6 ~ 8 人高低铺，实际为 6 人高低铺，下铺两人，上铺一人，共住 12 人；行程计划中的黄山三大主峰之一——"天都峰"，也并未安排游览。赵先生等以旅行社所列旅游行程具有欺诈行为为由，向旅游质量监督管理所投诉，要求旅行社退赔全额旅游费用，以维护其合法权益。

被投诉方旅行社的辩解：①黄山山上接待设施有限，一般团队均为 6 ~ 8 人高低铺，"五一"期间山上住房极为紧张，各旅行社都只能按黄山方面惯例下铺全部合铺。②平时游览黄山，旅行社都安排客人远眺"天都峰"，而"五一"期间，"天都峰"封山，则无该景点。旅行社之所以没有实现合同标准，是由于无法预见的客观原因造成的，并非旅行社故意行为。因此不应承担赔偿责任，至多退还山上房费差价。

——改编自湖北旅游网

◎问题：

1. 被投诉方旅行社的辩解理由能否成立？

2. 你若代表质监所，如何处理本案？

3. 通过此案例，你若作为旅游服务组织，如何避免此类事情的发生？

参 考 文 献

1. 姚晓玲编著．旅游法规与实务［M］．北京：旅游教育出版社，2003.

2. 辛忠孝等．市场经济法概论［M］．武汉：武汉工业大学，1998.

3. 吴洛夫．旅游法规［M］．北京：高等教育出版社，2004.

4. 董宝琪．经济法案例教程［M］．北京：高等教育出版社，2000.

5. 向三久．旅游管理法规教程［M］．广州：暨南大学出版社，2004.

6. 舒伯阳．政策与法规［M］．武汉：华中师范大学出版社，2006.

7. 韩玉灵．旅游法教程［M］．北京：高等教育出版社，2003.

8. 卢世菊．旅游法规［M］．武汉：武汉大学出版社，2003.

9. 向三久．旅游法规概论［M］．北京：高等教育出版社，2001.

10. 牛克．旅游消费中的陷阱防范与纠纷处理［M］．北京：中国民主法制出版社，2003.

11. 湖北省旅游局人事教育处．政策与法规［M］．武汉：华中师范大学出版社，2002.

12. 王维．旅游政策与法规［M］．北京：中国物资出版社，2007.

13. 崔巍，杨春晖．旅游政策法规［M］．北京：电子工业出版社，2008.

14. 王婉飞．中国旅游业发展及创新研究［M］．北京：经济科学出版社，2006.

15. 裴春秀．旅游法实例说［M］．长沙：湖南人民出版社，2004.

16. 帅建华．旅游法规教程［M］．长沙：湖南大学出版社，2005.

17. 王健．旅游法原理与实务［M］．天津：南开大学出版社，1998.

18. 全国人大常委会法制工作委员会审定．出入境常用法律法规手册［M］．北京：中国民主法制出版社，2004.

19. 云南省旅游局．旅游政策与法规［M］．昆明：云南大学出版社，2007.

图书在版编目(CIP)数据

旅游法规实务/李远慧,郑宇飞主编.—武汉:武汉大学出版社,
2008.8
湖北高职"十一五"规划教材
ISBN 978-7-307-06459-1

Ⅰ.旅…　Ⅱ.①李…　②郑…　Ⅲ.旅游业—法规—中国—高等学
校:技术学校—教材　Ⅳ.D922.296

中国版本图书馆 CIP 数据核字(2008)第 116721 号

责任编辑:易　瑛　　　责任校对:黄添生　　　版式设计:马　佳

出版发行:**武汉大学出版社**　　(430072　武昌　珞珈山)
　　　　　(电子邮件:cbs22@ whu. edu. cn　网址:www. wdp. com. cn)
印刷:湖北民政印刷厂
开本:720×1000　1/16　　印张:14　字数:259 千字　插页:2
版次:2008 年 8 月第 1 版　　2010 年 2 月第 2 次印刷
ISBN 978-7-307-06459-1/D·817　　　定价:22.00 元

湖北高职"十一五"规划教材

公共课书目

☆安全警示录——大学生安全教育读本
☆应用写作实训教程

经济类书目

财会系列:

☆财务管理教程
☆财务管理全程系统训练
☆税法教程
☆税法全程系统训练
☆企业涉税会计教程
☆企业涉税会计全程系统训练
☆成本会计教程
☆成本会计全程系统训练
☆中级会计教程
☆中级会计全程系统训练
☆初级会计教程
☆初级会计全程系统训练
☆电算化会计教程
☆电算化会计全程系统训练
☆会计职业技能仿真训练
☆会计职业技能综合实训
☆行业特殊业务会计教程
☆行业特殊业务会计教程全程系统训练
☆审计实务教程
☆审计实务全程系统训练

物流系列:

☆货物学
☆物流基础

市场营销系列:

☆市场营销
☆市场营销实训教程
☆电子商务物流管理
☆电子商务概论
☆市场营销策划
☆网络营销
☆推销技术
☆国际贸易单证实务

旅游系列:

☆旅游服务礼仪
☆旅游概论
☆旅游服务心理
☆旅游英语
☆导游业务
☆旅游法规实务
☆旅游市场营销
  旅游景区管理
☆旅行社管理与实务
☆餐厅服务与管理
☆前厅与客房服务与管理

工商企业管理系列:

☆管理学
☆现代企业管理

☆已出书